AF549993

Spanisch

in der Praxis

Die Methode für jeden Tag

Spanisch

in der Praxis

(für Fortgeschrittene)

von

Francisco Javier ANTÓN MARTINEZ

Deutsche Übersetzung und Bearbeitung von

Dagmar Meier und Elke BECKER

Überarbeitete Fassung vom

Lektorat des Assimil Sprachverlags

Zeichnungen von J.L. Goussé

Körnerstrasse 12
50823 Köln
Deutschland

ISBN 978-3-89625-037-7

Der Assimil-Verlag bietet folgende Sprachkurse an:

Grundkurse Niveau A1–B2 / Reihe "ohne Mühe"

Amerikanisch • Arabisch • Brasilianisch
Bulgarisch • Chinesisch • Chinesische Schrift
Dänisch • Deutsch (als Fremdsprache) • Englisch
Finnisch • Französisch • Griechisch • Hindi
Indonesisch • Italienisch • Japanisch • Kanji-Schrift
Koreanisch • Kroatisch • Latein • Luxemburgisch
Niederländisch • Norwegisch • Persisch • Polnisch
Portugiesisch • Rumänisch • Russisch • Schwedisch
Spanisch • Suaheli • Thai • Tschechisch
Türkisch • Ungarisch • Vietnamesisch

Vertiefungskurse Niveau B2–C1 / Reihe "in der Praxis"

Englisch • Französisch • Italienisch • Russisch • Spanisch

Weitere Sprachkurse in Vorbereitung

... Aktuelles und weitere Infos unter **www.AssimilWelt.com**

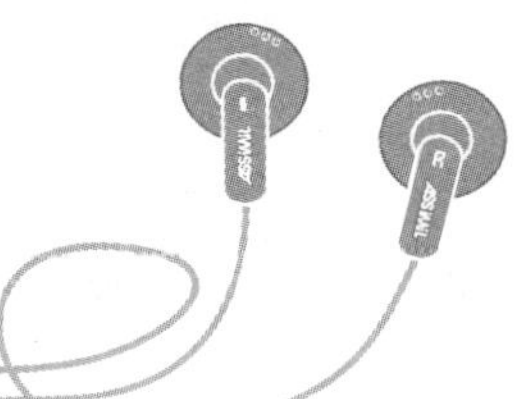

Die Tonaufnahmen

Mit den fremdsprachigen Texten aller Lektionen und Verständnisübungen aus diesem Buch - insgesamt 190 Min. Spieldauer - können Sie im Internet oder bei Ihrem Buchhändler bestellen:

Español perfeccionamiento

4 Audio-CDs ISBN 978-3-89625-187-9
1 MP3-CD ISBN 978-3-89625-637-9

VORWORT

Wie alle ASSiMiL-Kurse basiert auch „Spanisch in der Praxis" auf der Idee, Ihnen das Erlernen der spanischen Sprache auf mühelose und entspannte Weise zu ermöglichen, Ihnen Spanisch als eine internationale Sprache für die praktische Anwendung in Beruf und Freizeit zu präsentieren, modern und lebensnah.

Für wen ist dieser Kurs bestimmt?

Dieser Kurs richtet sich nicht nur an Personen, die unseren Band „Spanisch ohne Mühe heute" erfolgreich abgeschlossen haben, sondern an alle, die bereits fundierte Spanischkenntnisse besitzen. Die wichtigsten Zeitformen und ihre Aspekte sind Ihnen gut bekannt, mit der Bildung und Stellung der Adjektive und der Adverbien sind Sie vertraut? Sie verfügen bereits über einen reichen Vokabelschatz, haben jedoch das Gefühl, noch nicht ganz mit den Feinheiten der spanischen Umgangssprache, sei es auf dem Gebiet des Wortschatzes oder auf dem der Grammatik, vertraut zu sein?

Dann werden Sie sich mit diesem Kurs mühelos die Besonderheiten der spanischen Sprache und ihre umgangssprachlichen Varianten aneignen. Die oben erwähnten Punkte werden erweitert behandelt, idiomatische Redewendungen vorgestellt und durch vielfältiges Anwenden vertieft. Dies alles wird Ihnen allmählich ein zunehmend sicheres Sprachgefühl verleihen.

Ziel von „Spanisch in der Praxis" ist es, Ihnen möglichst viele Facetten der spanischen Sprache aufzuzeigen: die Hoch- und die Umgangssprache, die Sprache der Literatur, die Sprache der Presse, des Fernsehens, Wortspiele und – in gewohnter ASSiMiL-Tradition – die Sprache des Humors.

Einige Worte zu Kursaufbau und Arbeitsweise

Wie bei allen ASSiMiL-Kursen empfehlen wir Ihnen auch hier, sich täglich ca. 20–25 Minuten lang mit dem Lernstoff und den Tonaufnahmen zu beschäftigen. Dabei sollten Sie realistisch bleiben und sich nicht überschätzen: Wenn Sie es einmal nicht schaffen, genug Lernzeit aufzubringen, so lesen Sie zumindest einige Sätze der Lektion, einige Absätze aus den Anmerkungen, oder hören Sie sich einige Minuten die Tonaufnahmen an. Vertrauen

Sie auf Ihre natürliche Assimilierungsfähigkeit und versuchen Sie nicht, zu viel auf einmal aufnehmen zu wollen. Gehen Sie auf jeden Fall erst dann zu einer neuen Lektion über, wenn Sie die aktuelle Lektion gut verstehen.

Beginnen Sie damit, dass Sie den spanischen Lektionstext zunächst ein paar Mal komplett anhören. Dann lesen und hören Sie ihn satzweise und sehen sich die deutsche Übersetzung auf der rechten Buchseite an. Da dies ein Kurs für Fortgeschrittene ist, haben wir bei der Übersetzung der Lektionssätze mit wenigen Ausnahmen auf eine Wort-zu-Wort-Übersetzung verzichtet und stattdessen im Deutschen immer die sinngemäße und auch stilistisch schönere Variante gewählt. Die deutschen Texte sind keine wortgetreuen Wiedergaben der spanischen, sondern geben Ihnen die entsprechende deutsche Wendung an. Verlieren Sie also keine Zeit damit, die jeweiligen Satzstrukturen zu vergleichen; die deutschen Texte sollen Ihnen nur als Verständnisstütze dienen.

Im spanischen Lektionstext finden Sie Zahlen in Klammern. Sie verweisen auf die Anmerkungen, die Erläuterungen und Beispiele zum jeweiligen sprachspezifischen Thema des entsprechenden Satzes enthalten. Lesen Sie beim Durcharbeiten der Lektionen auf jeden Fall auch immer die Anmerkungen! Seien Sie nicht beunruhigt, wenn Sie vielleicht nicht sofort Erklärungen für alles Unbekannte erhalten. Es wird meist nur so viel erklärt, wie Sie im Moment auch tatsächlich wissen müssen. Peu à peu werden Sie in der Lage sein, sich in eigener Initiative offene Fragen zu beantworten und Zusammenhänge selbstständig zu erschließen. Viele Punkte können durch Beispiele und Übungen assimiliert werden, andere erfordern Erklärungen. Die komplizierteren Aspekte werden in jeder 7. Lektion erläutert.

Sprechen Sie jeden Lektionssatz laut und in einem für Sie angemessenen Tempo nach. Orientieren Sie sich bei der Aussprache an den Vorgaben der Sprecher auf den Tonaufnahmen. Arbeiten Sie anschließend die Übungen durch.

Die erste Übung ist eine Verständnisübung, mit der Sie feststellen können, ob Sie den Wortschatz – eingebettet in einen anderen Satz oder Kontext – verstanden haben. Zur Kontrolle steht auf der rechten Buchseite die deutsche Übersetzung, an die Sie sich jedoch nicht sklavisch zu halten brauchen.

Die zweite Übung ist eine Lückentextübung. Hier sollen Sie auf der Grundlage des vorgegebenen deutschen Satzes fehlende Wörter in den entsprechenden spanischen Satz einfügen, wobei jeder Punkt für einen Buchstaben steht. Auch hier finden Sie die Lösung auf der gegenüberliegenden Seite bzw. am Ende der Lektion.

Jede 7. Lektion ist eine Wiederholungslektion. In diesen Lektionen wird noch einmal in Kürze der Stoff der vergangenen sechs Lektionen vertieft bzw. ergänzt und anhand von Beispielen verdeutlicht.

Bei dieser Vorgehensweise können Sie sich sicher sein, dass Sie beständig Fortschritte machen werden. Wir werden dabei vor allem am Anfang immer an Ihrer Seite sein: mit Erläuterungen zur Grammatik, mit der Übersetzung der Lektionstexte und weiteren wichtigen Hinweisen. In dem Maße, wie sich Ihr Kenntnisstand verbessert, werden wir Sie immer mehr fordern. So werden Sie mit der Zeit ein Niveau erreichen, auf dem Ihre persönliche Kreativität ständig angeregt und Ihre Ausdrucksweise verbessert wird.

Im Laufe des Buches machen wir Sie mehr und mehr mit idiomatischen Ausdrücken vertraut – ein idiomatischer Ausdruck ist eine Redewendung, deren Bedeutung nicht aus den einzelnen Wörtern abgeleitet werden kann. Wenn es mehrere Möglichkeiten gibt, werden Sie eine davon im Lektionstext und die anderen in den Übungen finden.

Noch ein letzter Tipp: Legen Sie sich ein einsprachiges spanisches Wörterbuch zu, denn manche Begriffe oder Redewendungen lassen sich nicht ohne Weiteres ins Deutsche übersetzen, ohne dass wichtige Nuancen in der Bedeutung verloren gehen. Das Lesen der Definitionen zu nachgeschlagenen Wörtern ist für Sie eine gute Zusatzübung.

Begleitend zum Buch können Sie vier Audio-CDs und/oder eine MP3-CD mit den fremdsprachigen Lektions- und Verständnisübungstexten erwerben.

So, und jetzt kann's losgehen – wir wünschen Ihnen viel Spaß und …

… ¡mucho éxito!

INHALT

VERZEICHNIS DER LEKTIONEN

ANHÄNGE

LECCIÓN PRIMERA

Andar

1 En el momento en que comienza su andadura a través de estas páginas -camino de la mejora del conocimiento de la lengua castellana- **(1) (2)**

2 y para que no pierda tiempo andándose por las ramas, le invitamos a **(3)**

3 andar con ojo -pero... ¡sin andar con miedo ! **(4)**

4 Es verdad que andar no es fácil - ¿cómo explicar si no que haya tanta gente que anda siempre con rodeos ? **(5) (6)**

5 En efecto, la dificultad se enraiza ya en los orígenes cuando, queriendo echar a andar -para andar por el mundo-, **(7)**

NOTAS « ANMERKUNGEN »

(1) *Castellano* ist die Sprache des spanischen Kernlandes Kastilien und gilt als Hauptsprache. Wir sprechen generell von « spanisch », wogegen im Spanischen selbst meist *castellano* gesagt wird, zur Unterscheidung der anderen, in Spanien gesprochenen Sprachen, wie Katalanisch, Galicisch, Baskisch.

(2) *La andadura* : Aktion des Laufens, Lauf. *El camino* : der Weg. *Hacer camino* : zu Fuß gehen. *Camino de* : in Richtung von, auf dem Weg hin nach/zu ... *Iba camino del colegio cuando vio a su amigo* : Er war auf dem Weg zur Schule, als er seinen Freund sah.

(3) — *No andarse por las ramas* (Äste) : keine Umschweife machen, direkt auf etwas zugehen, den Kern der Sache treffen ; — *Andarse por las ramas :* um den heißen Brei herumreden.

(4) — *Andar con ojo :* aufpassen (entsprechend im Deutschen etwa : die Augen aufhalten). — *Andar con miedo (tener miedo) :* Angst haben.

1. LEKTION

Gehen

1 In dem Moment, wo Sie sich auf den Weg durch diese Seiten machen — auf den Weg hin zur Verbesserung Ihrer Kenntnisse der spanischen Sprache —

2 und damit Sie keine Zeit auf Umwegen verlieren, bitten wir Sie,

3 wachsam zu sein — aber keine Angst zu haben!

4 Es ist wahr, dass « gehen » nicht einfach ist — wie ist es sonst zu erklären, dass so viele Leute immer Umwege machen?

5 Tatsächlich wurzelt die Schwierigkeit schon in den Ursprüngen, wenn jemand sich in Gang setzt — um eine Weltreise zu machen —

(5) *Andar* (gehen, laufen) ist ein häufig verwendetes Verb mit mehreren Bedeutungen, das in vielen Redewendungen gebraucht wird, wie Sie ja leicht feststellen können! In diesem Text, der Sie ohne Umschweife auf den richtigen Weg bringen soll, kommen wir somit gleich zum Thema.
Achten Sie (*ande con ojo*) auf die unterschiedlichen Bedeutungen, die das Wort *andar* im ganzen Text hat. Zum Beispiel wird *andar* umgangssprachlich oft statt *estar* gebraucht: *andar preocupado (estar preocupado):* Sorgen haben.
Einerseits haben Sie den eigentlichen Sinn jeder Wendung, deren Übersetzung Sie finden, andererseits ist es an Ihnen, die Doppelsinnigkeit zu erfassen, denn Sie dürfen nicht vergessen, dass sich hinter jedem Satz und jeder Redewendung immer noch der ursprüngliche Sinn von *andar* verbirgt, und dieser hat immer etwas mit gehen oder laufen zu tun. Im Übrigen ist *andar* unregelmäßig, im *Indefinido: anduve, anduviste,* usw., und im *preterito imperfecto de subjuntivo: anduviera, anduvieras,* usw.

(6) *Andar(se) con rodeos:* (Umwege machen =) um den heißen Brei herumreden.
No andes con rodeos: Rede nicht um den heißen Brei herum, komm zur Sache.

(7) — *Echar(se) a andar:* sich auf den Weg machen.
— *Andar por el mundo:* durch die Welt ziehen.
He andado cinco kilómetros: ich bin 5 km gegangen.

6 uno decide lanzarse a la aventura y, a la búsqueda de los primeros pasos, comienza por ponerse a andar a gatas. **(8)**

7 En ese momento se percibe ya todo lo abrupto del andar derecho, lo complejo del equilibrio entre andar por los suelos y andar por las nubes. **(9) (10)**

8 No hace mucho, un niño que ya se tenía en pie decía que andaba de cabeza para andar con cien ojos para no volver a las andadas **(11)**

9 porque -añadía- « ya se sabe..., ¡quien mal anda mal acaba ! » **(12)**

10 El problema es pues tan viejo como andar a pie. **(13)**

11 ¿Cómo resolverlo ?

12 Cada uno a su manera y a su ritmo, con confianza, porque... ¡todo se andará ! **(14) (15)**

13 Así que...

14 ¡Andando ! **(16)**

NOTAS « ANMERKUNGEN »

(8) *A gatas :* auf allen Vieren.
Andar a gatas : sich auf allen Vieren bewegen.
Und auch : *Dejar los años que se anduvo a gatas :* die Kindertage hinter sich lassen.

(9) *Todo lo abrupto (que es) el andar derecho* : wie schwierig es ist, gerade zu gehen.
Lo... que vor und hinter einem Adjektiv ist eine häufig gebrauchte Ausdrucksweise, die im Allgemeinen mit « wie » (wie leicht, wie schwierig ...) übersetzt werden kann. Sie wird öfter benutzt als *cuán* oder *qué*. Man hätte auch sagen können : ... *se percibe cuán* (oder *qué*) *abrupto es el andar a pie.*

(10) — *Andar por los suelos* : herumliegen ; auch : schlecht ergehen ; *Se había caído el cajón y todos los papeles andaban desperdigados por el suelo* : die Schublade war heruntergefallen und alle Papiere lagen auf dem Boden herum. — *Andar por las nubes* : in den Wolken schweben, den Kopf in den Wolken haben, zerstreut sein. *Está completamente despistado, anda por las nubes* : er ist total verwirrt, er schwebt in den Wolken (er baut Luftschlösser).

6 sich ins Abenteuer stürzt und auf der Suche nach den ersten Schritten anfängt, auf allen Vieren zu gehen.

7 In diesem Moment erkennt man schon, wie schwierig es ist, gerade zu gehen, wie komplex das Gleichgewicht zwischen « am Boden liegen » und « in den Wolken schweben » ist.

8 Vor nicht langer Zeit sagte ein Kind, das sich schon aufrecht hielt, es wüsste nicht, wo ihm der Kopf stünde vor lauter Aufpassen, dass es nicht die gleichen Fehler wiederhole,

9 denn, fügte es hinzu, man weiß ja, wer schlechte Wege einschlägt, endet schlecht.

10 Das Problem ist also so alt wie die Welt.

11 Wie löst man es ?

12 Ein jeder auf seine Weise und so schnell, wie es ihm zusagt, vertrauensvoll, denn ... alles zu seiner Zeit.

13 Also dann ...

14 auf geht's !

(11) — *Andar de cabeza :* nicht wissen, wo einem der Kopf steht.
— *Andar con cien ojos :* (mit hundert Augen gehen =) auf der Hut sein, aufpassen.
— *Volver a las andadas :* (auf seinen Schritten zurückgehen =) die gleichen Fehler wiederholen.

(12) *Quien mal anda, mal acaba* ist ein Sprichwort und heißt wörtlich : « Wer schlecht geht (= lebt), endet schlecht ». Es entspricht etwa unserem « Wie man sich bettet, so liegt man ».

(13) *Andar a pie :* zu Fuß gehen.
Más viejo que andar (älter als Zu-Fuß-Gehen) : so alt wie die Welt, uralt, steinalt.

(14) *Con confianza :* mit Vertrauen, vertrauensvoll. Objekte, die eine Art und Weise beschreiben, werden im Spanischen mit *con* gebildet, im Deutschen aber nicht zwingend mit « mit » wiedergegeben.
Con ánimo : mutig.
Con mucho gusto : gerne (siehe Lektion 10, Anmerkung 7)

(15) *Todo se andará :* alles zu seiner Zeit, es wird sich weisen. Die Zukunft wird durch *andará* ausgedrückt.

(16) *¡Andando !* (gehend) : los, auf geht's. Im Gegensatz zum Deutschen wird in der spanischen Sprache sehr oft die Verlaufsform (*Gerundio*) verwendet ; hier als Aufforderung.

EJERCICIO (Repase las expresiones. El primer número remite a la frase, el segundo a la nota) :

No andarse por las ramas	2,3
Andarse por las ramas	-,3
Andar con ojo	3,4
Andar con miedo	3,4
Andar(se) con rodeos	4,6
No andar(se) con rodeos	-,6
Echar(se) a andar	5,7
Andar a gatas	6,8

LECCIÓN SEGUNDA

¿De qué se trata ?

1 Para que su estudio sea algo más que un memorizar palabras y aprender reglas de gramática, le propondremos, también, hacer un poco de turismo. **(1)**

2 Así pues, ciertas lecciones le invitarán a « viajar » a diferentes puntos de la geografía española y le presentarán someramente una región determinada, le hablarán de sus habitantes, de su cocina, de sus riquezas, de sus fiestas o de sus costumbres, etcétera.

3 Su aprendizaje será más ameno y más consistente.

4 Al final, usted habrá hecho un poco realidad el dicho : « Hablar España » es, también, conocer y comprender.

NOTAS

(1) Der spanische Infinitiv kann zum Hauptwort werden. Wenn ihm, wie in diesem Satz, ein unbestimmter Artikel vorangeht — oder ein anderes Bestimmungswort — hat er die Bedeutung eines Substantivs : *Tenía un andar extraño :* er hatte eine merkwürdige Art zu gehen ; *con su dulce sonreír*

2. LEKTION

Worum geht es ?

1 Damit Ihr Studium etwas mehr als bloßes Lernen von Wörtern und Grammatikregeln ist, schlagen wir Ihnen vor, sich auch ein bisschen touristisch zu betätigen.

2 So werden Sie bestimmte Lektionen zum « Reisen » in verschiedene geografische Gegenden Spaniens einladen und Ihnen einen Überblick über bestimmte Regionen geben, Ihnen von ihren Bewohnern erzählen, ihrer Küche, ihren Reichtümern, ihren Festen oder Bräuchen, und so weiter.

3 Ihre Lehrzeit wird angenehmer und inhaltsreicher sein.

4 Am Ende werden Sie die Redensart verwirklicht haben : « Spanien sprechen » heißt auch Spanien kennen und verstehen.

nos animaba : er ermunterte uns durch sein süßes Lächeln.
Im Spanischen wird auch häufig die Konstruktion bestimmter Artikel + Infinitiv gebraucht, deren Sinn im Deutschen meistens durch den Infinitiv ohne Artikel wiedergegeben wird :
El cantar alegra el corazón : Singen erfreut das Herz.
Einige Infinitive sind direkt zu Substantiven geworden : *el saber* (das Wissen), *el poder* (die Macht, das Können), *el deber* (die Pflicht), u. a.

5 Comencemos, pues, con una breve presentación, limitándonos, por el momento, a la orientación.

6 Integran España diecisiete comunidades autónomas ; éstas comprenden un total de cincuenta provincias (Ceuta y Melilla tienen estatuto aparte). **(2)**
7 Por orden alfabético, las comunidades son las siguientes :
8 Andalucía, Aragón, Asturias, Baleares, Canarias, Cantabria, Castilla-La Mancha, Castilla-León, Cataluña, Comunidad Valenciana, Extremadura, Galicia, Madrid, Murcia, Navarra, País Vasco y Rioja.
9 Para más detalles, vea el mapa.
10 Brevemente, y sólo para que usted se haga una ligera idea, se puede decir que, de alguna manera, España se esboza como un ente federativo. **(3)**
11 Por supuesto, al final del « viaje » las ideas estarán más claras.
12 Sólo a base de pequeñas pinceladas, el pintor pinta el cuadro. **(4)** **(5)**
13 ¿A que es bueno saber adónde se va ? **(6)**
14 y ello no quita que el camino sea una continua aventura. **(7)**
15 ¡Buen viaje !

NOTAS

(2) *Integrar :* ausmachen, bilden.
Comunidades autónomas sind etwa vergleichbar mit den deutschen Bundesländern.

(3) *Ente :* Einheit, Wesen (philosophisch), eine Realität, öffentliche Einrichtung.

(4) *A base de :* a) (mit Dativ) aufgrund von
(mit Genitiv) wegen
b) (mit Dativ) aus, mit
Me repongo a base de vitaminas : ich päppele mich mit Vitaminen wieder auf.

(5) *Pincelada :* Pinselstrich.

5 Beginnen wir also mit einer kurzen Vorstellung, (uns beschränkend) die uns im Moment nur zur Orientierung dienen soll.

6 Spanien besteht aus siebzehn « comunidades autónomas » (autonome Landesregierungen) ; diese setzen sich aus insgesamt fünfzig Provinzen zusammen (Ceuta und Melilla haben einen Sonderstatus).

7 Alphabetisch geordnet sind es folgende « comunidades » :

8 Andalusien, Aragonien, Asturien, die Balearen, die Kanarischen Inseln, Kantabrien, Kastilien-La Mancha, Kastilien-León, Katalonien, Valencia, Extremadura, Galicien, Madrid, Murcia, Navarra, das Baskenland und die Rioja.

9 Für weitere Einzelheiten sehen Sie sich die Karte an.

10 Kurz, und nur damit Sie sich ein Bild machen, kann gesagt werden, dass Spanien sich als föderatives Gebilde darstellt (sich skizziert).

11 Sicherlich werden Sie am Ende der « Reise » klarer sehen.

12 Mit kleinen Pinselstrichen nur malt der Maler ein Bild.

13 Ist es nicht gut zu wissen, wohin man geht ?

14 ... was nicht ausschließt, dass der Weg ein fortwährendes Abenteuer sein kann.

15 Gute Reise !

(6) Ein Fragesatz mit *¿A que?* kann zwei Bedeutungen haben :
— Ist es nicht ... ? Das heißt, der Sprecher geht davon aus, dass die Antwort seine Frage nur bestätigen kann.
¿A que es bonito este cuadro ? Ist dieses Bild nicht schön?
— Wetten, dass ... ? Ich wette, dass ... : *¿A que llego antes que él ?* : Wetten, dass ich vor ihm ankomme ?

(7) *Quitar :* (weg-)nehmen, entfernen, aber auch : *no quita que :* (dem Sinn nach) trotzdem, nicht ausschließen.
Eso no quita que sea un buen amigo : Trotzdem ist er ein guter Freund.
Lo uno no quita lo otro : Das eine schließt das andere nicht aus.

EJERCICIO I. **1.** Se puede decir que conoce bien la ciudad. **2.** Es una persona que tiene las ideas claras. **3.** Por ahora no tengo proyecto de ir. **4.** En España hay cincuenta y dos provincias. **5.** Sí, hemos sabido orientarnos.

EJERCICIO II

1. *Mit der Karte habe ich mir ein Bild machen können.*

... . me he ....

2. *Sicher habe ich das verstanden.*

..........., lo he ....

3. *Sagen wir es kurz.*

....

4. *Am Ende des Weges ist eine Quelle.*

.. .. fuente.

5. *Ich wette, dass du hingehen willst.*

¿. ... . ?

Ejercico I. **1.** Man kann sagen, dass er die Stadt gut kennt. **2.** Er ist ein Mensch mit klaren Vorstellungen. **3.** Im Augenblick habe ich nicht vor, hinzugehen. **4.** In Spanien gibt es 52 Provinzen. **5.** Ja, wir haben uns orientieren können.

Corrección del ejercicio II. **1.** Con el mapa - - hecho una idea. **2.** Por supuesto - - comprendido. **3.** Digámoslo brevemente. **4.** Al final del camino hay una -. **5.** ¿A que quieres ir ?

LECCIÓN TERCERA

¡Taxi..., por favor !

1 — ¡Hola, buenas ! ¡Vaya chaparrón ! **(1)**
2 — Un poco más y no le veo. ¿Adónde vamos ?
3 — A la calle de la Quiebra, número veintinueve. **(2)**
4 — ¿No hay allí una sucursal bancaria ?
5 — Sí, eso es. Espero que no haya mucho tráfico. **(3)**
6 — Pues... ¡tómeselo con tranquilidad ! No sé lo que pasa hoy, pero... ¡vaya día ! Entre la lluvia, los atascos y las prisas de los clientes... **(4) (5)**
7 — Eso es más bien buena señal ; para usted... ¡los negocios van bien ! **(6)**
8 — Eso es lo que mucha gente cree, pero... ¿Qué hace ése ? ¿Ha visto como ha adelantado ?
9 El taxista pita repetidamente y, sacando la cabeza por la ventanilla, grita :

NOTAS

(1) *¡Hola buenas !* und *¡Buenas !* sind geläufige und oft gebrauchte kurze Grußformeln, z. B. wenn man ein Geschäft, eine Bank oder die Post betritt, um die Person zu grüßen, von der man bedient wird.
¡Hola ! : Hallo, ist eher unter Bekannten und Freunden üblich.

(2) Siehe auch Lektion 7, Punkt 1D, die Erläuterungen zur Schreibweise der Zahlen von 16 bis 29.

(3) **Recuerde :** In Nebensätzen, die mit einem Relativpronomen beginnen und die eine Möglichkeit in der Zukunft ausdrücken, muss der *Subjuntivo* stehen. *Espero que vengas :* Ich hoffe, du kommst. Siehe auch Satz 10.

3. LEKTION

Taxi ..., bitte !

1 — Guten Tag. Was für ein Regenschauer !
2 — Um ein Haar hätte ich Sie nicht gesehen. Wohin fahren wir ?
3 — Zur Konkursstraße Nummer 29.
4 — Ist dort nicht eine Bankfiliale ?
5 — Ja, so ist es. Ich hoffe, dass nicht so viel Verkehr ist.
6 — Nun — immer mit der Ruhe. Ich weiß nicht, was heute los ist, aber ... was für ein Tag. Mit dem Regen, den Verkehrsstaus und der Eile der Kunden ...
7 — Das ist doch eher ein gutes Zeichen, die Geschäfte gehen gut ... für Sie.
8 — Das ist es, was viele Leute glauben, aber ... was macht der denn ?! Haben Sie gesehen, wie er überholt hat ?
9 Der Taxifahrer hupt wiederholt, steckt den Kopf aus dem Fenster und schreit :

(4) *Entre :* zwischen, unter.
Diese Präposition gibt oft die Idee des Zusammentreffens von Personen, Faktoren oder Situationen wieder. In diesem Fall ist sie im Deutschen durch « mit » bzw. im Sinne von « zusammen » zu übersetzen.
Entre chicos y chicas somos una treintena : Wenn wir Jungen und Mädchen zusammenzählen, sind wir ungefähr dreißig.
Lo haremos entre los tres : das machen wir drei zusammen.

(5) *La prisa :* die Eile. *Las prisas* (im Plural) kann auch bedeuten : Überstürzung, Übereilung, Hetze.
Tener prisa : es eilig haben, keine Zeit haben.
Darse prisa : sich beeilen.

(6) *Andar :* gehen, zu Fuß gehen. *Anda mucho :* er geht viel (zu Fuß). *Marcharse :* weggehen. *Se ha marchado :* er ist gegangen.
Los negocios van bien : die Geschäfte gehen gut ; und in diesem Zusammenhang : *La buena marcha de los negocios :* der gute Gang der Geschäfte.

10 — ¡Loco! ¡¡¡El día en que se haga bailar a los idiotas, tú no formarás parte de la orquesta!!!
¡Qué día!
11 — Me decía usted que...
12 — Sí, que los negocios van sólo a medias. Cada vez hay más circulación y... durante el día, por el centro de la ciudad, no se circula, con frecuencia, ni siquiera a 15 por hora. **(7) (8)**
13 — ¡Mejor para ustedes!
14 — Es lo que piensa mucha gente que no conoce la profesión. Pero el beneficio más importante lo sacamos con la bajada de bandera. Así pues, lo interesante son las carreras cortas y rápidas. **(9)**
15 — También están las propinas...
16 — No crea, con la dichosa crisis... ¡ya no es como antes! ¡Y no hablemos del precio de la gasolina!
17 Pero... ¿Adónde va ese otro?, ¿No ha visto el intermitente?
18 Y el taxista grita: - ¡¡¡Domingueroooo!!!
Y repite: - ¡Vaya diíta! **(10)**
Luego añade: - ¡Ya estamos!
19 — ¿Cuánto le debo?
20 — Ciento setenta.
21 — Tome doscientas; quédese con la vuelta y... ¡qué se le arregle el día!

NOTAS

(7) *Cada vez mas :* immer mehr.
Cada vez menos : immer weniger.

(8) *Ni siquiera* : nicht einmal, wird oft verkürzt zu *ni*. Ansonsten wird das Verb « umrahmt », d. h. *ni ... siquiera*. Der Sinn bleibt immer gleich : *¡No sabe siquiera ir ! ¡Ni siquiera sabe ir !* oder *¡Ni sabe ir !* : Er kann nicht einmal hingehen.

10 — Irrer! Am Tag, wenn die Narren zum Tanz aufgefordert werden, spielst Du bestimmt nicht mit im Orchester!
Was für ein Tag!

11 — Sie sagten mir gerade, dass ...

12 — Ja, die Geschäfte gehen nur mittelmäßig. Es gibt immer mehr Verkehr und tagsüber in der Innenstadt fährt man oft nicht einmal 15 km pro Stunde.

13 — Besser (so) für Sie.

14 — Das glauben viele Leute, die den Beruf nicht kennen. Aber das meiste Geld verdienen wir durch den Grundbetrag beim Einstellen des Taxometers. Daher sind die kurzen und schnellen Fahrten das Interessanteste.

15 — Dann gibt es doch noch die Trinkgelder.

16 — Glauben Sie das bloß nicht, mit der verfluchten Krise ... es ist nicht mehr wie früher. Und vom Benzinpreis ganz zu schweigen.

17 Aber ... wo fährt denn der da hin? Hat der das Blinklicht nicht gesehen?

18 Und der Taxifahrer schreit: Sonntagsfahrer!!!
Und wiederholt: Was für ein Tag!
Dann fügt er hinzu: Da sind wir.

19 — Wie viel schulde ich Ihnen?

20 — Einhundertsiebzig.

21 — Nehmen Sie zweihundert, behalten Sie den Rest und einen schönen Tag noch (ich hoffe, dass der Tag für Sie noch besser wird).

(9) *La bajada :* der Abstieg.
La bajada de bandera (beim Taxi): das Kassieren des Mindestbetrages laut Taxometer beim Einsteigen. *Bandera* — Fahne — stammt noch aus der Zeit, als kleine Fahnen anzeigten, dass ein Taxi frei oder besetzt war.

(10) *Vaya* ist eine Partikel, die bei Ausrufen vor Substantiven die gute oder schlechte Eigenschaft der angesprochenen Sache oder Person betont. Ob gut oder schlecht, erkennt man am Tonfall oder Zusammenhang. Man kann auch sagen: *¡Qué dia! ¡Qué chaparrón!* usw.
Grammatikalisch ist *vaya* die 1. und 3. Person des *Subjuntivo* des Verbes *ir*.

EJERCICIO I. **1.** Espero que yo pueda ir. **2.** Hoy ha habido muchos atascos. **3.** Tengo mucha prisa. **4.** Eso, es una buena señal. **5.** Los negocios van bastante bien.

EJERCICIO II

1. *Jetzt kann man nicht überholen, es ist verboten.*

...., ... prohibido.

2. *Hast du dem Taxifahrer ein Trinkgeld gegeben ?*

¿... .... ?

3. *Das Benzin wird immer teurer.*

.. ..

4. *Pedro hat nicht einmal angerufen.*

Pedro ni ....

LECCIÓN CUARTA

Levante (1)

1 Valencia, capital de la Comunidad Valenciana -de la que también forman parte Castellón y Alicante-, con sus dos millones largos de habitantes, es la tercera ciudad más grande de España. **(2)**

NOTAS

(1) *Levantarse :* aufstehen, aufgehen (Sonne).
El Levante : Bezeichnung der spanischen Ostküste.

Ejercico I. **1.** Ich hoffe, dass ich hingehen kann. **2.** Heute hat es viele Staus gegeben. **3.** Ich habe es sehr eilig. **4.** Das ist ein gutes Zeichen. **5.** Die Geschäfte gehen ganz gut.

5. *Es ist nicht mehr wie früher, es ist besser.*

.. .., ¡.. .....!

Corrección del ejercicio II. **1.** Ahora no se puede adelantar, está -. **2.** ¿Has dado propina al taxista? **3.** La gasolina está cada vez más cara. **4.** - - siquiera ha telefoneado. **5.** Ya no es como antes, ¡es mejor!

4. LEKTION

Levante

1 Valencia, Hauptstadt der Comunidad von Valencia — zu der auch (die Provinzen) Castellón und Alicante gehören — ist mit seinen gut zwei Millionen Einwohnern die drittgrößte Stadt Spaniens.

(2) *Largo :* lang. *Una larga espera :* ein langes Warten. *Hace una hora larga que ha llegado :* Er ist vor gut einer Stunde gekommen.
Treinta millones largos de turistas : Mehr als dreißig Millionen Touristen ; oder : gut dreißig Millionen Touristen.

2 Viniendo de Cataluña, se entra en Levante por Castellón y ya se empiezan a ver las huertas con sus naranjales y olivares. **(3)**

3 Bordeando la costa se llega a Sagunto donde se pueden visitar las ruinas romanas.

4 Y veinticuatro kilómetros más al sur se encuentra la ciudad que fundaron los griegos y que conquistó el Cid en 1094 : Valencia. **(4)**

5 Una vez allí, hay que visitar la ciudad y..., para descansar, comer una buena paella -especialidad de la región.

6 La paella es un plato de arroz guisado con diferentes legumbres y trozos de carne o pescado, mariscos, etc., aromatizado con azafrán. **(5) (6)**

7 La otra « especialidad valenciana » son las Fallas -hogueras, en castellano. **(7)**

8 Las Fallas son monumentos de arte popular de carácter satírico, ya que caricaturizan a personalidades relevantes del barrio, de la ciudad o del país, ridiculizan costumbres o representan de manera jocosa acontecimientos políticos o sociales destacados.

NOTAS

(3) *El huerto :* der Obst- oder Gemüsegarten.
La huerta : ist flächenmäßig größer als *el huerto.*
Spricht man von *la huerta de Levante* – oft mit Großschreibung : *la Huerta de Valencia* – so ist die bewässerte und kultivierte Ebene der spanischen Ostküste gemeint.

(4) *Mil noventa y cuatro :* 1094.
Die Konjunktion « *y* » muss immer zwischen den Zehnern und den Einern stehen. Gibt es keine Zehner, so steht auch kein « *y* » : *ciento cinco* (105), *ciento cuarenta y cinco* (145). Nähere Ausführungen siehe Lektion 7.

2 Aus Katalonien kommend gelangt man zunächst nach Castellón, wenn man in die Levante fährt, und sieht gleich die « Huertas » (Pflanzungen) mit ihren Orangen- und Olivenbäumen.

3 Weiter die Küste entlang gelangt man nach Sagunto, wo man die römischen Ruinen besichtigen kann.

4 Und 24 km weiter südlich liegt die Stadt, die von den Griechen gegründet wurde und die der Cid 1094 eroberte : Valencia.

5 Wenn man dort ist, muss man die Stadt besichtigen und ... zur Erholung eine gute Paella essen — eine regionale Spezialität.

6 Die Paella ist ein Reisgericht, zubereitet mit verschiedenem Gemüse, Fleisch- oder Fischstücken, Meeresfrüchten, usw., gewürzt mit Safran.

7 Die andere « valencianische Spezialität » sind die « Fallas » — auf Spanisch « hogueras ».

8 Die Fallas sind populäre Kunstwerke mit satirischem Charakter, da sie bedeutende Persönlichkeiten aus dem Stadtteil, der Stadt oder dem Land karikieren, Gebräuche ins Lächerliche ziehen und herausragende politische oder soziale Ereignisse in scherzhafter Weise darstellen.

(5) *Plato :* Gericht, aber auch : Teller.
Plato llano, hondo oder *sopero :* flacher Teller, tiefer Teller oder Suppenteller.

(6) *Cocinar :* kochen. Wenn es darum geht, dass Lebensmittel sorgfältig zubereitet und Gerichte zusammengestellt werden, so spricht man von *guisar.*

(7) *El fuego :* das Feuer.
Hoguera : Lagerfeuer, Freudenfeuer (bei Festen), Scheiterhaufen
Hogueras de San Juan : Johannisfeuer.
Condenado a la hoguera : zum Scheiterhaufen verurteilt.
Piloto, luz posterior : Rücklicht.
Piloto, luz de posición : Standlicht.
Luces de cruce, de carretera : Abblendlicht, Fernlicht.
Semáforo : Ampel.

9 Son construcciones de madera y cartón piedra de hasta más de treinta metros de altura, que se instalan en las plazas de la ciudad -más de doscientas- y que, el último día de las fiestas, se queman por la noche para divertimiento y contento de todos. **(8) (9)**

10 Saliendo de Valencia y siguiendo hacia el sur se llega a la Albufera y luego a Alicante, tierra del calzado y de la horchata : deliciosa bebida refrescante hecha a base de chufas. **(10) (11)**

11 Más abajo se encuentra Elche -puerta del Oriente- con sus palmerales.

12 Levante es el oasis de España, y el agua es la sangre de esa tierra.

NOTAS

(8) Ergänzungen zu Substantiven, die sich auf das Material beziehen, aus der eine Sache gemacht ist, stehen immer mit der Präposition « *de* » : *la mesa de madera :* Holztisch (Tisch aus Holz) ; *el jersey de lana :* Wollpullover (Pullover aus Wolle) ; *el reloj de oro :* goldene Uhr.

(9) *Doscientos :* zur Schreibung und Anpassung, siehe Lektion 7.

(10) *La Albufera* (Arabisch für das kleine Meer) ist ein alter, leicht salziger See, der vom Meer durch eine Landzunge bzw. Sandbank abgetrennt ist und der heute zum Teil zum Reisanbau genutzt wird.

EJERCICIO I. 1. ¿Qué podemos ir a visitar hoy? **2.** Hace media hora larga que se ha ido. **3.** Esta paella está muy buena. **4.** No voy por la autopista, prefiero bordear la costa. **5.** Una vez allí, le escribiré.

9 Es sind Konstruktionen aus Holz und Pappe von bis zu mehr als dreißig Meter Höhe, die auf den verschiedenen Plätzen der Stadt — mehr als zweihundert — aufgestellt und am letzten Tag des Festes zur Unterhaltung und Freude aller verbrannt werden.

10 Wenn man Valencia verlässt und weiter in Richtung Süden fährt, so gelangt man in die Albufera und dann nach Alicante, dem Land der Schuhindustrie und der Horchata : ein wohlschmeckendes Erfrischungsgetränk, das aus Erdmandeln hergestellt wird.

11 Weiter unten liegt Elche — das Tor zum Orient — mit seinen Palmenhainen.

12 Die Ostküste (Levante) ist die Oase Spaniens, und das Wasser ist das Blut dieser Erde.

(11) *Los zapatos :* die Schuhe.
La industria del calzado : die Schuhindustrie.
Una tienda de calzado : ein Schuhgeschäft.

Ejercicio I. 1. Was können wir heute besichtigen ? **2.** Vor gut einer halben Stunde ist er gegangen. **3.** Diese Paella ist sehr gut. **4.** Ich fahre nicht auf der Autobahn, ich fahre lieber die Küste entlang. **5.** Wenn ich dort bin, werde ich Ihnen schreiben.

EJERCICIO II

1. *Ich habe Lust, eine regionale Spezialität zu probieren.*

   .... probar ... .

2. *Nachdem wir die Stadt ein wenig besichtigt hatten, sind wir ins Restaurant gegangen.*

   ...., ...

3. *Die Vorstellung findet heute Abend statt.*

   .. ..

LECCIÓN QUINTA

Escalada

1 Desde hace una semana Trini y Armando, simples vecinos que se ignoraron durante años, viven un intenso romance.

2 Una avería fortuita del ascensor, que la casualidad había hecho que cogieran juntos, había propiciado las primeras miradas directas y la decisión conjunta y firme de ir, al día siguiente, a tomar algo juntos.

3 — « Para celebrarlo » -había dicho Trini cuando Armando, rojo como un tomate, salía del ascensor, una vez reparada la avería.

4 — « Si tú quieres » -había solamente respondido él.

5 Al día siguiente, por la noche, sus manos se encontraron sobre el picaporte de la puerta de entrada de la cafetería.

4. *Sie finden eine Tankstelle am Ortsausgang.*

....

5. *Ich würde gern etwas Kühles trinken.*

....

Corrección del ejercicio II. 1. Tengo ganas de — una especialidad de la región. **2.** Después de haber visitado un poco la ciudad, hemos ido al restaurante. **3.** El espectáculo tiene lugar esta noche. **4.** Encontrará una gasolinera a la salida de la ciudad. **5.** Quisiera beber algo fresco.

5. LEKTION

« Eskalation »

1 Seit einer Woche erleben Trini und Armando, (einfache) Nachbarn, die einander jahrelang übersehen hatten, eine intensive Romanze.

2 Eine unvermutete Panne des Fahrstuhls, den sie zufällig gemeinsam bestiegen hatten, hatte die ersten direkten Blickkontakte und die gemeinsame feste Entscheidung gefördert, am nächsten Tag zusammen etwas trinken zu gehen.

3 — « Zur Feier des Tages (um das zu feiern) » — hatte Trini gesagt, als Armando rot wie eine Tomate aus dem Fahrstuhl kam, nachdem die Panne repariert war.

4 — « Wenn du willst » — hatte er nur geantwortet.

5 Am Abend des nächsten Tages berührten sich ihre Hände an der Klinke der Eingangstür des Cafés.

6 — « ¡Pasa ! » -dijo Armando después de meditárselo. **(1)**
7 — « ¡Gracias ! ¡Qué detalle ! ¡Así me gustan a mí los hombres : con carácter ! » -respondió ella sin levantar la mano y mirándolo de frente. **(2)**
8 A la tarde siguiente, Trini lo agarró del brazo diciendo : **(3)**
9 — « ¡Qué miedo tengo cuando hay coches y hay que cruzar ! »
10 Quinientos metros más lejos, desbocándose, Armando soltó : **(4) (5)**
11 — « Te propongo... »
12 — « ¿Qué me propones ? » -cortó Trini volviéndole a mirar-
13 — « ... que mañana vayamos a dar un paseo al parque. ¿Te parece ? » **(6) (7)**
14 Sentados en un banco, en la oscuridad del parque, el cuarto día, ella lo besó como si nada, en la mejilla, diciendo : **(8)**

NOTAS

(1) *Pensar :* denken. *Piénsalo :* denk' daran, überlege es Dir. Mit bestimmten Verben wird oft ein Pronomen (als Füllwort oder Zuordnung) benutzt, das zum Verständnis des Satzes nicht notwendig ist, aber eine Nuance einbringt bzw. Nachdruck verleiht : *Voy a pensármelo :* ich werde darüber nachdenken (zu meiner eigenen Orientierung).

(2) *Una persona detallista :* eine aufmerksame Person (im Sinne von höflich) und auch : jemand, der es sehr genau nimmt. *Detallista :* Einzelhändler, Kleinmaler.

(3) *¡Agarráos ! :* Haltet euch fest !
— *Agarrar* (oder *coger*) *el brazo :* jemanden am Arm nehmen (Satz 8) oder am Arm packen (je nach Kontext).
— *Agarrar un resfriado :* sich einen Schnupfen holen, Schnupfen bekommen.
— *Estaban agarrados* (oder *cogidos*) *de la mano :* sie hielten sich an der Hand (sie hielten Händchen).

(4) *Desbocándose :* Das gerundio ist, wie Sie bereits wissen, eine unveränderliche Form des spanischen Verbs. Während « *estar + gerundio* » den Verlauf einer Handlung beschreibt, gibt das *gerundio* ohne *estar* die Gleichzeitigkeit von Handlungen wieder. Dies kann mit dem deutschen Partizip Präsens (hier : sich losmachend) wiedergegeben werden. Meistens wird diese Form aber im Deutschen

6 — « Geh' vor » — sagte Armando, nachdem er sorgfältig nachgedacht hatte.
7 — « Danke ! Wie aufmerksam ! So gefallen mir die Männer : mit Charakter ! » — antwortete sie, ohne ihre Hand zu heben, und schaute ihm direkt ins Gesicht.
8 Am darauffolgenden Nachmittag nahm Trini seinen Arm und sagte :
9 — « Ich habe solche Angst, wenn viele Autos fahren und man über die Straße muss! »
10 Fünfhundert Meter weiter machte Armando sich los und stieß hervor :
11 — « Ich schlage dir vor ... »
12 — « Was schlägst du mir vor ? » — unterbrach ihn Trini, indem sie ihn wieder ansah —
13 — « ... dass wir morgen einen Spaziergang im Park machen. Bist du einverstanden ? »
14 Als sie am vierten Abend im Dunkel des Parks auf einer Bank saßen (auf einer Bank sitzend, im Dunkel des Parks, am vierten Abend), küsste sie ihn, als wäre nichts dabei, auf die Wange und sagte :

durch einen Nebensatz ausgedrückt (siehe auch Satz 7 und 12).

(5) *Quinientos metros :* fünfhundert Meter (Recuerde la nota 9 de la lección cuarta).

(6) *Dar un paseo, dar una vuelta :* einen Spaziergang machen, eine Runde drehen. *Pasearse :* spazieren gehen.

(7) *¿ Te parece ?* Bist du einverstanden? Merken Sie sich auch: *¿ Qué te parece ? :* Was meinst du (was hältst du davon)? Und auch : *Si le parece bien :* Wenn Sie einverstanden sind.

(8) *Como si nada* oder *como si tal cosa :* als sei nichts dabei, einfach so.

15 — « ¡Qué buena idea, la de traerme al parque ».

16 Un día después se entrelazaron bailando en un club de las afueras de la ciudad y, cuando al ritmo de la música sus labios iban a encontrarse, Armando, en contra de su más ardiente deseo, no pudo reprimir un doloroso : **(9)**

17 — « ¡Ay..., me han pisado ! » **(10)**

18 Menos de veinticuatro horas después, se encontraban en un cine, en la última fila ; Armando en los brazos de Trini, con los ojos cerrados, oía susurrar :

19 — « Te quiero... Armando ; tú y yo para siempre... ; te quiero... »

20 — « ¡Trini... ! ¡Oh... Trini ! ¡Trini ! ¡Soy el hombre más feliz de la tierra ! »

EJERCICIO I. 1. Desde hace una semana no he tenido tiempo de ir. **2.** Saldremos de viaje cuando la avería del coche esté reparada. **3.** ¿Qué le parece ? **4.** Tere ha comprado una casa en las afueras. **5.** Ahora está verde y podemos cruzar.

EJERCICIO II

1. *Wir haben einen Spaziergang gemacht, dann haben wir uns auf eine Bank gesetzt.*

...., luego ... hemos ....

2. *Ich wohne außerhalb der Stadt und muss einen Nahverkehrszug benutzen.*

.... fuera .. .. que ....

15 — « Welch' gute Idee, mit mir in den Park zu gehen ! »

16 Einen Tag später umarmten sie sich tanzend in einem Club der Vorstadt, und als sich ihre Lippen beim Rhythmus der Musik berührten, konnte Armando trotz seines heißesten Begehrens ein schmerzvolles :

17 — « Au ... jemand hat mir auf den Fuß getreten » — nicht unterdrücken.

18 Weniger als vierundzwanzig Stunden später befanden sie sich (saßen sie) im Kino, in der letzten Reihe ; Armando lag mit geschlossenen Augen in Trinis Armen und hörte sie flüstern :

19 — « Ich liebe dich ..., Armando ; du und ich für immer ; ich liebe dich ... »

20 — « Trini, oh Trini ! Trini ! Ich bin der glücklichste Mann der Welt ! »

NOTAS

(9) *Las afueras :* Vorstadtgebiet, äußeres Stadtgebiet. *Extrarradio :* Stadtrand, Außenbezirk. *Tren de cercanías :* Nahverkehrszug.

(10) *Pisarle el pie a alguien :* jemandem auf den Fuß treten. *Sin darme cuenta le he pisado :* ohne es zu merken, habe ich ihm auf den Fuß getreten.

Ejercicio I. 1. Seit einer Woche habe ich keine Zeit gehabt, hinzugehen. **2.** Wir werden verreisen, sobald die Autopanne repariert ist. **3.** Was halten Sie davon ? **4.** Tere hat ein Haus in der Vorstadt gekauft. **5.** Jetzt ist grün und wir können die Straße überqueren.

3. *Am nächsten Tag gingen wir tanzen.*

Al ... .

4. *Ich glaube, er hat sich einen kräftigen Schnupfen geholt.*

....

5. *Ich schlage Dir vor, ins Kino zu gehen.*

.. ..

LECCIÓN SEXTA

Saber vender : tener respuesta para todo

1 En una tienda (en una pajarería, por ejemplo) :
2 Un cliente, o una clienta, después de haber escuchado el canto de un canario, dice :
3 — Me quedo con éste. **(1)**
4 — Son cuatro mil dólares los dos -dice el dependiente. **(2)**
5 — No, sólo quiero éste ; el que está cantando.
6 — Lo siento, pero no es posible.
7 — ¿Es porque son macho y hembra ?
8 — No, lo que pasa es que el otro es el compositor. **(3)**
9 — ¡Ah... ! ¡No había caído en ello ! **(4)**

10 Un buen estudio de mercado ha de analizar, entre otros factores, las posibilidades existentes de que el consumidor se trague la píldora. **(5) (6)**

NOTAS

(1) *Quedar* (bleiben, verbleiben, übrig bleiben) hat viele Bedeutungen. Man benutzt dieses Verb oft reflexiv (*quedarse*) : *Me quedo en casa* : ich bleibe zu Hause. Dies verleiht dem Gesagten Nachdruck. *Quedarse con* wird oft im Sinne von behalten, nehmen gebraucht : *Me quedo con el pequeño* : ich nehme den kleinen (Auswahl zwischen zwei Dingen).

(2) *Son novecientas pesetas :* das macht 900 Peseten.

(3) *Lo que pasa es que...* : es ist (nämlich) so, dass ... (als Einleitung oder Überleitung).

Corrección del ejercicio II. 1. Hemos dado una vuelta, - nos - sentado en un banco. **2.** Vivo - de la ciudad y tengo - coger un tren de cercanías. **3.** - día siguiente fuimos a bailar. **4.** Creo que ha agarrado un buen resfriado. **5.** Te propongo que vayamos al cine.

6. LEKTION

Verkaufen können : eine Antwort auf alles haben

1 In einem Geschäft (in einer Vogelhandlung zum Beispiel) :
2 Ein Kunde, oder eine Kundin, sagt, nachdem er (sie) dem Gesang eines Kanarienvogels zugehört hat :
3 — Ich nehme diesen.
4 — Das macht viertausend Dollar für beide — sagt der Verkäufer.
5 — Nein, ich möchte nur diesen ; den, der gerade singt.
6 — Ich bedaure, aber das ist nicht möglich.
7 — Weil es Männchen und Weibchen sind ?
8 — Nein, es ist nur so, dass der andere der Komponist ist.
9 — Ah ... ! Daran hatte ich nicht gedacht!

10 Eine gute Marktstudie muss, neben anderen Faktoren, die bestehenden Möglichkeiten analysieren, nach denen der Verbraucher auf den Leim geht (die Pille schluckt).

(4) Das Verb *caer* (fallen) wird häufig gebraucht und hat viele Bedeutungen. Merken Sie sich vorerst folgende Wendungen :
Caer en la solución : die Lösung finden.
Caer en la cuenta : verstehen, erfassen, sich klar werden, kapieren.
No habíamos caído, no habíamos pensado en ello oder *no lo habíamos pensado :* daran hatten wir nicht gedacht.
¡Piénselo ! : Denken Sie daran ! Überlegen Sie es sich !

(5) ... muss analysieren (zwingend) : *tiene que, debe, ha de analizar.*

(6) *Tragar(se) la píldora* : auf den Leim gehen, reinfallen und auch : die bittere Pille schlucken.
Tragar : schlucken.
Un trago : ein Schluck. *De un trago* : in einem Zug.
Beber un trago de vino : einen Schluck Wein trinken, ein Glas (Wein) trinken, einen « heben ».

11 Medir el grado de cretinismo del futuro comprador es, pues, esencial con vistas al aumento de la cifra de negocios. **(7)**
12 Pero... veamos otro ejemplo :

13 En el restaurante de unos grandes almacenes, en la última planta, junto a la sección « Artículos de broma » : **(8) (9)**
14 — Llevo cuarenta minutos intentando cortar este filete -dice, protestando, un cliente. **(10)**
15 — No se preocupe, tiene tiempo -responde el camarero- ; con motivo de las fiestas, hoy cerramos tres horas más tarde que de costumbre.
16 — ¡Menos mal !

EJERCICIO I (repase el vocabulario) :

Aumento/baja	Steigerung/Sinken
Beneficio	*Gewinn, Nutzen*
La cifra de negocios	*Umsatz*
Cliente	*Kunde*
Comprador	*Käufer*
Consejo de administración	*Verwaltungsrat*
Consumidor	*Verbraucher*
Dependiente - vendedor	*Angestellter - Verkäufer*
Dólar	*Dollar*
Un estudio de mercado	*eine Marktstudie*
Euro	*Euro*
Los grandes almacenes	*die Kaufhäuser*
Negocios	*Geschäfte*
Precio	*Preis*
Quiebra	*Konkurs*
Riqueza	*Reichtum*
Sección	*Bereich, Abteilung*
Sucursal bancaria	*Bankfiliale*
Tienda	*Geschäft, Laden*
Venta	*Verkauf*

11 Den Grad der Dummheit des zukünftigen Käufers zu messen ist also entscheidend im Hinblick auf die Steigerung des Umsatzes.
12 Aber ... schauen wir uns ein anderes Beispiel an :

13 Im Restaurant eines Kaufhauses, im letzten Stockwerk, neben der Abteilung « Scherzartikel » :
14 — Seit vierzig Minuten versuche ich, dieses Schnitzel zu schneiden — protestiert ein Kunde.
15 — Machen Sie sich keine Sorgen, Sie haben Zeit — antwortet der Kellner — wegen der Feiertage schließen wir heute drei Stunden später als gewöhnlich.
16 — Welch' ein Glück !

NOTAS

(7) *Con vistas a* : angesichts, im Hinblick auf.
Con vistas a la reunión del consejo de administración : im Hinblick auf die Sitzung des Verwaltungsrats.

(8) *Los grandes almacenes* : die großen Kaufhäuser. Wenn vor « *grandes almacenes* » der unbestimmte Artikel steht, bezieht man sich im Allgemeinen auf ein Kaufhaus (Geschäft mit mehreren Stockwerken und verschiedenen Abteilungen, wo die unterschiedlichsten Produkte verkauft werden). *Una tienda grande* ist ein großes Geschäft im Sinne von räumlicher Größe.

(9) *Piso* : Stockwerk oder Wohnung. *Vive en el segundo piso* : er (sie) wohnt im zweiten Stock. *Quieren comprar un piso* : sie wollen eine Wohnung kaufen.
In Kaufhäusern oder auf großen Flächen benutzt man vorrangig *planta* anstelle von *piso.*
Planta baja : Erdgeschoss.

(10) *Llevar* : tragen, lenken, führen, usw.
Llevar + anhaltender Zeitraum + Gerundium drückt einen andauernden Vorgang innerhalb eines bereits begonnenen Geschehens aus : *Llevo una hora esperando* : ich warte seit einer Stunde. Auch : *Llevamos un cuarto de hora aquí* : wir sind seit einer Viertelstunde hier.

EJERCICIO II

1. *Ich bereite dies im Hinblick auf die Sitzung von morgen vor.*

   Lo preparo ... .

2. *Ich nehme das, was Sie mir geraten haben.*

   .. .. me ha aconsejado.

3. *Ich bedaure, das Geschäft schließt um sieben Uhr dreißig.*

   .. .., ... media.

4. *Machen Sie sich keine Sorgen, ich werde Ihnen helfen.*

   .. .., ... ayudarle.

LECCIÓN SÉPTIMA

Repaso y especificaciones

1. Das Zahlensystem

A. Die Grundzahlen

0 *cero*	10 *diez*	20 *veinte*	100 *ciento*
1 *uno*	11 *once*	21 *veintiuno*	101 *ciento uno*
2 *dos*	12 *doce*	22 *veintidós*	200 *doscientos, -as*
3 *tres*	13 *trece*	30 *treinta*	300 *trescientos, -as*
4 *cuatro*	14 *catorce*	40 *cuarenta*	400 *cuatrocientos, -as*
5 *cinco*	15 *quince*	50 *cincuenta*	500 *quinientos, -as*
6 *seis*	16 *dieciséis*	60 *sesenta*	600 *seiscientos, -as*
7 *siete*	17 *diecisiete*	70 *setenta*	700 *setecientos, -as*
8 *ocho*	18 *dieciocho*	80 *ochenta*	800 *ochocientos, -as*
9 *nueve*	19 *diecinueve*	90 *noventa*	900 *novecientos, -as*

5. *Er spricht seit einer halben Stunde.*

....

Corrección del ejercicio II. 1. -- con vistas a la reunión de mañana. **2.** Me quedo con el que ---. **3.** Lo siento, la tienda cierra a las siete y -.**4.** No se preocupe, voy a -.**5.** Lleva media hora hablando.

7. LEKTION

1 000 mil ; 10 000 diez mil ; 100 000 cien mil ; un million (eine Million) ; mil millones (eine Milliarde).

B. Apokope (Wegfall des Auslautes) bei ***uno*** und ***ciento***.
— *Uno* und, folglich auch, *veintiuno, treinta y uno, cuarenta y uno*, etc. verlieren die Endung *o* vor einem maskulinen Substantiv.
Uno y tres son cuatro: eins und drei macht vier,
aber :
un libro: ein Buch, *veintiún euros* : 21 Euro ; *cincuenta y un años*: 51 Jahre.
— *Ciento* verliert die Silbe *-to* vor einem Substantiv (maskulin oder feminin) oder einem anderen Zahlwort, das größer ist als hundert :
ciento viente kilómetros : 120 Kilometer,
aber :
cien kilómetros: 100 Kilometer ; *cien mil personas*: 100 000 Personen.

C. Anpassungen

— Vor einem femininen Substantiv muss ***una*** gebraucht werden:

una hora: eine Stunde; *veintiuna personas*: 21 Personen; *cuarenta y una avenidas*: 41 Straßen (Alleen); *ciento y una personas*: 101 Personen.

— Von *doscientos* (200) bis *mil* (1 000) haben die Hunderter einen femininen Plural (*-as*) vor femininen Substantiven:

doscientos kilos: 200 Kilo; *trescientos hombres*: 300 Männer; aber:

doscientas mujeres: 200 Frauen; *quinientas páginas*: 500 Seiten.

Außer bei den soeben zitierten Fällen gibt es keine Änderung: die Zahlwörter sind immer unveränderlich.

D. Verwendung der Konjunktion ***y***

Y muss immer zwischen Zehner und Einer stehen — wenden Sie diese Regel ab *treinta* (30) an.

Von 16 bis 29 schreibt man anstatt *diez y seis, diez y siete*, usw.: *dieciseis, diecisiete..., veintiuno, veintidós..., veintiocho* und *veintinueve.*

Beispiele:

33: *treinta y tres*

85: *ochenta y cinco*

142: *ciento cuarenta y dos*

1 999: *mil novecientos noventa y nueve*

y fällt weg, wenn vor den Einern keine Zehner stehen:

103: *ciento tres*

405: *cuatrocientos cinco*

1 902: *mil novecientos dos*

135 309: *ciento treinta y cinco mil trescientos nueve*

Und nun eine « bekannte » Ausnahme:

Las mil y una noches: Tausendundeine Nacht.

E. Und jetzt Sie!

(Schreiben Sie alle Wörter aus. Die Antworten finden Sie am Ende der Lektion.)

1) 1 987 ....
2) 58 ....
3) 12 391 ....
4) 140 ....
5) 127 328 ....
6) 71 Jahre ....
7) 600 Seiten ....
8) 121 Personen ....
9) 2 005 Meter ....
10) 100 000 Kilometer ....

2. Die Konjugation

Sie ist und bleibt der Dreh- und Angelpunkt Ihres Lernens. Außerdem ist es wichtig, dass Sie regelmäßig den Anhang konsultieren, immer wenn Sie sich nicht sicher sind, ob ein Verb regelmäßig oder unregelmäßig ist.

Anmerkung :
Grundsätzlich ist anzumerken, dass im Spanischen bestimmte Regeln zum Einsatz der korrekten Zeit oder Zeitenfolge zu beachten sind, die wir so im Deutschen nicht kennen.
Nachfolgend Erklärungen zur Verwendung der Vergangenheit.

Pretéritos perfectos (Vergangenheit) :
compuesto (zusammengesetzte Zeit, Perfekt) y simple (einfach, Präteritum) :

Beachten Sie folgende Regeln :

Das spanische Perfekt *(pretérito perfecto)*: Die Handlung vollzieht sich während eines Zeitraums, der noch andauert, wenn gesprochen wird. Mögliche Auswirkung auf die Gegenwart.
Das *pretérito indefinido* (« historisches Perfekt », Präteritum) : die Handlung als Ganzes ist in der Vergangenheit abgeschlossen. Keine Auswirkung auf die Gegenwart.

Beispiele:

Esta mañana me he levantado pronto:
Heute Morgen bin ich früh aufgestanden.
Hoy (heute) — **Perfekt** (pretérito perfecto)

Ayer cené con ellas:
Gestern habe ich mit ihnen zu Abend gegessen (aß ich).
Ayer (gestern) — **Präteritum** (pretérito indefinido)

Zwei weitere Beispiele:
Esta semana ha viajado mucho:
Diese Woche ist er/sie viel gereist.
Esta semana (sie ist noch nicht vorüber) — **pretérito perfecto.**

LECCIÓN OCTAVA

Don Arturo

1 Don Arturo trabaja de ejecutivo en una pequeña empresa de alquiler de coches ubicada cerca del centro de la ciudad. Él se ocupa de la publicidad. **(1) (2)**

2 Su despacho está a un cuarto de hora de su domicilio, y suele hacer el trayecto a pie. **(3)**

3 Don Arturo es un hombre de costumbres casi rituales. **(4)**

NOTAS

(1) *Don, doña* sind respektvolle Anreden, die heutzutage mit Herr (*señor*) oder Frau (*señora*) wiedergegeben werden. *Don* und *doña* stehen nur vor Vornamen.

(2) *El centro de la ciudad*: Stadtmitte, Stadtzentrum. Auf den Verkehrsschildern am Stadteingang lesen Sie meistens nur noch « *centro ciudad* ».

(3) *Oficina, despacho*: Büro. *Oficina* wird auch im Sinne von « Geschäft » oder « Amt » = Arbeitsstätte gebraucht. Heute morgen gehe ich ins Geschäft (in die Firma, ins Amt, usw.) und setze mich in (betrete) mein Büro: *Esta mañana voy a ir a la oficina y entraré en mi despacho.*

La semana pasada fui a verlo:
Letzte Woche bin ich zu ihm gegangen (um ihn zu sehen), habe ich ihn besucht.
La semana pasada (sie ist bereits vorüber) — **pretérito indefinido.**

3. Corrección del ejercicio (1.E.)

1. Mil novecientos ochenta y siete. **2.** Cincuenta y ocho. **3.** Doce mil trescientos noventa y uno. **4.** Ciento cuarenta. **5.** Ciento veintisiete mil trescientos veintiocho. **6.** Setenta y un años. **7.** Seiscientas páginas. **8.** Ciento veintiuna personas. **9.** Dos mil cinco metros. **10.** Cien mil kilómetros.

8. LEKTION

Don Arturo

1 Don Arturo arbeitet als leitender Angestellter in einem kleinen Mietwagenbetrieb nahe dem Stadtzentrum. Er kümmert sich um die Werbung.
2 Sein Büro ist eine Viertelstunde von seiner Wohnung (entfernt), und gewöhnlich geht er das Stück zu Fuß.
3 Don Arturo ist ein Mann mit fast rituellen Gewohnheiten.

(4) **Observe :**
— *Costumbre* → Gewohnheit : *Don Arturo es un hombre de costumbres casi rituales* : Don Arturo ist ein Mann mit fast rituellen Gewohnheiten.
— *Costumbre* → Brauch : *Susana estudia los usos y costumbres de los diferentes países que visita* : Susanne studiert die Sitten und Gebräuche der verschiedenen Länder, die sie bereist.
— *Costumbre* → Sitte : *Las costumbres anglosajonas* : angelsächsische Sitten.
Und auch : *Como de costumbre* → wie gewöhnlich, wie üblich, wie immer.

4 Así, por ejemplo, al « Buenos días » cotidiano de donã Leocadia -la portera- responde invariablemente :

5 — ¡Buenos días ! ¿Hay hoy correo para mí ?

6 Los festivos acostumbra responder : - « ¡Buenos días ! ¡Salude a su marido y... que tengan buen día ! » **(5)**

7 En ocasiones excepcionales hace un comentario sobre el buen o mal tiempo.

8 A unos pasos de su casa se para ante el quiosco que « desde siempre » lleva don Ramiro, un simpático mutilado de guerra. **(6)**

9 Después de intercambiar el « Buenos días » de rigor, don Arturo dice : **(7)**

10 — ¿Qué hay de nuevo hoy ?

11 — Lo de siempre, lo de siempre, don Arturo -contesta don Ramiro alcanzándole el periódico. **(8)**

NOTAS

(5) Er antwortet gewöhnlich : *acostumbra responder, acostumbra a responder*, oder auch wie in Satz 2 *suele responder*. Gewöhnen Sie sich daran (*acostúmbrese*), *soler* zu benutzen — unregelmäßiges Verb der 2. Gruppe — siehe S. 367. Achten Sie auch auf die Konstruktion von Satz 14, man hätte sagen können : *en el que suele desayunar*.

(6) *Llevar* (tragen, haben, führen, mitnehmen etc.) hat viele Bedeutungen, hier : führen. *Llevar una tienda* : ein Geschäft führen.

(7) Auf die Präposition *después de* folgt im Allgemeinen der Infinitiv. Es gibt zwei Übersetzungsmöglichkeiten : « nach » oder « nachdem ». *Después de decirlo* : nach diesen Worten, oder : nachdem er dies gesagt hatte. Im zweiten Fall muss im Deutschen die Vergangenheit stehen, im Spanischen genügt schon *después*, um die Vorzeitigkeit auszudrücken. *Después de levantarse* (nachdem er aufgestanden war) ist gebräuchlicher als *después de haberse levantado*.

4 So antwortet er zum Beispiel doña Leocadia, der Hausmeisterin, auf ihr « Guten Tag » immer unverändert :

5 — Guten Tag ! Ist heute Post für mich gekommen ?

6 An Feiertagen antwortet er gewöhnlich: — Guten Tag ! Grüßen Sie Ihren Mann und ... (ich wünsche Ihnen einen) schönen Tag !

7 Bei außergewöhnlichen Gelegenheiten gibt er einen Kommentar über das gute oder schlechte Wetter ab.

8 Einige Schritte von seinem Haus entfernt bleibt er vor dem Kiosk stehen, der « seit jeher » von don Ramiro, einem symphatischen Kriegsversehrten, geführt wird.

9 Nachdem das obligatorische « Guten Tag » ausgetauscht wurde, sagt don Arturo :

10 — Was gibt es heute Neues ?

11 — Wie immer, wie immer, don Arturo — antwortet don Ramiro und reicht ihm die Zeitung.

(8) *Lo de* hat keine genaue Entsprechung im Deutschen und wird deshalb je nach Kontext übersetzt, manchmal mit einem Nebensatz (*lo de Juan* : das, was Juan gehört, betrifft), manchmal durch einen passenden Ausdruck, so wie in diesem Satz.

12 — Está bien, contesta él y, al pagar, añade : **(9)**

13 — ¡Hale, hasta mañana !

14 Don Arturo sigue andando y, a medio camino entre su casa y el trabajo, entra en el bar en que tiene costumbre de desayunar. **(10) (11)**

15 Se sienta a la mesa del fondo : « la suya » ; extiende el periódico sobre la mesa y, en el instante en que se dispone a ponerse al corriente de los últimos acontecimientos mundiales, llega ya Anselmo, el camarero, con el bollito y el café con leche habitual -chocolate con churros si es día festivo. **(12)**

16 La lectura de los titulares de la primera página coincide, desde hace años, invariablemente, con el mojar el bollito en el café con leche. **(13) (14)**

17 Cuando termina de leer, cada día, se dibuja en su rostro una sonrisa impenetrable que sume, durante unos minutos, a Anselmo en la más extrema perplejidad.

18 Don Arturo acaba luego el desayuno, dobla el periódico, deja unas monedas sobre la mesa, se levanta -son ya menos cinco-, se dirige hacia la puerta y lanza un « Adiós » al que contestan unánimes Anselmo y los demás parroquianos con un : **(15)**

NOTAS

(9) Antworten : *contestar, responder*. Achtung : *contestar a alguien* : jemandem antworten, aber *contestar una carta, una pregunta* : auf einen Brief, eine Frage antworten.

12 — Ist gut, antwortet er und fügt beim Bezahlen hinzu :
13 — Na dann, bis morgen !
14 Don Arturo geht weiter und kehrt auf halbem Weg zwischen seiner Wohnung und seiner Arbeit in das Café ein, in dem er gewöhnlich frühstückt.
15 Er setzt sich an den hinteren Tisch : « seinen [Tisch] », breitet die Zeitung auf dem Tisch aus und in dem Moment, wo er sich gerade über die neuesten Ereignisse in der Welt aufs Laufende bringen will, kommt Anselmo, der Ober, mit seinem Krapfen und dem Milchkaffee — Schokolade und Churros, wenn Feiertag ist.
16 Das Lesen der Überschriften der Titelseite geschieht, seit Jahren, gleichzeitig mit dem Eintunken des Krapfens in den (Milch-)Kaffee.
17 Jeden Tag, wenn er fertig gelesen hat, erscheint (zeichnet sich ab) auf seinem Gesicht ein undurchdringliches Lächeln, das Anselmo minutenlang vollkommen verblüffen lässt.
18 Dann beendet don Arturo sein Frühstück, faltet die Zeitung, lässt einige Geldstücke auf dem Tisch zurück, erhebt sich — es ist schon fünf vor — geht auf die Tür zu und wirft ein « Auf Wiedersehen » (in den Raum), worauf Anselmo und die anderen Stammgäste einstimmig antworten :

(10) *Recuerde : seguir* + Gerundium drückt einen fortdauernden Vorgang aus und wird mit « fortfahren zu », « weiter » oder « andauern » wiedergegeben : *Siga estudiando* : Studieren (lernen) Sie weiter, fahren Sie mit Ihren Studien fort. *Los precios siguen subiendo* : der Preisanstieg dauert an (die Preise steigen weiter).

(11) Wo : siehe Lektion 14, dort finden Sie die Erklärungen zum Gebrauch und zur Übersetzung.

(12) *Churros* sind in Öl gebackene Teigkringel, die man in Spanien meist zum Frühstück isst. Sie werden auch gerne an Straßenständen oder auf Jahrmärkten verkauft. Der Teig wird als « Schnur » durch eine Maschine gepresst, die ihn in fingerlange Stücke schneidet, dann wird er in Öl gebacken und gezuckert.

(13) *Los titulares de la primera página* : die Überschriften der Titelseite (einer Zeitung). *A toda plana* : 5 Kolonnen auf der Titelseite, über die ganze Titelseite.

(14) Im Spanischen wird oft die Konstruktion *el* + Infinitiv gebraucht. Siehe Lektion 2, Anmerkung 1.

(15) *Parroquiano* : zu einer Pfarrei gehörig (auch Personen : Pfarrkind). Und auch : Stammkunde.

19 — ¡Hasta mañana, don Arturo! ¡Que usted lo pase bien! **(16)**

20 — A unos pasos de allí, penetra en su despacho. Cierra la puerta tras de sí, se sienta, enciende un puro y se pone a trabajar.

21 Para hoy, el director le ha encargado la creación de un eslogan publicitario.

22 Don Arturo coge un lápiz; tranquilamente, con seguridad, y sin dudar escribe, con mayúsculas, bajo el boceto que el ingeniero depositó ayer tarde sobre su mesa.

23 ALQUILE UN COCHE: LÁNCESE A TUMBA ABIERTA A LA AVENTURA. **(17)**

NOTAS

(16) ¡*Que usted lo pase bien*! Dieser Wunsch ist immer im Kontext zu sehen. Hier würde man sagen: Ich wünsche Ihnen einen schönen Tag, verbringen Sie einen schönen Tag! Je nachdem, wie gut sich die Sprecher kennen, heißt es auch « Schönen Tag (Abend) dann » (¡*pásalo bien*!), oder auch « amüsier' Dich gut » (*diviértete*), wenn etwa ein Vater der Tochter einen schönen Abend im Kino wünscht. Merken Sie sich auch ¡ Que te diviertas! « Viel Spaß! »

EJERCICIO I. 1. Voy a alquilar un coche para el fin de semana. **2.** Después de telefonear, le recibirá en su despacho. **3.** Suelo comprar el periódico por la mañana. **4.** ¡Hale, hasta mañana! **5.** Siga insistiendo, es una llamada muy importante.

EJERCICIO II

1. *Was gibt es heute Neues ?*

¿... ... ., ... ?

19 — Bis morgen, don Arturo! Schönen Tag!
20 — Einige Schritte weiter betritt er sein Büro. Er macht die Tür hinter sich zu, setzt sich, zündet eine Zigarre an und beginnt mit der Arbeit.
21 Für heute hat der Direktor ihn mit der Ausarbeitung eines Werbeslogans beauftragt.
22 Don Arturo nimmt einen Bleistift; ruhig, selbstsicher, und ohne zu zögern schreibt er in Druckbuchstaben unter den Entwurf, den der Ingenieur gestern Nachmittag auf seinen Schreibtisch gelegt hat:
23 MIETEN SIE EINEN WAGEN — STÜRZEN SIE SICH MIT AFFENZAHN INS ABENTEUER!

(17) *Conducir a tumba abierta*: rasen, schnell fahren (wörtlich « mit offenem Grab »).

Ejercico I. 1. Ich werde einen Wagen für das Wochenende mieten. **2.** Wenn er fertig mit Telefonieren ist, wird er Sie in seinem Büro empfangen. **3.** Gewöhnlich kaufe ich die Zeitung morgens. **4.** Na dann, bis morgen! **5.** Drängen Sie weiter darauf, es ist ein sehr wichtiger Anruf.

2. *Was nehmen Sie? - Das Gleiche wie immer: Schokolade mit Churros.*

¿... va . ..... ? - Lo .. .. : .... con churros.

3. *Er trägt die Schlüssel in der Hosentasche.*

.... llaves .. .. bolso ... pantalón.

4. *Die Postbüros sind heute geschlossen.*

... .

5. *Bevor ich gehe, muss ich noch einen Brief beantworten.*

....

LECCIÓN NOVENA

¿Quién da más ?

1 A los autoservicios, super, hiper y otros mercados, sobre todo en las pequeñas ciudades, les cuesta abrir brecha. **(1) (2)**
2 Gran parte de las amas de casa parece preferir, con mucho, la « plaza » o las tiendas del barrio. **(3)**
3 Durante buena parte de la mañana, el tiempo deja de ser oro. **(4)**

NOTAS

(1) *Autoservicio* : Selbstbedienungsladen, Selbstbedienungs-restaurant.

(2) *Abrir brecha* : eine Bresche schlagen, zum Durchbruch kommen.
Hacerse una brecha en la frente : sich die Stirn aufschlagen.
Hacer una brecha en el frente : Die Front durchbrechen.

(3) *Plaza* (man hätte auch *mercado* sagen können) heißt hier Markthalle. *Voy a la plaza* : ich gehe zum Markt (zur Markthalle ; man versteht darunter einen überdachten Markt). In vielen spanischen Städten gibt es eine *Plaza Mayor* (großer Platz), der meist das Stadtzentrum angibt. Beachten Sie, dass *plaza* nicht im Sinne von Platz = Ort, Platz = Zwischenraum oder Platz im Zusammenhang mit einer Person gebraucht wird. Denn dann benutzt man im Allgemeinen *sitio*: *dejar sitio a*: Platz lassen, machen ; *ocupar mucho sitio* : viel Platz brauchen ; *estar en su sitio* : an seinem Platz sein, am richtigen Platz sein.

Corrección del ejercicio II. 1. ¿Qué hay de nuevo, hoy ? **2.** ¿Qué - a tomar ? - de siempre : chocolate. **3.** Tiene las - en el - del -. **4.** Las oficinas de correos están cerradas hoy. **5.** Antes de salir tengo que contestar una carta.

9. LEKTION

Wer bietet mehr ?

1 Selbstbedienungsläden, Super-, Hyper- und andere Märkte haben es schwer, vor allem in Kleinstädten, sich durchzusetzen (eine Bresche zu schlagen).

2 Ein großer Teil der Hausfrauen scheint bei weitem die Markthalle oder die Läden im Stadtviertel zu bevorzugen.

3 Während eines Großteils des Morgens hört die Zeit auf, Geld zu sein.

(4) (a) *Durante buena parte de...* oder *durante una buena parte de...* (siehe Satz 2 der Übung 1 : einen Großteil Zeit mit ... verbringen)
(b) **Cuidado !** → *dejar* → lassen aber *dejar de* → aufhören zu.
(c) — *El dinero* : Geld. *¿Cuesta mucho dinero ?* Kostet das viel Geld ?
La plata : Silber. *Al segundo le darán la medalla de plata* : der Zweite bekommt die Silbermedaille. In Lateinamerika bezeichnet *la plata* auch Geld (wie *dinero*).

4 Da lo mismo si el viacrucis de las compras consta de tres, seis u ocho estaciones.

5 Y... ¡es comprensible !

6 Poder contestar a la pregunta de la « Doro », la de la tienda de comestibles, sobre cómo va la vida, con un : **(5)**

7 — « ¡Ni me hables, chica, ni me hables ! ¡Los niños me vuelven loca ! ¡No doy abasto ! » **(6)**

8 es también un acto de desahogo. **(7)**

9 Poder decir a Charito, la pescadera :

10 — « ¡Oye, oye, no me pongas esa pescadilla, que no la veo con muy buena pinta ! » **(8) (9)**

11 es también prueba de libertad y ejercicio de autoridad.

12 Poder contar a Teodoro, el charcutero, entre raja de mortadela y sarta de chorizo, que : **(10)**

NOTAS

(5) *Doro* und *Pepi* (Satz 13) sind Kosenamen für *Dorotea* und *Josefa* oder *Josefina*. Normalerweise wird Namen kein Artikel vorangestellt, aber in Dörfern und auf dem Land (wie in Deutschland in manchen Regionen auch) wird dies trotzdem oft getan. Man sollte es vermeiden.

(6) *No dar abasto* : nicht zurande kommen, mit etwas nicht nachkommen oder fertig werden.
Teníamos tanto que hacer que no podíamos dar abasto : Wir hatten so viel zu tun, dass wir nicht nachgekommen sind.
La fábrica no da abasto para atender la creciente demanda : Die Fabrik kann die steigende Nachfrage nicht befriedigen.
Meistens wird *dar abasto* in der Negativform, *no dar abasto*, gebraucht.

(7) *Ahogarse* : ertrinken.
Desahogarse : sich aussprechen, sein Herz ausschütten.
Desahogarse con un amigo : einem Freund sein Herz ausschütten.
Desahogo : Erleichterung (des Herzens) ; Zwanglosigkeit.
Aber auch *desahogarse llorando* : sich mit Weinen Erleichterung verschaffen.

4 Ganz egal, ob der Leidensweg (Kreuzweg) des Einkaufens drei, sechs oder acht Stationen hat.
5 Und... es ist verständlich !
6 Der « Doro », (der) aus dem Lebensmittelgeschäft, auf ihre Frage, wie es denn so gehe (wie das Leben läuft) antworten zu können :
7 — Liebe Güte, sprich nicht davon, sprich nicht davon ! Die Kinder machen mich verrückt ! Ich werde nicht damit fertig !
8 ist auch ein Akt des sich Aussprechens.
9 Zu Charito, der Fischhändlerin, sagen zu können :
10 — Also hör mal, gib mir nicht diesen jungen Seehecht da, der sieht (mir) gar nicht gut aus !
11 ist auch ein Beweis von Freiheit und Autorität.
12 Teódoro, dem Wurstverkäufer, zwischen einer Scheibe Mortadella und einer Kette Chorizowürsten erzählen zu können, dass :

Desahogar su ira contra alguien : an jemand seine Wut auslassen.
Una familia desahogada : eine wohlhabende Familie.
Desahogarse wird in der Umgangssprache sehr häufig im Sinne von « auspacken », « sein Herz ausschütten » gebraucht.

(8) *¡Oye !* ist der Imperativ von *oír* und wird, wie *¡Oiga !* (beim Siezen), oft dazu benutzt, Aufmerksamkeit zu wecken oder eine Antwort zu fordern.
Je nach Kontext und Betonung heißt es : « Bitte » (z. B. « Ruhe bitte » in einem Klassenraum), « Na hör mal », « Hören Sie mal », oder auch « He, du da », « Hallo, (Sie da) ».
¡Oye ! ¿No me habías dicho que... ? Sag mal, hast du mir nicht erzählt, dass ... ?
¡Oiga ! Se olvida la cartera : Hallo, Sie vergessen Ihre Brieftasche !

(9) *Pinta* heißt, im übertragenen Sinn, Aussehen.
Tiene pinta de ser astuto : er sieht gewitzt aus.
Tener buena pinta : gut aussehen.

(10) **Recuerde :** *charcutería* = Laden, in dem Wurst verkauft wird, und *carnicería* = Laden, in dem Fleisch verkauft wird. Im Deutschen kann man nur von « Fleischerei » oder « Metzgerei » sprechen, da meistens Fleisch und Wurst zugleich verkauft werden.

13 — « La Pepi, la del 27, la del quinto, la hija de doña Avelina, ¡La peluquera, hijo, la peluquera !, parece que se casa con un buen partido » **(11)**

14 es también muestra de capacidad de precisión y de participación de la información.

15 Poder gritarle a Amelia, al cruzarse con ella, desde la otra acera, entre mentidero y mentidero :

16 — « ¡Ahora enseguida voy a la carniceria ! ¡Mira a ver si me puedes guardar la vez ! »

17 es también práctica de la confianza y de la expansibilidad.

18 Poder cascar con las otras parroquianas de las propias penas y salpicar con comentarios el recuento de las de ellas es, también, testimonio de sociabilidad y manifiesta contribución al equilibrio « ecológico » de la ciudad.

19 Ésas son cosas, con sus pros y sus contras, que el pequeño comercio también ofrece.

20 Y frente al asalto de lo impersonal, ésas son cosas que no tienen precio. **(12)**

EJERCICIO I. 1. Voy a ir al supermercado a hacer las compras. **2.** He pasado una buena parte de la mañana escribiendo un informe. **3.** Me he cruzado con Roberto en la calle. **4.** ¡Oiga ! Ahí está prohibido aparcar. **5.** Es un punto de vista que tiene sus pros y sus contras.

13 — Die Pepi, die aus Nr. 27, vom fünften Stock, die Tochter von (Frau) Avelina, na die Friseurin eben, die Friseurin, es scheint, dass sie eine gute Partie macht (heiratet),
14 ist auch ein Beweis der Fähigkeit zur Präzision und zur Mitteilung von Information (Teilnahme an Neuigkeiten).
15 Während man sich auf der Straße kreuzt, Amelia vom anderen Bürgersteig aus, zwischen zwei Klatschecken, zurufen zu können :
16 — Ich gehe gleich in die Metzgerei ! Sieh zu, dass du mir einen Platz freihältst !
17 ist ebenfalls Ausdruck von Vertrauen und Mitteilungsbedürfnis.
18 Mit den anderen Stammkundinnen ein Schwätzchen über die eigenen Sorgen zu halten und die Aufzählung der ihrigen mit Kommentaren zu durchsetzen (würzen), zeugt auch von Geselligkeit und trägt offenkunding zum « ökologischen » Gleichgewicht der Stadt bei.
19 Dies sind Dinge, mit ihrem « Für » und « Wider », die der kleine Laden auch anbietet.
20 Und angesichts (des Angriffs) der steigenden Anonymität, sind das Dinge, die nicht mit Geld zu bezahlen sind.

NOTAS

(11) Die Ausrufe *¡hijo !, ¡chico !, ¡chica !* — in Satz 7 — *¡hombre !, ¡mujer !* usw. werden in der Unterhaltung sehr oft benutzt und drücken Verschiedenes aus : Überraschung, Missbilligung, Zweifel, Erstaunen, etc.
Manchmal werden sie als bloße Füllwörter gebraucht, ohne tieferen Sinn, manchmal verstärken sie das Gesagte und entsprechen etwa unserem : « Mensch ! », « Mann ! », « (Ach du) liebe Güte », « Sieh' da » etc.
Am häufigsten hört man *¡hombre !*

(12) *No tener precio* : (wörtlich : keinen Preis haben) etwas, das nicht mit Geld zu bezahlen ist.

Ejercicio I. 1. Ich gehe zum Supermarkt einkaufen. **2.** Ich habe einen Großteil des Morgens damit verbracht, einen Bericht zu schreiben. **3.** Ich habe Roberto auf der Straße getroffen. **4.** Hallo, Sie da ! Hier ist Parken verboten ! **5.** Das ist ein Gesichtspunkt, der « Für » und « Wider » hat.

EJERCICIO II

1. *Ist hier [noch] Platz ?*

   ¿... ..... ?

2. *Machen Sie sich keine Sorgen, das hat keinerlei Bedeutung.*

   No se preocupe, no ....

3. *Er hat viel Arbeit. Es wundert mich nicht, dass er nicht zurande kommt.*

   .... No .. .. en absoluto que .. ..

LECCIÓN DÉCIMA

¡Adiós, muy buenas !

1 — ¡Auxilio ! ¡Socorro ! ¡Ladrones ! ¡Socorro !
2 Gritaba un hombre subiendo de cuatro en cuatro, casi desnudo, las escaleras del Palacio de Justicia. **(1)**
3 Y, en dos zancadas, se plantó delante del juez del pueblo.
4 Éste, molesto ante una irrupción que tan poco caso hacía de los buenos modales y de los trámites necesarios, levantóse y dijo : **(2) (3)**

NOTAS

(1) Recuerde : Das Gerundium vertritt die Stelle eines deutschen Nebensatzes, der mit « indem », « da », « als », « während », manchmal auch mit « weil » und « wenn » eingeleitet wird (kann oft aber auch einfach mit « und » angehängt werden), wenn das Subjekt des Hauptsatzes auch das Subjekt des Nebensatzes ist. Selten, wie hier, wird auch im Deutschen das Gerundium benutzt.
Saliendo del café, encontré a Juan : als ich aus dem Café herauskam, traf ich Juan.

4. *Seit drei Tagen hört es nicht auf zu regnen.*

...., ...

5. *Indem sie mit ihrer Freundin sprach, konnte sie ihr Herz ausschütten.*

....

Corrección del ejercicio II. 1. ¿Hay sitio? **2.** - - -, - tiene ninguna importancia. **3.** Tiene mucho trabajo. — me extraña — - - no dé abasto. **4.** Desde hace tres días, no deja de llover. **5.** Hablando con su amiga pudo desahogarse.

10. LEKTION

Auf Wiedersehen, und nichts für ungut!

1 — Zu Hilfe! Hilfe! Diebe! Hilfe!
2 Schrie ein Mann, während er, fast nackt, immer vier [Stufen] auf einmal nehmend, die Treppe des Gerichtsgebäudes hinauflief.
3 Und dann richtete er sich ganz schnell vor dem Dorfrichter auf.
4 Dieser erhob sich, unangenehm berührt über ein plötzliches Auftauchen, das sich über gute Manieren und die nötigen Formalitäten hinwegsetzte, und sagte:

(2) *Hacer poco caso de*: etwas keine Aufmerksamkeit schenken, sich über etwas hinwegsetzen.
(3) **Recuerde :** im Infinitiv, im bejahenden Imperativ und im Gerundium werden die Reflexivpronomen angehängt (*levantarse, levántate, levantándose*).
In der literarischen Sprache, vor allem im Imperfekt und im *Indefinido*, gilt es als elegant, das Reflexivpronomen ebenfalls an das Verb anzuhängen, wenn dieses am Satzanfang steht bzw. dem Subjekt vorausgeht (siehe auch Satz 14).
Er stand auf: *se levantó* oder *levantóse*.

5 — ¡Silencio ! ¿Qué significa esto ? ¿Qué ocurre ?

6 — ¡Su señoría ! Yo soy tejedor de oficio y pasaba por su pueblo camino de Villa Toro, adonde me dirigía para comprar telas y tejidos...

7 — ¡Vaya al grano ! **(4)**

8 — A la salida del pueblo, en el cruce, tres hombres, amenazándome con navajas y palos, me han obligado a darles todo cuanto llevaba encima : las ropas, los zapatos y el dinero. **(5) (6)**

9 Luego han huido en dirección al pueblo.

10 ¡Pido justicia ! ¡Quiero justicia !

11 El juez, rascándose el bigote, se quedó pensativo unos instantes. Luego, con tono severo, dijo : **(7)**

12 — Por lo que veo, no le han robado ni la camiseta ni el calzón. **(8)**

13 — ¡No ! ¡Es lo único que no se han llevado !

14 El juez guardó silencio mientras se agitaba en su sillón y volvía a rascarse el bigote. Después, se levantó y dijo :

15 — En este pueblo, cuando alguien hace algo lo hace a fondo, de cabo a rabo. Asi pues, los culpables no son de aquí.

NOTAS

(4) *Ir al grano* : zur Sache kommen.

(5) *Un cuchillo* : Messer.
Navaja : Taschenmesser, Klappmesser.

(6) *Todo cuanto* oder *todo lo que* : alles, was. *Todo* wird in diesem Zusammenhang oft verstärkend zu *cuanto* gebraucht : *Hizo cuanto había prometido* oder *Hizo todo cuanto...* oder *Hizo todo lo que...* : er tat alles, was er versprochen hatte.

(7) Im Spanischen wird im Allgemeinen das modale Objekt — es antwortet auf die Frage « wie » — mit der Präposition *con* gebildet. Im Deutschen wird *con* nicht immer durch « mit » übersetzt.
Le miraba con aire triste : er sah ihn mit trauriger Miene an, aber *Lo demostró con ejemplos* : er bewies es anhand von Beispielen.

5 — Ruhe! Was hat das zu bedeuten (was bedeutet das)? Was ist los?

6 — Euer Gnaden! Ich bin Weber von Beruf und kam durch Ihr Dorf auf dem Weg nach Villa Toro, wo ich hingehen wollte, um Stoffe und Textilien zu kaufen ...

7 — Kommen Sie zur Sache!

8 — Am Ortsausgang, an der Kreuzung, bedrohten mich drei Männer mit Taschenmessern und Stöcken, und zwangen mich, ihnen alles, was ich hatte, zu geben: meine Kleider, meine Schuhe und mein Geld.

9 Dann sind sie in Richtung des Dorfes geflohen.

10 Ich bitte um Gerechtigkeit! Ich verlange Gerechtigkeit!

11 Der Richter kratzte sich am Schnurrbart und überlegte einige Augenblicke. Dann sagte er in strengem Ton:

12 — Wie ich sehe, haben sie weder Ihr Hemd noch Ihre Unterhose gestohlen.

13 — Nein! Das ist das Einzige, was sie mir nicht genommen haben!

14 Der Richter blieb stumm, während er sich in seinem Sessel hin und her bewegte und sich erneut am Schnurrbart kratzte. Dann erhob er sich und sagte:

15 — Wenn jemand in diesem Dorf etwas macht, macht er es gründlich, von A bis Z. Deshalb sind die Schuldigen nicht von hier.

(8) Das Possessivpronomen wird im Spanischen nicht so häufig benutzt, wie im Deutschen. Wenn es nicht unbedingt zum Verständnis erforderlich ist, wird es durch den Artikel ersetzt (siehe Satz 8), vor allem, wenn es sich um persönliche Gegenstände oder Kleidung handelt.
He perdido la cartera: ich habe meine Brieftasche verloren. *Puso la chaqueta en la percha*: er hängte die Jacke auf den Kleiderbügel.

16 En consecuencia, este asunto no es de mi competencia. **(9)**
17 Y añadió :
18 — Se levanta la sesión.

EJERCICIO I. 1. Ha subido las escaleras demasiado deprisa. **2.** Estábamos molestos por lo ocurrido. **3.** A la salida de la ciudad, se está construyendo un nuevo puente. **4.** Es una persona que hace las cosas a fondo. **5.** Guardó silencio durante toda la reunión.

EJERCICIO II

1. *Wenn er es eilig hat, nimmt er vier Stufen auf einmal.*

...., sube las escaleras .. ..

2. *Er hat sich über das, was man ihm gesagt hatte, hinweggesetzt.*

.. .. le han dicho.

3. *Er kam sofort zur Sache.*

.. ..

4. *Sie gab ihm ein Zeichen mit der Hand.*

Le .... una seña ... .

5. *Das ist alles, was ich dir sagen kann.*

Esto .. .. decirte.

16 Folglich liegt dieser Fall nicht in meiner Kompetenz.
17 Und er fuhr fort :
18 — Die Sitzung ist geschlossen.

NOTAS

(9) *Jurisdicción* : Rechtsprechung, Gerichtsbarkeit.
Eso no es de su competencia oder *eso no es bajo su jurisdicción* : dies fällt nicht in seine Kompetenzen.

Ejercicio I. 1. Er ist die Stufen zu schnell hinaufgelaufen. **2.** Wir waren unangenehm berührt durch den Vorfall. **3.** Am Stadteingang wird gerade eine neue Brücke gebaut. **4.** Das ist jemand, der seine Sache gründlich macht. **5.** Er schwieg während der ganzen Sitzung.

Corrección del ejercicio II. 1. Cuando tiene prisa, - - - de cuatro en cuatro. **2.** Ha hecho poco caso de lo que - - -. **3.** Ha ido al grano. **4.** - hizo - - con la mano. **5.** - es lo único que puedo -.

LECCIÓN ONCE

Galicia

1 Culturalmente, debido a los elementos célticos que en ella subsisten y, sobre todo, por el hecho de poseer una lengua propia -el gallego-, Galicia ocupa un lugar de privilegio entre las Comunidades que componen España. **(1)**

2 Tierra de campesinos y marineros, situada en el extremo noroeste de la península, Galicia ofrece al viajero el rico contraste de la montaña y el mar.

3 En efecto, el interior está constituido por un denso entretejido de montañas y valles por los que corren torrentes en los que abundan truchas y salmones.

4 La carretera que, bordeando el Miño, va de Orense a Lugo es itinerario de predilección para los aficionados a la pesca. **(2)**

5 El conocimiento completo de esta región supone, ¿cómo no?, la degustación del excelente orujo y del ribeiro. **(3)** **(4)**

NOTAS

(1) Ein Großteil der galicischen Bevölkerung spricht, außer Spanisch auch Galicisch, eine der Sprachen Spaniens, wie z. B. Baskisch oder Katalanisch. Historiker halten die Kelten, noch vor den Römern, Griechen und Phöniziern, für die ersten Bewohner Galiciens.
In El Ferrol befinden sich übrigens die größten Schiffswerften und Kriegsschiffhäfen Spaniens.

(2) *Los aficionados a...* : Freunde, Liebhaber (im Sinne von « Kenner »).

(3) *¿Cómo no?* : natürlich, selbstverständlich = Es kann kein Zweifel bestehen, wie könnte es anders sein? Ein in Spanien und Lateinamerika sehr geläufiger Ausdruck.

11. LEKTION

Galicien

1 Kulturell gesehen hat Galicien, weil noch keltische Elemente zu finden sind (weiterbestehen) und vor allem, weil es eine eigene Sprache hat — Galicisch —, eine privilegierte Stellung unter den « Comunidades », aus denen Spanien sich zusammensetzt.

2 [Als] Land der Bauern und der Seeleute, ganz im Nordwesten der Halbinsel gelegen, bietet Galicien dem Reisenden den reichen Kontrast zwischen Gebirge und Meer.

3 In der Tat besteht das Landesinnere aus einem Geflecht von Bergen und Tälern, wo Wildwasser fließen, die voller Forellen und Lachse sind.

4 Die Straße, die entlang des Mino von Orense nach Lugo führt, ist eine bevorzugte Strecke der Freunde des Angelsports.

5 Voraussetzung für die vollständige Kenntnis dieser Region ist selbstverständlich das Probieren des ausgezeichneten « Orujo » und des « Ribeiro ».

(4) *« Orujo »* ist ein typisch galicischer Schnaps, *aguardiente* (Feuerwasser) : ein Tresterschnaps, der aus den Traubenrückständen bei der Weingewinnung gebrannt wird.
Der *« Ribeiro »* ist ein ausgezeichneter, feiner Wein, der vorzüglich zu den örtlichen Spezialitäten, Fischgerichten und Meeresfrüchten, passt.

6 A menos de cien kilómetros de Lugo se encuentra La Coruña, antiguo « Finis terrae », ciudad industrial y mercantil, con magnificas playas y... el faro llamado Torre de Hércules, obra romana que la caracteriza. **(5)**

7 La cara atlántica ofrece como particularidad el regalo de la naturaleza que representan las rías : brazos de mar -de hasta veinticinco kilómetros- que abrazan la tierra. **(6) (7)**

8 Bajando desde La Coruña, hacia el sur, se llega a Santiago de Compostela, ciudad universitaria, de historia y arte, a la que desde la Edad Media acuden peregrinos de toda la cristiandad para visitar la tumba de Santiago.

9 Continuando hacia el sur se encuentra la Ría de Arosa en cuya desembocadura está La Toja : isla apreciada por los veraneantes por su belleza y su playa, en la que se pueden practicar todo tipo de deportes naúticos. **(8)**

10 Más abajo, Pontevedra, ciudad histórica que ya figuraba en los itinerarios romanos.

NOTAS

(5) *Mercantil :* kaufmännisch, handels-...
Derecho mercantil : Handelsrecht.
Operaciones mercantiles (o comerciales) : Geschäftsvorgänge, Geschäftsabschlüsse.
Espíritu mercantil : Geschäftssinn.

(6) *Las rías altas y bajas* (hoch und tief) sind Flusstäler, die vom Meer überschwemmt wurden. An diesen Trichtermündungen befinden sich viele Häfen, auch für Schiffe mit großem Tiefgang.

6 Weniger als hundert Kilometer von Lugo [entfernt] befindet sich La Coruña, ehemals « Finis Terrae » (das Ende der Welt), eine Industrie- und Handelsstadt, mit herrlichen Stränden und ... dem Leuchtturm « Torre de Hércules » (römischer Bau) der von den Römern errichtet wurde und das Wahrzeichen der Stadt ist.
7 Die atlantische Seite [Küste] bietet als Besonderheit das Naturgeschenk der Rías (das die Rías darstellen) : Meeresarme — bis zu 25 Kilometer (lang) — die die Erde [das Festland] umschlingen.
8 Wenn man von La Coruña in Richtung Süden fährt, gelangt man nach Santiago de Compostela, einer Universitätsstadt mit zahlreichen historischen und künstlerischen Anziehungspunkten, wo sich seit dem Mittelalter Pilger der gesamten Christenheit einfinden, um das Grab des Heiligen Jakobus zu besichtigen (aufzusuchen).
9 Wenn man weiter in Richtung Süden fährt, kommt man zur Ría de Arosa, deren Mündung in La Toja liegt, eine von den Sommerurlaubern wegen ihrer Schönheit und ihres Strandes geschätzte Insel, wo alle möglichen Wassersportarten betrieben werden können.
10 Weiter unten [liegt] Pontevedra, eine historische Stadt, die bereits auf den Marschrouten der Römer zu finden war.

(7) *Abrazar :* umarmen (auch : klammern).
Abrazar : wird häufig im übertragenen Sinn gebraucht : *abrazar un partido :* einer Partei beitreten, sich anschließen.
Dar un abrazo : umarmen.
Abrazo wird auch am Briefschluss verwendet und kann, je nach Kontext, mehrere Bedeutungen haben :
Abrazos oder *Un abrazo cariñoso :* alles Liebe, liebe Grüße, viele Grüße.
Un fuerte abrazo de... : freundliche Grüße (respektvoll) oder herzliche Grüße, etc. (wenn sich die Schreiber gut kennen).
(8) *Continuando...* (*bajando..., deleitándose...,* Satz 8 bzw. 13) : siehe Lektion 10, Anmerkung 1.

11 A treinta y cuatro kilómetros, y antes de llegar a Portugal, se encuentra Vigo cuya ría forma un puerto natural que a menudo ha sido comparado con la bahia de Rio de Janeiro.

12 Una gira por Galicia ha de incluir la visita de algunos de los numerosos castros, pazos y hórreos que salpican la geografía de la región. **(9)**

13 Para terminar, sepa que puede poner punto final a cada una de sus etapas deleitándose con la excelente gastronomía que allí se « cultiva ». Los mariscos son la especialidad más conocida.

EJERCICIO I. 1. Su casa está situada a diez kilómetros de la playa. **2.** Todos mis amigos son aficionados al deporte. **3.** En las playas gallegas hay menos turistas que en las del Mediterráneo, son más tranquilas. **4.** Me gusta mucho ir a pescar. **5.** A menos de tres kilómetros encontrará la desviación que conduce a la autopista.

EJERCICIO II

1. *Welchen Sport treiben Sie ?*

   ¿ ... . ?

2. *Habt ihr Appetit auf einen Teller Meeresfrüchte ? - Selbstverständlich.*

   ¿Os apetece ... . ? - ¿...... ?

11 34 Kilometer entfernt, (und) bevor man nach Portugal kommt, befindet sich [die Stadt] Vigo, deren Ría einen natürlichen Hafen bildet, der oft mit der Bucht von Rio de Janeiro verglichen wurde.
12 Eine Tour durch Galicien muss den Besuch eines der zahlreichen « castros », « pazos » und « hórreos » einschließen, mit denen die Landschaft dieser Region übersät ist.
13 Zum Schluss sollten Sie noch wissen, dass Sie jeder Ihrer Etappen einen krönenden Abschluss geben können, indem Sie sich an der ausgezeichneten Küche (Gastronomie) laben, die hier « gepflegt » wird. Meeresfrüchte sind die bekannteste Spezialität.

NOTAS

(9) *Castros :* keltische und römische Festungen (bzw. Festungsruinen).
Pazos : galicische Stammhäuser adliger Familien (Schlösser, Landsitze).
Hórreos : Rechteckige Bauten aus Holz, auf Pfählen, zur Aufbewahrung von Mais und Getreide.

Ejercicio I. 1. Sein Haus liegt 10 km vom Strand entfernt. **2.** Alle meine Freunde sind Sportliebhaber. **3.** An den galicischen Stränden gibt es weniger Touristen als an denjenigen des Mittelmeers, sie sind ruhiger. **4.** Ich gehe sehr gerne angeln. **5.** Nach weniger als 3 km finden Sie die Abzweigung, die zur Autobahn führt.

3. *Liebe Grüße (am Briefende).*

....

4. *Ich habe vor, eine Tour durch den Süden des Landes zu machen.*

Tengo el proyecto .. ..

5. *Ich habe es erfahren, als ich die Zeitung las.*

Me he enterado ....

LECCIÓN DOCE

¡Es la lucha... !

1 Empujones, tirones, pisotones y otras sacudidas constituyen con frecuencia el pan cotidiano de quienes, por una u otra razón, se ven obligados a utilizar los transportes públicos a las horas punta. **(1)**

2 Se trata de « modos de expresión » internacionales ; y están más difundidos de lo que ninguna lengua en el mundo jamás haya estado.

3 En Madrid, Paris, Buenos Aires, Moscú o Nueva York, a esas horas, millones de personas hablan el mismo idioma.

4 Los puños en los riñones, los codos en las costillas, los maletines en las rodillas, las puntas de los paraguas en los dedos de los pies o el mango en un ojo

NOTAS

(1) *Empujar :* stoßen, drücken, schieben. *Empuje la puerta :* Drücken (Drücken Sie die Tür auf). *Tirar :* ziehen (*tirar* hat mehrere Bedeutungen : werfen, fällen, etc., und wird in vielen Redewendungen gebraucht).
Pisar : treten auf. *No dejarse pisar :* sich nichts gefallen lassen (sich nicht auf die Füße treten lassen). (Lektion 5, Anmerkung 10.)
Sacudir : rütteln, erschüttern. *Sacudida :* Erschütterung.
Viele Wörter können mit dem Suffix *-ón* konstruiert werden — sie sind mit Vorsicht zu gebrauchen. Im allgemeinen wird das Suffix *-ón* verwendet, um auszudrücken, dass etwas « groß » (im weitesten Sinn) ist bzw. um etwas zu unterstreichen.

Corrección del ejercicio II. 1. ¿Qué deporte practica ? **2.** ¿ - -, una bandeja de mariscos ? - ¿Cómo no ? **3.** Abrazos. **4.** - - de hacer una gira por el sur del pais. **5.** - - - leyendo el periódico.

12. LEKTION

Es ist ein Kampf... ! [Der reinste Kampf !]

1 Heftiges Stoßen, Ziehen, Treten und andere Erschütterungen stellen häufig das tägliche Brot derer dar, die sich — aus dem einen oder anderen Grund — gezwungen sehen, die öffentlichen Verkehrsmittel zu Hauptverkehrszeiten zu benutzen.

2 Es handelt sich [hier] um internationale « Ausdrucksweisen », und sie sind verbreiteter, als irgendeine Sprache der Welt es je gewesen ist.

3 In Madrid, Paris, Buenos Aires, Moskau oder New York sprechen in diesen Stunden Millionen Menschen die gleiche Sprache.

4 Die Fäuste in den Nieren, die Ellenbogen in den Rippen, die Aktenkoffer in den Knien, die Schirmspitzen auf den Zehen oder der Griff ins Auge

Un cosechón (von *cosecha :* Ernte) : eine große Ernte, Rekordernte.
Un solterón (von *soltero :* Junggeselle) : ein eingefleischter Junggeselle.
In manchen Fällen drückt *-ón* also nur aus, dass etwas enorm ist, in anderen Fällen verleiht es dem betreffenden Wort eine negative Konnotation oder drückt eine Übertreibung bzw. Gewalt aus : *Un hombrón* (von *hombre :* Mann) : ein grobschlächtiger Kerl.
Un inocentón (von *inocente :* unschuldig, naiv) : ein Naivling, ein Hohlkopf.
Un llorón (*llorar :* weinen) : eine Heulsuse, ein Flenner.
Un patadón (von *patada :* Fußtritt) : ein saftiger Fußtritt.
Wird *-ón* an ein Verb gehängt, drückt es meistens eine Übertreibung oder eine Brutalität aus, häufig beides zusammen. Dies ist auch in unserem Satz der Fall :
Empujón : heftiges Stoßen.
Tirón : heftiges Ziehen.
Pisotón : jemandem auf die Füße treten (*pisotear :* (zer-) treten, auf etwas herumtrampeln).

5 dejan de ser percibidos como puños, codos, maletines o paraguas para diluirse en « magma de objetos sin identificar ».

6 — ¡Exigencias del mundo civilizado ! -me decia una vez un agudo usuario.

7 Los — ¿Adónde va, no ve que no cabemos más ?, **(2)**

8 — ¡Sin empujar, señora, sin empujar ! — ¡La puerta ! **(3)**

9 — ¡Qué fastidio ! y algún raro — ¡Perdón !, — ¡Disculpe !,

10 — ¡Por favor ! o — ¡Lo siento !, que también se escapan, no son sino exutorios insignificantes frente a la contundencia de los hechos. **(4)**

11 Pero, ¡no hay que exagerar ! ¡No todo son inconvenientes !

12 Son también momentos de intensa comunicación en los que los gestos dicen más que las palabras.

13 Son momentos que pueden aprovecharse para sentir hasta el paroxismo lo que es el calor humano.

14 Momentos en los que el parisiense en Londres, el barcelonés en Múnich, el londinense en Bruselas o el bostoniano en Sydney, experimentan el dulce consuelo de sentirse « como en casa ».

NOTAS

(2) *Caber* (hineingehen, Platz haben, passen) hat ebenfalls zahlreiche Bedeutungen. Später werden Sie noch einige davon kennenlernen. Es handelt sich um ein « nicht klassifizierbares Verb », siehe S. 382 des Grammatikanhangs). *Los regalos no caben en la maleta :* die Geschenke passen nicht in den Koffer. *¿Cabremos todos en el coche ?*: Passen wir alle in das Auto ?

5 werden nicht mehr als Fäuste, Ellenbogen, Aktenkoffer oder Schirme angesehen, sondern lösen sich auf in einem « Magma nicht identifizierter Objekte ».

6 — Das sind die Anforderungen der zivilisierten Welt ! sagte mir ein scharfsinniger Verkehrsteilnehmer.

7 Die — Wo gehen Sie hin, sehen Sie nicht, dass niemand mehr reingeht ?

8 — Drücken Sie nicht (meine Dame), drücken Sie nicht ! — Die Tür !

9 — So ein Ärger ! und einige seltene : — Verzeihung ! — Entschuldigen Sie !

10 — Bitte ! oder — Das tut mir leid !, die schon mal entschlüpfen, sind eine Behelfslösung gegenüber der Schlagkraft der Fakten.

11 Aber man soll nicht übertreiben ! Es gibt nicht nur Nachteile.

12 Es gibt auch Momente intensiver Kommunikation, wo Gesten mehr als Worte sagen.

13 Von diesen Augenblicken kann man profitieren, um den Höhepunkt [dessen] zu spüren, was menschliche Wärme ist.

14 In solchen Augenblicken spürt der Pariser in London, der Barceloner in München, der Londoner in Brüssel oder der Bostoner in Sydney den süßen Trost, sich « wie zu Hause » zu fühlen.

(3) *Sin :* ohne. *Sin noticias :* ohne Nachricht.
Sin + Infinitiv wird wie eine normale Verneinung wiedergegeben : *la comida está sin hacer :* das Essen ist nicht gemacht.
Merken Sie sich auch : *¡Sin prisas, sin prisas !* Nicht so schnell, nicht so schnell !

(4) *Contundencia :* Gewicht (im übertragenen Sinn), Schlagkraft.

EJERCICIO I. 1. ¿De qué se trata ? **2.** A las horas punta hay también mucho tráfico. **3.** Me duelen los riñones. **4.** ¿Que occurre ? **5.** ¡Haz como si estuvieras en tu casa !

EJERCICIO II

1. *Er hat mir unabsichtlich auf die Füße getreten.*

.. .. sin querer.

2. *In den Kofferraum geht nichts mehr hinein.*

.. .. maletero del coche .. ..

3. *Es tut mir leid ! Diese Straße kenne ich nicht.*

¡.. ...... ! .. .. esa calle.

4. *Das Bett ist nicht gemacht.*

.. .... está ... .

5. *An welcher Station muss ich aussteigen ?*

¿.. ... . ?

Corrección del ejercicio II. 1. Me ha pisado (oder : me ha dado un pisotón) - -. **2.** En el - - - ya no cabe nada (oder : no cabe nada más). **3.** ¡Lo siento ! no conozco - -. **4.** La cama - sin hacer. **5.** ¿En qué estación tengo que bajar(me) ?

Ejercicio I. 1. Worum handelt es sich ? **2.** Zu den Hauptverkehrszeiten herrscht auch viel Verkehr. **3.** Meine Nieren schmerzen. **4.** Was ist los? **5.** Fühl dich wie zu Hause!

Damit haben Sie bereits einige Einheiten «Spanisch in der Praxis» absolviert. Sicher haben sie viele «alte Freunde» wiedergetroffen und auch einige Punkte aufgearbeitet, die schon wieder etwas in Vergessenheit geraten waren. Behalten Sie weiterhin Ihren persönlichen Lernrhythmus bei und lernen Sie möglichst täglich und regelmäßig. Wenn Sie einmal weniger Zeit haben sollten, so ist es völlig in Ordnung, auch nur einige Zeilen zu bearbeiten oder sich z. B. nur die Tonaufnahmen der letzten Lektion anzuhören.
Es ist nicht nötig, dass Sie sich die Wörter jeder Lektion gleich beim ersten Mal einprägen. Sie werden sie aufgrund der ständigen Wiederholung langsam und auf natürliche Weise assimilieren.

LECCIÓN TRECE

¡A su salud ! (1)

1 Naranja : fruto del naranjo, de forma globosa, de color entre amarillo y rojo, que está dividido en gajos, jugoso y de sabor agridulce muy agradable.

2 Hubo un tiempo en el que exprimiendo una naranja se obtenía una bebida refrescante y alimenticia.
3 Más tarde, chispeantes empresarios tuvieron la idea, sin que para ello llegaran a estrujarse el cerebro, de envasar el zumo así obtenido. **(2) (3)**
4 Idea maravillosa puesto que, al mismo tiempo, hasta los negocios podían hacerse jugosos. **(4) (5)**
5 Así nació el zumo de naranja « natural ». **(6)**

NOTAS

(1) *Beber a la salud de* : auf das Wohl von...trinken.
Brindar : einen Trinkspruch ausbringen, anstoßen auf (siehe auch Satz 15).
Brindar por alguien : auf jemandes Gesundheit trinken.
Brindis : Trinkspruch. *Echemos un brindis* (umgangssprachlicher) : stoßen wir an auf.

(2) **Recuerde :** die Zeitenfolge im spanischen Satz : steht im Hauptsatz Vergangenheit (Indefinido), muss auch im Nebensatz Vergangenheit stehen (hier : imperfecto del subjuntivo).

13. LEKTION

Auf Ihr Wohl !

1 Orange : Frucht des Orangenbaums, von runder Form, (Farbe zwischen) gelb bis rot, in Schnitze unterteilt, saftig und von süßsaurem, angenehmem Geschmack.

2 Es gab Zeiten, wo man durch Auspressen einer Orange ein erfrischendes und nahrhaftes Getränk erhielt.
3 Später hatten geistreiche Unternehmer die Idee, ohne sich dafür den Kopf zerbrechen zu müssen (das Gehirn auszupressen), den so erhaltenen Saft in Flaschen abzufüllen.
4 Eine wunderbare Idee, denn gleichzeitig konnte man sogar « saftige » Geschäfte machen.
5 So wurde der « natürliche » Orangensaft geboren.

(3) *Envase :* Behälter, Gefäß und Verpackung ; meistens für Flüssigkeiten gebraucht.
Envase de materia plástica : Plastikverpackung.
Leche en envase de cartón : Milchpackung.
Casco (envase) pagado (oder *en depósito*) : Pfandflasche.
(4) *Al mismo tiempo :* gleichzeitig.
(5) *Hasta los negocios...* oder ... *incluso los negocios* : sogar (die) Geschäfte.
(6) **¡Cuidado !** Es gibt einen Unterschied zwischen :
Un zumo de limón (de naranja, etc.), por favor : einen frisch gepressten Zitronensaft (Orangensaft, etc.), bitte.
Un jugo de piña (de melocotón, etc.), por favor : einen Ananassaft (Pfirsichsaft, etc.), bitte.
Una naranjada oder *un refresco de naranja :* Limonade mit Orangengeschmack.
Un refresco de limón oder *limonada :* Zitronenlimonade.
Ansonsten können Sie auch eine bestimmte Marke verlangen, und sollte Ihnen das nicht zusagen, dann merken Sie sich Folgendes : *un vaso de agua del grifo, por favor :* ein Glas Leitungswasser, bitte.

6 Los conservantes químicos y las ligeras alteraciones del valor nutritivo y del sabor se presentaban como la contrapartida que la técnica imponía para que el consumidor pudiera disponer de la bebida **(7)**

7 en cualquier momento, en cualquier lugar, en cualquier estación.

8 El siguiente paso fue lanzar al mercado, con más agua y menos naranja, y añadiendo burbujas para simular la vida que el producto ya no tenía, el « refresco de naranja ».

9 Posteriormente, con sibilino arte, la materia prima, la naranja, desaparece por completo y se comercializa el « refresco con sabor a naranja ». **(8)**

10 En ese estadio, sólo el color del brebaje sigue siendo « naranja ».

11 La evaporación del producto original se compensa con alegres fotografías y coloreados dibujos en los envases que evocan, a los ojos del sediento consumidor, el primitivo fruto.

12 En ese momento, de la naranja misma, de su dulzura, sólo queda ya el recuerdo. **(9)**

NOTAS

(7) **Recuerde :** die wichtigsten Konjunktionen, auf die im Spanischen immer Subjuntivo folgen muss : *para que* (Satz 6 ; damit), *sin que* (Satz 3 ; ohne, dass), *como si* (als ob), *caso que* (falls), *con tal (de) que* (vorausgesetzt, dass), *antes que* (bevor), *a fin de que* (damit), *a no ser que* (es sei denn, dass). Auf andere Konjunktionen, wie *aunque, mientras* oder *cuando* kann Indikativ oder Subjuntivo folgen.

(8) *El Sabor :* Geschmack (im übertragenen Sinn : *gusto,* geschmacklos : *de mal gusto*).
Saber a : schmecken nach bzw. *tener sabor a. Tiene sabor a café* : es schmeckt nach Kaffee.
Esto sabe a poco : das schmeckt nach mehr, das ist reichlich wenig.

6 Chemische Konservierungsstoffe sowie leichte Veränderungen des Nährwerts und des Geschmacks stellten den von der Technik auferlegten Gegenwert dafür dar, dass der Verbraucher dieses Getränks
7 jederzeit, überall und zu jeder Jahreszeit erhalten konnte.
8 Der nächste Schritt bestand darin, das « Orangengetränk » auf den Markt zu bringen, mit mehr Wasser und weniger Orange und mit Zugabe von Kohlensäure, um Leben, das das Getränk nicht mehr hatte, vorzutäuschen.
9 Später verschwindet der Rohstoff, die Orange, mit sibyllinischer Kunst, vollkommen, und das « Erfrischungsgetränk mit Orangengeschmack » kommt in den Handel.
10 In diesem Stadium ist nur noch die Farbe des Gebräus « orange ».
11 Die Verdunstung des Originalprodukts wird auf den Flaschen durch heitere Fotos und farbenfrohe Zeichnungen kompensiert, die das Auge des dürstenden Verbrauchers an die ursprüngliche Frucht erinnern.
12 In diesem Moment bleibt von der eigentlichen Orange, ihrer Süße, nur noch die Erinnerung.

(9) Nur noch, nicht mehr als :
— *ya sólo...*
— *ya no ... más que*
— *ya no ... sino.*
Man kann also sagen :
Ya sólo queda el recuerdo.
Ya no queda más que el recuerdo.
Ya no queda sino el recuerdo.

13 Poco a poco, aparecen refrescos con sabores cada vez más lejanos al de la naranja y... ¿quién sabe ?,
14 quizá la técnica logre la cuadratura del circulo, o grado cero del recuerdo, al imponer el refresco con sabor a nada - denominado también tónica. **(10)**
15 Pero... ¡tomemos un vaso y brindemos ! :
16 ¡Por los negocios ! ¡Por la técnica ! ¡Por nosotros !

EJERCICIO I. (Repase el vocabulario) :

Alquiler	Vermieten, Miete, Verleih
Comercializar	verkaufen, kommerzialisieren, vertreiben
Derecho mercantil	Handelsrecht
Ejecutivo	leitender Angestellter
Empresa	Unternehmen, Firma
Empresario	Unternehmer
Envasar	einfüllen (Flasche, etc.), abfüllen
Envase	Behälter, Gefäß, Verpackung (meistens für Flüssigkeiten)
Eslogan publicitario	Werbeslogan
Industrial	Industrieller, Kaufmann
Ingeniero	Ingenieur
Lanzar al mercado	auf den Markt bringen
Maqueta	Entwurf, Modell
Materia prima	Rohstoff
Mercantil	*handels..., kommerziell*
Operaciones comerciales (o mercantiles)	*Handelsgeschäfte*
Producto	*Produkt*
Publicidad	*Werbung*
Técnica	*Technik*

13 Nach und nach tauchen Erfrischungsgetränke mit immer weniger Orangengeschmack auf und ... wer weiß —
14 vielleicht erreicht die Technik die Quadratur des Kreises oder den Grad Null der Erinnerung, indem sie das Erfrischungsgetränk mit Geschmack nach nichts durchsetzt — auch « Tonic » genannt.
15 Aber ... nehmen wir ein Glas und bringen wir einen Trinkspruch aus :
16 — Auf die Geschäfte ! Auf die Technik ! Auf unser Wohl !

NOTAS

(10) *Quizá(s)* : steht häufig mit Subjuntivo, aber auch mit Indikativ, je nach dem Grad der Wahrscheinlichkeit, der der Handlung beigemessen wird.
Quizás venga mañana. }
Quizás viene mañana. } Vielleicht kommt er morgen.

EJERCICIO II

1. *Einen frisch gepressten Orangensaft, bitte.*

.. .., ...

2. *Vielleicht wissen wir es morgen.*

....

3. *Du findest die Neuigkeit in jeder Zeitung.*

....

4. *Es ist heiß. Möchtest du eine Erfrischung ?*

.... ¿ .... ?

5. *Wonach schmeckt das ?*

¿. ... . ?

Corrección del ejercicio II. 1. Un zumo de naranja, por favor. **2.** Quizá lo sepamos mañana. **3.** Encontrarás la noticia en cualquier periódico. **4.** Hace mucho calor. ¿Quieres un refresco ? **5.** ¿A qué sabe eso ?

LECCIÓN CATORCE

Repaso y especificaciones

1. « **Wo** » - siehe Lektionen 2 (Satz 13) ; 3 (Sätze 2 und 17) ; 4 (Satz 3) ; 8 (Sätze 14 und 15) ; 10 (Satz 6) ; 11 (Sätze 3, 8 und 9) ; 12 (Satz 7) und 13 (Satz 2).

Wo kann als örtliches Adverb oder als relativischer Anschluss anstelle einer Präposition + Relativpronomen gebraucht werden.

A. Das örtliche « wo » wird im Spanischen mit *donde* wiedergegeben, « wohin » mit *adonde*, « woher » mit *de donde,* « woraus, worüber » mit *por donde*.

Beispiele :
¿Dónde vives ? Wo wohnst du ?
¿Adónde vas ? Wohin gehst du ?
¿De dónde vienes ? Woher kommst du ?
Donde ist rein statisch, während *adonde* und *de donde* eine Bewegung ausdrücken. Manchmal wird *donde* auch die Präposition *en* vorangestellt, wenn man sich auf einen präzisen Ort bezieht (statisch) : *¿En dónde dejaste el paraguas ?* Wo hast du den Schirm gelassen ?
Alle oben genannten Formen werden in der Frageform mit Akzent geschrieben.

B. Das rückbezügliche « wo » kann örtlich oder zeitlich sein.

Im Spanischen wird in diesem Fall *donde* oder *adonde* häufig ersetzt durch
— *a que* oder *al que (a la que, a los que, a las que),*
— *en que* oder *en el que (en la que, en los que, en las que),*
— *al cual* und *en el cual.*

Im Deutschen gibt es das gleiche Phänomen : « wo », « wohin », « woher », etc. können ersetzt werden durch « in dem », « in der », « zu dem » usw. : In einem Raum, wo (in dem) Kranke liegen ; der Zeitpunkt, wo (zu dem) ...
Im Spanischen wird der bestimmte Artikel korrekterweise immer dann im Relativanschluss wiederholt, wenn im vorangehenden Hauptsatz kein Artikel steht oder wenn es sich um eine Erklärung handelt (im gesprochenen Spanisch wird der Artikel allerdings oft auch dann wiederholt, wenn er im Hauptsatz schon stand).

Beispiele :
Hay ciudades en las que la contaminación es muy importante : es gibt Städte, wo (in denen) die Luftverschmutzung sehr hoch ist.
La riqueza de ese museo, al que ya he ido varias veces... der Reichtum dieses Museums, wohin (in das) ich schon oft gegangen bin ...
Hay tiempos en los que... es gibt Zeiten, wo (zu denen)... (Umgangssprachlich :) *En los bares a los que íbamos servían unas tapas deliciosas :* In den Kneipen, in die wir (oft) gegangen sind, gab es sehr gute « Tapas ».

2. Das Zahlensystem

A. Ordnungszahlen

1° *primero*	11° *undécimo*	
2° *segundo*	12° *duodécimo*	
3° *tercero*	13° *decimotercero*	100° *centésimo*
4° *cuarto*	14° *decimocuarto*	1000° *milésimo*
5° *quinto*	15° *decimoquinto*	10000° *diezmilésimo*
6° *sexto*	16° *decimosexto*	100000° *cienmilésimo*
7° *séptimo*	17° *decimoséptimo*	1000000° *millonésimo*
8° *octavo*	18° *decimoctavo*	
9° *noveno*	19° *decimonoveno*	
10° *décimo*	20° *vigésimo*	

B. Veränderlichkeit und Gebrauch
Ordnungszahlen sind veränderliche Adjektive und werden in Genus und Numerus angepasst :
La tercera semana : die dritte Woche.
El acto tercero : der dritte Akt.
Sie stehen normalerweise vor dem Substantiv, außer bei der Bezeichnung von Kapiteln, Theaterakten o.ä.
Ordnungszahlen werden im Spanischen fast ausschließlich bis 10 oder 12 verwendet. Darüber hinaus werden die Grundzahlen gebraucht :
El capítulo quinto : das fünfte Kapitel, aber :
Estamos en el siglo XX : wir sind im 20. Jahrhundert.

LECCIÓN QUINCE

Ver

1 Todavía está por ver que ver sea la consecuencia lógica de tener ojos. **(1)**

2 ¿No los hay que no ven tres en un burro o incluso quienes lo ven todo negro ? **(2)**

3 Sin hablar ya de los que ni siquiera dan crédito a sus ojos, **(3)**

4 se ve todos los días gente que no ve más allá de sus narices.

5 Merecen verse aparte las situaciones en que la evidencia no salta a los ojos por causas que han de considerarse como de fuerza mayor ; **(4)**

NOTAS

(1) Der Ausdruck *eso está por ver* (das ist zu sehen) kann, je nach Kontext, zwei verschiedene Bedeutungen haben :
a) er kann einem Zweifel Ausdruck geben, im Sinne von « das wird sich noch herausstellen », « das ist noch zu beweisen » und
b) er kann auch bedeuten, dass etwas noch geprüft oder untersucht werden muss.

Steht eine Grundzahl anstelle einer Ordnungszahl, wird sie meistens dem Substantiv nachgestellt.

C. Wegfall des Auslauts bei ***primero*** und ***tercero*** :

Vor einem männlichen Substantiv im Singular verlieren *primero* und *tercero* ihr *-o :*
El primero de enero : der erste Januar, aber :
El primer día del año : der erste Tag des Jahres.
Vivo en el tercero : ich wohne im Dritten, aber :
Vivo en el tercer piso : ich wohne im dritten Stock.

15. LEKTION

Sehen

1 Es bleibt noch zu beweisen, ob « sehen » die logische Konsequenz daraus ist, Augen zu haben.
2 Gibt es nicht Leute, die die Hand vor Augen nicht sehen oder sogar solche, die alles schwarz sehen ?
3 Ganz abgesehen von denjenigen, die ihren Augen nicht trauen,
4 sieht man auch jeden Tag Leute, die nicht über ihre Nasenspitze hinaussehen.
5 Die Situationen, in denen die Augenscheinlichkeit aus Gründen, die als höhere Gewalt angesehen werden müssen, nicht ins Auge springt, verdienen es, gesondert behandelt (gesehen) zu werden ;

(2) *No ver tres en un burro* oder *no ver ni jota :* die Hand vor Augen nicht sehen ; auch : sehr kurzsichtig sein.
(3) *No dar crédito a sus ojos :* seinen Augen nicht trauen. Es gibt auch *no dar crédito a sus oídos :* seinen Ohren nicht trauen.
(4) *Eso salta a los ojos :* das springt/sticht ins Auge.

6 véase por ejemplo el caso de los que tienen un hambre que no ven y pasan la vida viéndoselas y deseándoselas. **(5) (6) (7)**

7 Por lo visto hay quienes piensan que eso hay que verlo para creerlo. **(8)**

8 — ¡Habráse visto ! **(9)**

9 A ésos, expertos en hacer la vista gorda cuando se les ve la cara, **(10) (11)**

10 se ve a la legua que son los del refrán, **(12)**

11 de los de « ojos que no ven, corazón que no siente ».

12 Finalmente, a decir verdad, y si se mira de cerca, lo que cuenta no es ver con buenos o con malos ojos, sino ver a secas. **(13) (14)**

13 En fin... ¡Usted verá !

14 Así pues... ¡Hasta más ver !

NOTAS

(5) *Véase* wird immer gebraucht, um in einem Text auf etwas zu verweisen. *Veamos un ejemplo :* (sehen wir uns ein Beispiel an) : *El pretérito imperfecto de indicativo del verbo ver es irregular, véase en la página* 388 : Der Indikativ Imperfekt des Verbes « ver » ist unregelmäßig, siehe Seite 388.

(6) *Tiene un hambre que no ve :* er hat schrecklichen Hunger. Die umgangssprachliche Ausdrucksweise *que no veo, ves, ve, vemos* usw. wird oft gebraucht und entspricht unserem umgangssprachlichen « schrecklich », « unheimlich », « wahnsinnig » : *Tengo unas ganas de ... que no veo :* ich habe wahnsinnige Lust auf ...

(7) *Vérselas y deseárselas* oder *vérselas* (auch *pasarlas*) *negras :* vom Unglück verfolgt sein, Pech haben, übel mitgespielt werden. Auch : sich sehr viel Mühe geben, unter großen Mühen : *vérselas y deseárselas.*

(8) *Por lo visto* oder *por lo que se ve* bedeuten : offensichtlich, wie man sieht. *Por lo que veo* ist persönlicher und wird mit « wie ich sehe » wiedergegeben.

(9) *¡Habráse visto !* Unerhört, hat man so etwas schon gesehen !

(10) *Hacer la vista gorda :* so tun als ob man nichts gesehen hätte. Im positiven Sinn : ein Auge zudrücken.

6 siehe zum Beispiel den Fall derer, die schrecklichen Hunger haben und denen ihr ganzes Leben lang übel mitgespielt wird.

7 Offensichtlich meinen manche, das müsse man gesehen haben, um es zu glauben.

8 — Unerhört ! (Hat man so etwas schon gesehen !)

9 Sieht man das wahre Gesicht dieser Experten des « so-tun-als-ob-man-nichts-gesehen-hätte »,

10 erkennt man schon von Weitem, dass es sich um die Leute aus dem Sprichwort

11 « aus den Augen, aus dem Sinn » handelt.

12 Im Endeffekt kommt es, wenn man ehrlich ist und die Sache von Nahem besieht, nicht darauf an, ob wir etwas mögen (mit wohlwollendem Auge sehen) oder nicht (mit schlechtem Auge sehen), sondern darauf, dass wir einfach bloß « sehen ».

13 Kurzum ... Sie werden ja sehen !

14 Also dann ... auf Wiedersehen !

(11) *Se les ve la cara :* ihr wahres Gesicht sehen. Aber : *Se les ve en la cara :* man sieht es ihnen an. *Nos veremos las caras :* wir haben ein Hühnchen miteinander zu rupfen ! Wir sprechen uns noch !

(12) *Verse a la legua — a cien leguas, a mil leguas —* oder *de lejos :* etwas schon von Weitem, meilenweit voraus, sehen. Dies ist ein sehr gebräuchlicher Ausdruck, der bedeutet, dass etwas ganz offensichtlich ist.
Legua ist eine spanische Meile (= 5,5727 km).

(13) *Ver con buenos, malos ojos :* (wörtlich = etwas mit guten, schlechten Augen sehen) etwas mögen oder nicht.

(14) *A secas, solamente* oder *nada más :* einfach bloß, nicht mehr als.

EJERCICIO (repase las expresiones -el primer número remite a la frase, el segundo a la nota-) :

Eso está por ver	1,1
No ver tres en un burro	2,2
No ver ni jota	-,2
Verlo todo negro	2
No dar crédito a sus ojos	3,3
No ver más allá de sus narices	4
Merece verse	5
Eso salta a los ojos	5,4
Véase	6,5
Tiene un hambre que no ve	6,6
Vérselas y deseárselas	6,7

LECCIÓN DIECISÉIS

Miguel de Cervantes Saavedra

1 El autor del Quijote, mundialmente conocido por su primer apellido, nació en el año 1547 y murió en 1616. **(1)**

2 Su vida se sitúa, pues, en el cruce de los siglos XVI y XVII, la Edad de Oro de las letras españolas. **(2)**

3 De su infancia poco puede decirse con certeza.

4 Se sabe, sin embargo, que estuvo en la cuna del Renacimiento ; en 1569 residia en Roma. **(3)**

NOTAS

(1) *Morir* und *dormir* (sterben und schlafen) sind die beiden einzigen unregelmäßigen Verben der 11. Gruppe. Einerseits haben sie dieselben Unregelmäßigkeiten wie die Verben der 2. Gruppe ; andererseits wird in der stammbetonten Form das -o durch -ue ersetzt. In den Formen, die ein silbenbildendes -i enthalten, bleibt der Stammvokal -o erhalten bzw. wird nur durch -u ersetzt.

Vérselas o pasarlas negras	-,7
Por lo visto	7,8
Por lo que se ve	-,8
Por lo que veo	-,8
Hay que verlo para creerlo	7
¡Habráse visto !	8,9
Hacer la vista gorda	9,10
Se le ve en la cara	-,11
Verse a la legua	10,12
Ojos que no ven, corazón que no siente	11
Ver con buenos, con malos ojos	12,13
¡Usted verá !	13
¡Hasta más ver !	14

16. LEKTION

Miguel de Cervantes Saavedra

1 Der Autor von « Don Quijote », weltweit unter seinem ersten Nachnamen bekannt, wurde im Jahre 1547 geboren und starb 1616.

2 Er erlebte also (sein Leben spielt also um) die Wende vom 16. auf das 17. Jahrhundert, das goldene Zeitalter der spanischen Literatur.

3 Von seiner Kindheit kann nicht viel mit Bestimmtheit (nur wenig Genaues) gesagt werden.

4 Man weiß allerdings, dass er in der Renaissance aufwuchs (in der Wiege der Renaissance lag) ; 1569 lebte er in Rom.

(2) Sollten Sie Probleme mit den Grund- oder Ordnungszahlen haben, schauen Sie in den Lektionen 7 und 14 nach.

(3) Vor einem lokalen Objekt wird *estar* oft im Sinne von bleiben, wohnen, (einige Zeit) verbringen gebraucht. *He estado un mes en Sevilla :* ich habe einen Monat in Sevilla verbracht. *Hemos estado diez minutos en su despacho :* wir sind zehn Minuten in seinem Büro geblieben.

5 Siendo soldado, fue herido en Lepanto en 1571 y perdió el uso de la mano izquierda. **(4)**

6 De este hecho hablará él siempre con orgullo. **(5)**

7 Cervantes es también conocido como el « Manco de Lepanto ».

8 Capturado por corsarios berberiscos en 1575, permaneció cautivo hasta 1580 en los baños de Argel. **(6)**

9 « Allí — dice él — aprendí a tener paciencia en las adversidades ».

10 De vuelta a España, una vez liberado, comenzó para el eminente escritor el azaroso periodo en que se sucederían **(7) (8)**

11 la estrechez, un sinnúmero de dificultades y, parar terminar, la enfermedad que acabaría con él. **(9) (10) (11)**

12 Lo esencial de su obra data de después de 1605. **(12)**

NOTAS

(4) *A la izquierda* oder *a mano izquierda :* links, linker Hand. Und gleich noch zwei idiomatische Ausdrücke :
Tener mano izquierda : geschickt sein.
Ser un cero a la izquierda : eine Null, eine Flasche sein.

(5) *El orgullo :* (je nach Kontext) Stolz oder Hochmut.

(6) *Baño :* Bagno, Kerker, Strafkolonie. Gab es früher in Italien, den arabischen Staaten, Frankreich und der Türkei. Der Ausdruck *baño* kommt aus dem italienischen und heißt « Bad », weil die Kerkerzellen in Livorno unter dem Meeresspiegel lagen.

(7) *Una vez liberado :* (wörtlich : einmal befreit) diese Konstruktion *una vez* + Partizip existiert so im Deutschen nicht. Sie kann mit « nachdem » wiedergegeben werden. *Una vez muerto, fue enterrado :* Nachdem er gestorben war, wurde er beerdigt.

(8) **Recuerde :** der Gebrauch von « wo » (in der, in dem usw.) kann örtlich oder zeitlich sein. Siehe Lektion 14.

(9) *Estrechez :* Enge. *Estrechez de miras :* Engstirnigkeit. Im übertragenen Sinne bedeutet *estrechez* Geldmangel, Not.

(10) *Un sinnúmero :* eine Unzahl.

(11) *Acabar :* beenden, enden, abschließen.
He acabado : ich bin fertig.
Acabar de : soeben/gerade etwas getan haben. *Acabo de verlo :* ich habe es gerade gesehen.

5 Als Soldat wurde er 1571 in Lepanto verwundet und konnte seitdem seine linke Hand nicht mehr gebrauchen.
6 Von diesem Ereignis sprach er immer voller (mit) Stolz.
7 Cervantes ist auch als der « Einarmige von Lepanto » bekannt.
8 1575 wurde er von berberischen Korsaren gefangengenommen und bis 1580 im Bagno von Algier festgehalten.
9 « Dort », sagt er, « habe ich gelernt, Geduld im Unglück zu haben ».
10 Nachdem er freigelassen und nach Spanien zurückgekehrt war, begann für den eminenten Schriftsteller die unglückliche Zeit (Periode), wo aufeinander
11 Geldmangel, eine Unzahl von Schwierigkeiten und zu guter Letzt die Krankheit, die ihn schließlich umbringen würde, folgten.
12 Der Hauptteil seines Werks stammt [aus der Zeit] nach 1605.

Acabar con : erschöpfen, töten, zugrunde richten.
Si no cambia, las preocupaciones acabarán con él : wenn er sich nicht ändert, werden die Sorgen ihn umbringen. Dieses Verb hat viele Bedeutungen, wir werden später noch weitere kennenlernen.

(12) Nach : *después.*
Nach dem Essen : *después de la comida.*
Nach 1605 : *Después de mil seiscientos cinco.*
Vor : *antes.*
Vor dem geplanten Datum : *antes de la fecha prevista.*
Vor 1575 : *antes de mil quinientos setenta y cinco.*

13 Además de su obra maestra — « El Ingenioso Hidalgo Don Quijote de la Mancha » — Cervantes escribió novelas cortas — « Las Novelas Ejemplares » —, poesía y obras de teatro. **(13)**

14 Miguel de Cervantes Saavedra revolucionó la concepción de la escritura.

EJERCICIO I. 1. Ese apellido es muy corriente. **2.** ¿En qué año nació usted ? **3.** Cervantes y Shakespeare murieron el mismo año, el año 1616. **4.** Estuve un mes en Japón. **5.** ¿De qué época data esa obra ?

EJERCICIO II

1. *Ich glaube, es ist die erste links.*

....

2. *Können Sie mir Ihren Nachnamen buchstabieren ?*

¿..... deletrearme .. .. ?

3. *Ich habe seine Telefonnummer verloren.*

.. ..

4. *Es ist soweit, ich bin fertig und wieder zurück !*

¡Ya está, ... !

5. *Ich habe es gerade in der Zeitung gelesen.*

....

13 Außer seinem Meisterwerk — « Der sinnreiche Junker Don Quijote von der Mancha » — schrieb Cervantes Novellen — « Musternovellen », Gedichte und Theaterstücke.

14 Miguel de Cervantes Saavedra revolutionierte die Art des Schriftstellerns.

NOTAS

(13) *Novela :* Roman.
Novela corta : Novelle, Kurzgeschichte.
Es gibt noch andere Arten von Erzählungen oder Geschichten *(cuentos),* wie Sie sie manchmal im Fernsehen, im Radio oder in der (Regenbogen-) Presse sehen, hören oder lesen :
Novela por entregas : Fortsetzungsroman.
Novela policíaca : Krimi (-nalroman)
Novela rosa : (kitschiger) Liebesroman.

Ejercicio I. 1. Dieser Nachname ist sehr geläufig. **2.** In welchem Jahr sind Sie geboren ? **3.** Cervantes und Shakespeare starben im gleichen Jahr, im Jahre 1616. **4.** Ich habe einen Monat in Japan verbracht. **5.** Aus welcher Epoche stammt dieses Werk ?

Corrección del ejercicio II. 1. Creo que es la primera a la izquierda. **2.** ¿Puede - su apellido ? **3.** He perdido su número de teléfono. **4.** ¡- -, he acabado y estoy de vuelta ! **5.** Acabo de leerlo en el periódico.

Der zweiteilige Roman ***Don Quijote de la Mancha*** erschien in den Jahren 1605 und 1615 und fällt damit in das auch Siglo de Oro genannte Goldene Zeitalter, eine kulturelle Blütezeit, die den Übergang von der Renaissance zum Barock markiert. Cervantes erlangte mit dieser Parodie auf den im Mittelalter beliebten Ritterroman weltweiten Ruhm. Der Roman handelt von dem Landadligen Alonso Quijano, dem die übermäßige Lektüre von Ritterromanen zu Kopfe gestiegen ist. So hält er sich danach selbst für einen Ritter, benennt sich um und fährt aus, um Abenteuer zu erleben. Auf seinem zweiten Ausritt begleitet ihn Bauer Sancho Panza, der im Vergleich zu seinem realitätsfremden Herrn gesunden Menschenverstand besitzt und sich als schlau und pragmatisch erweist. Auf diesem zweiten Ausritt ereignet sich u. a. auch der legendäre Kampf gegen die Windmühlen, welche Don Quijote für furchterregende Riesen hält.

LECCIÓN DIECISIETE

¿De tal palo, tal astilla ? (1)

1 José Alberto era un joven vivaz, con ganas de comerse el mundo y con un sólo principio : « el presente a tope ». **(2)**
2 Su padre, jefecillo de la sección de mercería de los almacenes « La Puebla », vivía con la obsesión del : **(3)**
3 « No dejes para mañana lo que puedas hacer hoy ».
4 El padre llamó un día al hijo, y le habló así :
5 — ¡Prepara el futuro, piensa en él, hijo ! No tienes por qué ir dos veces a la panadería para comprar dos barras de pan. **(4)**
6 José Alberto prometió enmendarse.
7 Unos días después, el padre cayó enfermo y pidió a su hijo que fuera a llamar al médico.
8 Obediente, llegó a casa acompañado por un enorme gentío.
9 — Papá, ya están aquí el médico y los demás. **(5)**

NOTAS

(1) *De tal palo, tal astilla :* der Apfel fällt nicht weit vom Stamm. Oder : Wie der Vater, so der Sohn.
— *Palo :* Stock, Knüppel, Stück Holz, Holz (*palo* hat auch noch andere Bedeutungen).
— *A palos :* mit (Stock-)Schlägen.
En este restaurante te dan un palo : in diesem Restaurant präsentieren sie dir eine saftige Rechnung.
— *Astilla :* Splitter, Span.
Hacer astillas : holzen, zerschlagen ; zu Kleinholz machen.

(2) *Estar hasta los topes :* bis obenhin voll sein, auch : etwas satt haben, einer Sache überdrüssig sein.
El teatro estaba hasta los topes : das Theater war zum Bersten voll.
Rebasar el tope : den Rahmen sprengen.
Fecha tope : Stichtag.
In der Sprache der Jugendlichen bedeutet *a tope* das Äußerste, der Höhepunkt einer Sache.

17. LEKTION

Der Apfel fällt nicht weit vom Stamm ?

1 José Alberto war ein lebenshungriger junger Mann, der Lust hatte, die Welt zu erobern und nach einem einzigen Prinzip lebte : « Was zählt, ist die Gegenwart ».
2 Sein Vater, (kleiner) Leiter der Abteilung Kurzwaren des Geschäfts « La Puebla », lebte [streng nach der Regel] mit der Obsession von :
3 « Verschiebe nicht auf morgen, was du heute kannst besorgen ».
4 Eines Tages rief der Vater den Sohn [zu sich] und sagte ihm Folgendes :
5 — Bereite die Zukunft vor, denk daran, mein Sohn ! Man muss nicht zweimal in die Bäckerei gehen, um zwei Brote zu kaufen !
6 José Alberto versprach sich zu bessern.
7 Einige Tage danach wurde der Vater krank und bat seinen Sohn, einen Arzt zu rufen.
8 Gehorsam kam er nach Hause, begleitet von einer riesigen Menschenmenge.
9 — Papa, hier sind (schon) der Arzt und die anderen.

(3) *Jefecillo :* die Verkleinerungsform (Diminutiv) ist genau wie die Vergrößerungsform (Augmentativ) im Spanischen oft ein Stilmittel. Außer Größe oder Anzahl werden negative oder positive Eigenschaften einer Sache oder einer Person wiedergegeben. Dabei ist je nach Kontext zu unterscheiden, ob auf positive oder negative Eigenschaften angespielt wird. Interessant ist auch, dass je nach Region in Spanien verschiedene Formen des Diminutivs oder Augmentativs gebräuchlich sind.
In diesem Beispiel « *jefecillo* » wird ausgedrückt, dass es sich um einen Mann handelt, dem gewisse Kompetenzen zukommen, die aber von untergeordneter Bedeutung sind.

(4) *No tener porque* + Infinitiv (Negativkonstruktion) bedeutet « man muss, soll nicht » ; *no tengo porque decirlo :* ich bin nicht verpflichtet, es zu sagen ; ich muss es nicht sagen.

(5) « Hier » und « dort » können immer mit *he aquí, he ahí* oder *he allí* wiedergegeben werden. Heutzutage werden diese Formen eher in der Schriftsprache gebraucht. Die Formen *éste es, ése es,* oder *aquél es* sind gebräuchlicher, will man auf etwas hinweisen ; *aquí está, ahí está* oder *allí está*, will man den Standort einer Sache bestimmen ; *aquí viene, ahí viene* (oder *va*), *allí viene* (oder *va*), wenn Bewegung ausgedrückt wird. Wenn man jemandem einen

10 — ¿Los demás? ¿Quiénes?
11 — Como no sé lo que tienes, he pensado que, si el médico te recetaba algo complicado, sería útil la presencia del farmacéutico. **(6)**
12 He hecho venir a los enfermeros de ambulancia por si hubiera que trasladarte al hospital;
13 a las enfermeras por si acaso tu estado no permitiera el traslado. **(7)**
14 Y ¡claro!, he traíado a los enterradores por si no hubiera esperanza de que salgas de ésta. **(8)**

NOTAS

Gegenstand übergibt, sagt man *aquí* oder *ahí tiene,* und *ahí,* wenn man ihn zuwirft.
Hier (*he aquí*) einige Beispiele:
Hier (dies ist) mein Freund Robert: *Éste es mi amigo Roberto.*
Hier ist mein Mantel und dort ist deiner: *Aquí está mi abrigo y ahí está el tuyo.*
Hier kommt mein Bruder: *Aquí viene mi hermano.*
Dort geht deine Nachbarin: *Ahí va tu vecina.*
Hier ist Wechselgeld: *Aquí tiene la vuelta.*
Hier kommt der Ball (er wird geworfen): *Ahí va el balón.*

(6) *Recetar:* verschreiben (Medizin).
Una receta: Rezept für Medizin und auch Kochrezept.

(7) *Por si, por si acaso* oder *en caso (de) que:* im Falle, dass; falls (Sätze 11, 12 und 13). Scheint die nach diesen Konstruktionen genannte Bedingung erfüllbar, steht im danach folgenden Verb der Indikativ. Wenn allerdings die Bedingung unwahrscheinlich oder unmöglich scheint, so steht im Nebensatz *pretérito imperfecto de subjuntivo* und im Hauptsatz *potencial* (= Konditional).

EJERCICIO I. 1. Los restaurantes del centro de la ciudad estaban hasta los topes. **2.** Me llamó y me dijo que llegaría con retraso. **3.** Prometí ir. **4.** Ha cogido frío y ha caído enfermo. **5.** Unos días después, le pedí que volviera a pasar.

10 — Die anderen ? Wer ?
11 — Da ich nicht weiß, was du hast, dachte ich, die Anwesenheit des Apothekers wäre sinnvoll, falls der Arzt Dir etwas Kompliziertes verschreiben sollte.
12 Ich habe die Sanitäter mitgebracht, falls man dich ins Krankenhaus bringen müsste ;
13 die Krankenschwestern, falls dein Zustand den Transport nicht zulassen sollte.
14 Und selbstverständlich habe ich die Totengräber mitgebracht, falls es keine Hoffnung gäbe, dass du (dies) überlebst.

Beispiel : *Si tuviera dinero, me compraría un coche nuevo.* Wenn ich Geld hätte, würde ich mir ein neues Auto kaufen (aber ich habe kein Geld).
11 — ... *por si hay que trasladarte...*
12 — ... *por si acaso tu estado no permite el traslado...*
13 — ... *por si no hay esperanza...*
In allen diesen Fällen besteht die Möglichkeit, dass der erwähnte Fall eintritt.
Y ... un ejemplo más ! Tomaré nota por si lo olvidara (olvido) : Ich schreibe es auf, falls ich es vergessen sollte (vergesse). Beide Formen sind korrekt, die Wahrscheinlichkeit hängt von der Einschätzung des Sprechers ab.

(8) *Salir(se) de una :* (einer schwierigen Situation) entkommen, entgehen, rauskommen (umgangssprachlich), auch : *lograr salir bien de, salir adelante,* usw. In diesem Satz bedeutet *de ésta :* aus dieser Situation (in der man sich gerade befindet).
Salir bien de un apuro : sich gut aus der Affäre ziehen, aus einer heiklen Sache herauskommen.
Sacar de apuro : jemandem aus der Klemme helfen.
Me las arreglaré : mit etwas zurechtkommen, fertig werden.
Wenn Sie die Gelegenheit haben, Spanisch sprechen zu können, gehen Sie ihr nicht aus dem Weg ! (*¡No se salga — vaya — por la tangente !*)

Ejercicio I. 1. Die Restaurants der Innenstadt waren zum Bersten voll. **2.** Er rief mich an und sagte, dass er mit Verspätung kommen würde. **3.** Ich versprach hinzugehen. **4.** Er hat sich verkühlt und ist krank geworden. **5.** Ein paar Tage später bat ich ihn, noch einmal vorbeizukommen.

EJERCICIO II

1. *Hier haben Sie Ihre Fahrkarte.*

   ....

2. *Welche Behandlung hat er Ihnen verschrieben ?*

   ¿ ... tratamiento .. .. ?

3. *Luis dachte, dass er, falls er nicht hingehen könnte, anrufen müsste.*

   Luis pensaba que, ..., ...

LECCIÓN DIECIOCHO

Extremadura

1 Extremadura, por su peculiar situación geográfica, está en estrecha relación con las diferentes regiones que la rodean.

2 Puede considerársela una tierra de transición, como lo es para el Tajo y el Guadiana, los dos grandes ríos que la atraviesan. **(1)**

NOTAS

(1) *Río* : Fluss.
Dos expresiones corrientes :
Cuando el río suena, agua lleva : (sinngemäß) an einem Gerücht ist immer etwas Wahres.
Pescar en río revuelto : im Trüben ist gut fischen.

4. *Ich werde ihn daran erinnern, falls er es vergessen haben sollte (hat).*

.. .. (oder..) ....

5. *Sein Zustand war nicht ernst.*

.. ..

Corrección del ejercicio II. **1.** Aqui tiene el (su) billete. **2.** ¿Qué - le ha recetado? **3.** ---, si no podía ir, tendría que telefonear. **4.** Se lo recordaré por si lo hubiera (ha) olvidado. **5.** Su estado no era grave.

18. LEKTION

Extremadura

1 Extremadura ist wegen seiner speziellen geografischen Lage in engem Kontakt mit den verschiedenen Regionen, die es umgeben.

2 Man könnte es als Durchgangsland ansehen, was es für den Tajo und den Guadiana ist, die beiden großen Flüsse, die es durchqueren.

3 En efecto, por el flanco este se empapa en las características de la Castilla continental,

4 al norte -Cáceres- se une a la vieja Salamanca, al sur -Badajoz- el valle del Guadiana anuncia ya Andalucía,

5 y, al oeste, se extiende una larga frontera con Portugal.

6 Históricamente, es de destacar su gran aporte de hombres al descubrimiento de América -Pizarro, Hernán Cortés, etc. **(2)**

7 Económicamente, y hasta hace unos años, en Extremadura había zonas de gran pobreza.

8 Era una región descuidada por el gobierno central y en la que hacía estragos el régimen latifundista. **(3)**

9 Hoy en día, la reforma agraria y los ambiciosos planes de desarrollo puestos en marcha : **(4)**

10 obras hidráulicas, repoblación forestal, carreteras, industrialización, etc., han transformado el aspecto de una región fundamentalmente agrícola.

11 Desde el punto de vista cultural, la riqueza es enorme.

NOTAS

(2) *Destacar* ist ein Verb mit vielen Bedeutungen. Nachfolgend die gebräuchlichsten :
Hervorheben, unterstreichen : *hay que destacar su gran capacidad de trabajo :* Man muss seine große Arbeitsfähigkeit hervorheben.
Glänzen, sich unterscheiden, auffallen : *Destaca por su elegancia :* er fällt durch seine Eleganz auf.
Sich abheben, sich lösen : *La silueta de la catedral se destacaba en el cielo :* die Umrisse der Kathedrale hoben sich vom Himmel ab. *El corredor que llevaba el jersey amarillo se destacó del pelotón :* der Fahrer, der das gelbe Trikot trug, löste sich von der Gruppe.

3 Tatsächlich taucht es an seiner Ostflanke ein in die Charakteristika des kontinentalen Kastilien,

4 im Norden — Cáceres — vereinigt es sich mit dem alten Salamanca, im Süden — Badajoz — kündet das Tal des Guadiana bereits von Andalusien,

5 und im Westen erstreckt sich eine lange Grenze mit Portugal.

6 Historisch gesehen ist sein großer Beitrag an Männern bei der Entdeckung Amerikas — Pizarro, Hernán Cortés, u.a. hervorzuheben.

7 Wirtschaftlich, und [das] bis vor einigen Jahren, gab es in Extremadura Gegenden mit großer Armut.

8 Es war eine von der Zentralregierung vernachlässigte Region, in der die Herrschaft des Großgrundbesitzertums [großen] Schaden anrichtete.

9 Heutzutage haben die Agrarreformen und die ehrgeizigen Entwicklungspläne, die durchgeführt wurden, [wie]

10 Wasserbau, Wiederaufforstung, Straßenbau, Industrialisierung usw., das Bild einer in erster Linie landwirtschaftlichen Region geändert (verwandelt).

11 Aus kultureller Sicht ist der Reichtum enorm.

(3) *¡Cuidado !* : Vorsicht ! Achtung !
Cuidar : pflegen, umsorgen, sich kümmern, warten usw.
Por descuido : aus Versehen, versehentlich.
Algunas expresiones útiles :
Descuide, yo me ocuparé de ello : Seien Sie unbesorgt, ich kümmere mich darum.
Se descuidó un momento y tuvo un accidente : Er war einen Moment unachtsam und hatte einen Unfall.
Trabajo descuidado : schlampige, schlechte Arbeit.

(4) *Poner en marcha* hat zwei verschiedene Bedeutungen :
— In Gang bringen, anschalten (im Sinne von : einen Mechanismus betätigen, der das Laufen einer Maschine ermöglicht). *Poner el coche en marcha* : das Auto starten, in Gang bringen. Diese Bedeutung ist die gebräuchlichere.
— Durchführen, realisieren, einführen (meist wird dies aber mit den Wendungen : *poner en práctica, emplear* -Mittel-, *establecer,* wiedergegeben). *Establecer la cooperación económica* : die wirtschaftliche Zusammenarbeit realisieren.
Vergessen Sie auch nicht : *Ponerse en marcha* : sich auf den Weg machen, in Gang setzen.

12 Los tres grandes hitos del turismo extremeño son :

13 el Monasterio de Guadalupe, por su arquitectura, su importancia histórico-religiosa y por los tesoros pictóricos que encierra ;

14 el conjunto monumental de la ciudad de Cáceres ;

15 y, por supuesto, Mérida : auténtico museo de monumentos romanos.

16 Hay que mencionar también la artesanía típica de Extremadura :

17 los botijos y jarras de la alfarería regional, caracterizados por su fuerte color rojizo ;

18 y, en Acebo, los valiosos encajes confeccionados por las mujeres del pueblo.

19 Y claro, hay que hacer honor a la gastronomía de la región :

20 es el cerdo, en sus diversas partes y con sus derivados, la base de la cocina extremeña.

EJERCICIO I. **1.** Cuando el río suena, agua lleva. **2.** Nos bañábamos en el río que atraviesa el valle. **3.** Hasta hace unos años, nunca había ido. **4.** Destaca por su inteligencia. **5.** ¡Ten cuidado !

EJERCICIO II

1. *Heutzutage reist man mehr.*

... ., ...

2. *Er hat den Motor laufen lassen.*

.. .. motor .. ..

12 Die drei großen Meilensteine [Sehenswürdigkeiten] des Tourismus in Extremadura sind :

13 Das Kloster von Guadalupe, wegen seiner Architektur, seiner geschichtlich-religiösen Bedeutung und wegen der Schätze der Malkunst [wertvollen Gemälde], die es beherbergt ;

14 die Stadt Cáceres in ihrer monumentalen Gesamtheit ;

15 und natürlich Mérida : ein authentisches Museum römischer Monumente.

16 Man muss auch das typische Kunsthandwerk Extremaduras erwähnen :

17 Die Töpfe und Krüge des regionalen Töpferhandwerks, charakteristisch durch ihre kräftige rötliche Farbe ;

18 und in Acebo die wertvollen Spitzen, die von den Frauen des Dorfes gefertigt werden.

19 Und selbstverständlich ist die regionale Küche zu loben :

20 Das Schwein, seine verschiedenen Teile und die daraus hergestellten Produkte sind die Grundlage der Küche Extremaduras.

Ejercicio I. 1. Jedes Gerücht hat einen wahren Kern. **2.** Wir badeten im Fluss, der das Tal durchquert. **3.** Bis vor einigen Jahren war er nie hingegangen. **4.** Er fällt durch seine Intelligenz auf. **5.** Sei vorsichtig !

3. *Welches ist dein Standpunkt ?*

¿.... .. .. ?

4. *In dieser Stadt gibt es ein Museum für örtliches Kunsthandwerk.*

.. ..

5. *Gestern kam er der Einladung nach, die er erhalten hatte.*

....

LECCIÓN DIECINUEVE

De la entrada de España en la C.E.

1 El primero de enero de 1986 España entraba a formar parte, como Estado miembro de pleno derecho, de la Comunidad Europea. **(1)**

2 Se ponía fin, así, al aislamiento secular del país.

3 También se emprendía la tarea de adaptar la economía a modos de producción exentos de proteccionismo y subvenciones.

4 España ya había dado, antes de esa fecha, los primeros pasos hacia la modernización.

5 Su integración en la C.E. suponía dar un salto con vistas a la reconversión de la industria, al remozamiento de una agricultura en parte aún anclada en el pasado y a la incorporación de las nuevas tecnologías. **(2)**

NOTAS

(1) *Entrar a formar parte de :* beitreten, Mitglied werden. Dieses Verb hat im Spanischen kein echtes Äquivalent. Zur Übersetzung von « werden », sehen Sie sich Lektion 21 an.

Corrección del ejercicio II. 1. Hoy en día, se viaja más. **2.** Ha dejado el — en marcha. **3.** ¿Cuál es tu punto de vista ? **4.** En esta ciudad hay un museo de artesanía local. **5.** Ayer hizo honor a la invitación que recibió.

19. LEKTION

Der Beitritt Spaniens zur EG

1 Am 1. Januar 1986 trat Spanien als Vollmitglied der Europäischen Gemeinschaft bei.

2 Damit wurde der jahrhundertelangen Isolierung des Landes ein Ende gesetzt.

3 Außerdem wurde die Aufgabe in Angriff genommen, die Wirtschaft einer Produktionsweise ohne Protektionismus und Subventionen anzupassen.

4 Spanien hatte schon vor diesem Datum die ersten Schritte zur Modernisierung getan.

5 Die Eingliederung in die EG bedeutete einen Sprung [vorwärts] im Hinblick auf die Umgestaltung der Industrie, die Neubelebung einer Landwirtschaft, die zum Teil noch in der Vergangenheit verankert war, und die Einführung neuer Technologien.

(2) *Dar* (geben) ist ein häufig gebrauchtes Verb, es ist allerdings in wenigen Fällen wörtlich zu übersetzen, vor allem, wenn es in Redensarten steht. Im Deutschen kann man es oft mit « machen » wiedergeben.
Dar un salto : einen Sprung machen.
Dar los primeros pasos : (Satz 4) die ersten Schritte machen/tun.
Merken Sie sich auch : *Darse cuenta* : sich bewusst werden, gewahr werden (Satz 14).

6 En otras palabras : ingresar en la C.E. también significaba asumir el reto de impulsar decisivamente la modernización del entramado socioeconómico del país.
7 Recordemos que aproximadamente la mitad del comercio exterior de España dependía de la C.E., primera potencia comercial del mundo.
8 Por otra parte, hoy día, el español va tomando conciencia de que el ingreso en la C.E. no constituye una llegada sino que es solamente un paso, una etapa. **(3)**
9 En efecto, ahora, como tantos otros naturales de la C.E., el español va apercibiéndose
10 de la importancia de no caer en la tentación de dormirse en los laureles.
11 La Comunidad Europea no está hecha, se va haciendo.
12 Es como un avión en vuelo.
13 Si deja de avanzar se cae.
14 El español se da también cuenta de que ese avanzar no se limita al progreso económico. **(4)**
15 Ve, cada vez más claramente, que hablar de Europa únicamente en términos de Mercado Común supone una gran estrechez de miras.
16 Pero... ¡ya hablaremos de ello !

NOTAS

(3) Die Konstruktion *ir* + Gerundium drückt eine längere (schrittweise) Entwicklung aus. Im Deutschen gibt es keine entsprechende Verbalumschreibung, um eine solche Entwicklung oder eine Folge von Handlungen auszudrücken. Man muss auf Adverbien oder adverbiale Umschreibungen zurückgreifen, wie nach und nach, schrittweise, langsam, immer mehr usw.

6 Mit anderen Worten : Der EG beizutreten bedeutete auch, die Herausforderung anzunehmen, entschlossen die Modernisierung des sozioökonomischen Geflechts des Landes in Angriff zu nehmen.
7 Es sei daran erinnert, dass ungefähr die Hälfte des spanischen Außenhandels von der EG, der stärksten Handelsmacht der Welt, abhing.
8 Andererseits werden sich die Spanier langsam bewusst, dass der Beitritt Spaniens zur EG nicht das Erreichen eines Ziels bedeutet, sondern dass er nur einen Schritt, eine Etappe darstellt.
9 In der Tat, wie viele andere Einwohner der EG werden die Spanier nach und nach gewahr,
10 wie wichtig es ist, nicht der Versuchung zu erliegen, sich auf seinen Lorbeeren auszuruhen.
11 Die Europäische Gemeinschaft ist noch nicht vollendet, sie ist noch im Werden.
12 Sie ist wie ein Flugzeug im Flug.
13 Wenn sie nicht fortschreitet, stürzt sie ab.
14 Die Spanier begreifen auch, dass dieses Fortschreiten nicht auf den wirtschaftlichen Fortschritt beschränkt ist.
15 Sie sehen [und das] immer deutlicher, dass es von großer Engstirnigkeit zeugt, wenn man von Europa nur als Binnenmarkt spricht.
16 Aber ... darüber werden wir noch sprechen.

Sehen Sie auch die Sätze 8, 9, 11 dieser Lektion und Satz 4 von Lektion 20.
Los invitados iban llegando : die Gäste kamen einer nach dem anderen (nach und nach).
El tiempo nos va haciendo olvidar : die Zeit wird uns langsam vergessen lassen.
Va curándose : Es geht ihm immer besser.
Va haciendo calor : Es wird immer heißer (wärmer).

(4) *El avanzar :* das Fortschreiten.
Steht ein bestimmter Artikel vor einem Infinitiv, wird aus dem Verb ein abstraktes Substantiv. Lesen Sie nochmals Anmerkung 14 in Lektion 8.

EJERCICIO I. 1. Me adapté muy bien. **2.** Ha dado un gran salto. **3.** Por otro lado... **4.** Dormirse en los laureles. **5.** Lo hace cada vez mejor.

EJERCICIO II

1. *Sie wird uns nicht vor diesem Datum empfangen können.*

.. .. esa .....

2. *Du hast einen großen Schritt gemacht.*

... .

3. *Mit anderen Worten...*

.. ..

4. *Nach und nach wird er sich der Bedeutung seiner Verpflichtungen bewusst.*

Se .. .. de sus responsabilidades.

Ejercicio I. 1. Ich passte mich gut an. **2.** Er hat einen großen Sprung gemacht. **3.** Andererseits ... **4.** Sich auf seinen Lorbeeren ausruhen. **5.** Er macht es jedes Mal besser.

5. *Ich habe aufgehört, darauf zu bestehen.*

.. .. insistir.

Corrección del ejercicio II. 1. No podrá recibirnos antes de - fecha. **2.** Has dado un gran paso. **3.** En otras palabras... **4.** - va dando cuenta de la importancia - - -. **5.** He dejado de -.

Spanien und die EU

Mittlerweile ist Spanien bereits seit über dreißig Jahren Mitglied der EU. Der Beitritt in die Europäische Gemeinschaft nur zehn Jahre nach der Abschaffung der vier Jahrzehnte dauernden Diktatur Francos (1936–1975) war ein bedeutender Schritt zur Festigung der damals noch jungen Demokratie. Im Oktober 1992 ratifizierte das spanische Parlament mit großer Übereinstimmung den Vertrag von Maastricht. Im Mai 1998 erfolgte der Beitritt zur Europäischen Währungsunion; im Januar 2002 wurde fristgemäß der Euro eingeführt. Auch der Entwurf für die Europäische Verfassung wurde mit großer Mehrheit in einer Volksabstimmung in 2005 befürwortet.

LECCIÓN VEINTE

Más allá del « mercado común »

1 Sí, en España se abre camino la idea de que Europa es algo más que un « mercado común », un club de ricos. **(1)**
2 La unidad monetaria, la libre circulación de mercancías o la armonización del I.V.A. no constituyen la meta. **(2) (3)**
3 No se olvida que la idea de « unidad de Europa » figuraba ya en el Tratado de Roma, sancionado el 25 de marzo de 1957.
4 Y se va aprendiendo, no siempre de buena gana, que el largo y sinuoso camino hacia la Unión Europea **(4)**
5 ha de comportar un juego amplio de solidaridades mutuas.
6 El español cada vez es más consciente de que la construcción europea pasa obligatoriamente por el camino de las concesiones y del respeto.
7 Se percata de que las desazones y agobios de cada uno de los miembros afectan al conjunto.
8 La tarea se vislumbra enorme.

NOTAS

(1) *Abrir :* öffnen. *Abrirse camino :* seinen Weg machen, sich durchbahnen, einen Durchbruch haben.
Abrir ist auch ein regelmäßiges Verb, die einzige Besonderheit besteht darin, dass es ein unregelmäßiges Partizip Perfekt hat (*abierto, a*), wie *escribir* (*escrito*).

(2) *El I.V.A.* (MwSt.) : *el impuesto sobre el valor añadido* (= Mehrwertsteuer).

20. LEKTION

Über den Gemeinsamen Markt hinaus

1 Ja, in Spanien setzt sich die Idee durch, dass Europa mehr ist als ein « gemeinsamer Markt », ein Club der Reichen.
2 Die einheitliche Währung, der freie Güterverkehr und die Anpassung der Mehrwertsteuer stellen nicht das Ziel dar.
3 Es wird nicht vergessen, dass die Idee von der « Einheit Europas » bereits Bestandteil der Römischen Verträge war, die am 25. März 1957 ratifiziert wurden.
4 Und langsam lernt man, [wenn auch] nicht immer gerne, dass der lange gewundene Weg zur Einheit Europas
5 ein großes Bündel (von) Solidarität erfordert.
6 Die Spanier werden sich immer deutlicher bewusst, dass der europäische Aufbau notwendigerweise über den Weg der Zugeständnisse und des Respekts führt.
7 Man wird gewahr, dass Bedenken und Ermüdungserscheinungen der einzelnen Mitglieder die Gemeinschaft negativ beeinflussen.
8 Man ahnt, wie groß die Aufgabe ist.

(3) *Meta :* Ziel, auf das die Handlungen oder Wünsche einer Person oder Gruppe gerichtet sind ;
objetivo, fin : Ziel, Zweck. *Alcanzar su meta :* sein Ziel erreichen.
Meta wird häufig im Bereich des Sports angewandt :
La meta oder *la portería :* das Tor (auf einem Spielfeld).
Línea de meta : Torlinie.
El meta, el portero oder *el guardameta :* der Torwart.
Gol (vom englischen « goal ») im Sinne von: ein Tor schießen.
La selección europea marcó tres goles (oder *tres tantos*) : die europäische Auswahl schoss drei Tore.
Und in diesem Zusammenhang : *la meta* ist auch die Ziellinie, Zielgerade.
(4) **Observe** : *Y se va aprendiendo* (*ir* + Gerundium). Consulte la nota de la lección 19.

9 Tanto más enorme cuanto que más allá de las fronteras comunitarias **(5)**
10 otros humanos como nosotros, en su mayoría mucho menos acomodados -materialmente-, todavía tienen esperanza en la sociedad de la que somos cuna.
11 Pero Europa, a pesar de la belleza y grandeza de su proyecto, aún, no ha conseguido dar fuerza de ley a la máxima de Alejandro Dumas :
12 « uno para todos y todos para uno ».
13 En hacerlo realidad, en esa aventura, es también en la que se ha querido embarcar España.

EJERCICIO I (repase el vocabulario) :

Agrícola	landwirtschaftlich
Agricultura	Landwirtschaft
Armonización	Harmonisierung, Anpassung
Cientos de miles	Hunderttausende
Club de ricos	Club der Reichen
Comercio exterior	Außenhandel
Comunidad económica	Wirtschaftsgemeinschaft
Comunidad Europea	Europäische Gemeinschaft
Económicamente	wirtschaftlich, ökonomisch
Ejecutar una decisión	eine Entscheidung ausführen
Emisora de radio	Radiosender
Entramado socioeconómico	sozioökonomisches Geflecht
Especialista	Spezialist, Fachmann
Exento	frei, freistehend, unabhängig
Familia acomodada	eine wohlhabende Familie
Fronteras comunitarias	Gemeinschaftsgrenzen
Industrialización	Industrialisierung
Ingresar en la C.E.	der EG beitreten

9 Umso größer, je weiter über die Grenzen der Gemeinschaft hinaus

10 andere Menschen (wie wir), die in der Mehrheit — in materieller Hinsicht — weniger bequem leben, noch Hoffnung in die Gesellschaft haben, deren Wiege wir sind.

11 Aber Europa hat es, trotz seiner Schönheit und Großartigkeit noch nicht erreicht, die Maxime von Alexandre Dumas in die Tat umzusetzen :

12 « Einer für alle und alle für einen ».

13 Diese Wirklichkeit werden zu lassen, bei diesem Abenteuer mitzuwirken, daran wollte auch Spanien teilnehmen.

NOTAS

(5) Umso mehr ... als, wie, da, desto : *tanto más ... cuanto que.*
Diese Wendung wird zur Verstärkung der nachfolgenden Präposition angewendet : *Iba tanto más deprisa cuanto que sabía que llevaba retraso :* Da er wusste, dass er zu spät kam, ging (fuhr) er umso schneller. Diese Konstruktion kann auch ohne weitere Wörter dazwischen stehen : *Leía tanto más cuanto que la curiosidad le devoraba :* Je mehr die Neugier sie verzehrte, desto schneller las sie.

I.V.A. (impuesto sobre el valor añadido)	MwSt. (Mehrwertsteuer)
Libre circulación de mercancías	freier Warenaustausch (-verkehr)
Mercado Común	Gemeinsamer Markt, Binnenmarkt
Modernización	Modernisierung
Modos de producción	Produktionsweisen
Nuevas tecnologías	neue Technologien
Partes	Teile
El personal responsable	das verantwortliche Personal
Plan de desarrollo	Entwicklungsplan
la prensa	die Presse
Primera potencia comercial	erste Wirtschaftsmacht
Progreso económico	wirtschaftlicher Fortschritt
Proteccionismo	Protektionismus

Proyecto financiero	Finanzprojekt
Puesto fronterizo	Grenzposten
Obra hidráulica	Wasserbauwerk
Reconversión industrial	industrielle Umstellung, Umstrukturierung
Reforma agraria	Agrarreform
Régimen latifundista	Herrschaft des Großgrundbesitzers
Región agrícola	Landwirtschaftsregion
Repoblación forestal	Wiederaufforstung

LECCIÓN VEINTIUNA

Repaso y especificaciones

1. Das Relativpronomen mit *el que, la(s) que, lo(s) que*

Derjenige	*el que*
Diejenige	*la que*
Dasjenige	*lo que*
Diejenigen	*los/las que*

Diese Konstruktion ist analog dem Deutschen.

Beispiele :
El que lo ha dicho : derjenige, der das gesagt hat.
La que me aconsejó : diejenige, die mir geraten hat.
Los que no pudieron ir : diejenigen, die nicht hingehen konnten.

Wenn es sich bei « dem-, der-, denjenigen » um Personen handelt, findet man im literarischen Spanisch auch « *quien, quienes* ».

Sancionar un acuerdo	eine Vereinbarung akzeptieren; einen Vertrag ratifizieren
Subvención	Subvention
Teleimpresor	Fernschreiber
Trabajo de artesanado	kunsthandwerkliche Arbeit
Tratado de Roma	Römische Verträge
Unidad monetaria	Währungseinheit
Valioso	von großem Wert, sehr wertvoll.

21. LEKTION

Quienes (los que) no pudieron venir, telefonearon : diejenigen, die nicht kommen konnten, riefen an.

2. Übersetzung von « werden »

Das deutsche Verb « werden » hat im Spanischen keine Entsprechung durch ein einzelnes Verb.
Es gibt den Begriff *el devenir*, der aber nur als philosophisches Konzept gebraucht wird.
« Werden » wird im Spanischen je nach Zusammenhang mit verschiedenen Ausdrücken wiedergegeben :

— *Volverse* drückt aus, dass sich eine endgültige Veränderung vollzogen hat : *se ha vuelto loco :* Er ist verrückt geworden.

— *Ponerse* wird gebraucht, wenn eine vorübergehende Veränderung ausgedrückt wird : *Te has puesto blanco :* Du bist weiß geworden.

— *Quedarse* dient zum Ausdruck einer unfreiwilligen Veränderung : *Se ha quedado sordo :* Er ist taub geworden.

— *Hacerse* wird gebraucht, wenn zum Ausdruck gebracht werden soll, dass eine angestrebte Änderung realisiert wurde : *Se ha hecho rico :* Er ist reich geworden.

— *Llegar a ser* wird gebraucht, wenn eine Zielvorstellung ausgedrückt wird oder wenn das Erreichen einer Veränderung mit Anstrengungen verbunden ist : *Quiere llegar a ser médico :* Er will Arzt werden.

Die Übersetzung von « werden » stellt tatsächlich eine Schwierigkeit dar, denn außer den bereits genannten Entsprechungen gibt es noch die folgenden :

— *Acabar en : ¿En qué acabará este asunto ? :* Was wird aus dieser Sache werden ?

— *Convertirse en : Esta empresa se ha convertido en la primera del ramo de la alimentación :* Dieses Unternehmen ist das erste der Lebensmittelbranche geworden.

Beachten Sie, dass die verschiedenen Bedeutungen von « werden » sich manchmal überschneiden.

3. Frage- und Ausrufezeichen

Eine Besonderheit der spanischen Zeichensetzung sind die doppelt aufgeführten Frage- und Ausrufezeichen, die man so aus anderen Sprachen nicht kennt. Aussagesätze werden damit beidseitig gekennzeichnet. Dies betrifft direkte Fragen und Ausrufesätze wie auch Interjektionen (einzelne Ausrufewörter). Die Zeichen *¿* und *¡* eröffnen den jeweiligen Satz, die Zeichen *?* und *!* schließen ihn.

¿Comisteis ayer en el restaurante? « Habt Ihr gestern im Restaurant gegessen? »

¿Dónde has comprado esa camiseta? « Wo hast du dieses T-Shirt gekauft? »

¡Es una vergüenza! « Das ist eine Schande! »

¡Socorro! « Hilfe! »

¡Ay! « Ach! », « Au(tsch)! »

Achtung: die doppelten Frage- und Ausrufezeichen sind nicht optional, sondern verpflichtend! Es gilt als Fehler, sie nicht oder nur am Satzende zu setzen. Die Zeichen ¿ und ! müssen unmittelbar an der Stelle gesetzt werden, wo die Frage oder der Ausruf beginnt:

Si consigues la plaza, ¡qué alegría se van a llevar tus padres! «Wenn du die Stelle bekommst, wie werden sich deine Eltern freuen!»

Sonia, ¿has decidido qué le vas a decir? «Sonja, hast du dich entschieden, was du ihm sagen wirst?»

Auch bei mehreren aufeinanderfolgenden Frage- und Ausrufesätzen sind die besagten Zeichen immer beidseitig zu setzen:

¡Quedan cinco minutos! ¡Llegamos tarde! ¡Date prisa! «Noch fünf Minuten!», «Wir kommen zu spät!», «Beeil dich!»

Man kann kurze, aufeinanderfolgende Frage- oder Ausrufesätze auch im Sinne einer Aufzählung behandeln. Auch in diesem Fall muss die beidseitige Zeichensetzung eingehalten werden:

¿Cómo te llamas?, ¿en qué trabajas?, ¿cuándo naciste?, ¿dónde? «Wie heißt du?», «Was arbeitest du?», «Wann bist du geboren?», «Wo?»

Zum Ausdruck von Zweifel, Ironie oder Überraschung werden übrigens in normalen Sätzen – genau wie im Deutschen – einfache Frage- und Ausrufezeichen in runden Klammern verwendet:

Andrés Sánchez Domingo es el presidente (?) de la asociación. «Andrés Sánchez Domingo ist der Vorsitzende (?) des Vereins.»

Un joven de dieciocho años (!) fue el ganador del concurso. «Ein Achtzehnjähriger (!) war der Gewinner des Wettbewerbs.»

Quelle: *Real Academia Española: Ortografía de la Lengua Española. Edición revisada. Madrid: Espasa Calpe, 1999.*

LECCIÓN VEINTIDÓS

¿Adónde vamos a parar ?

1 Boletín informativo de las diez de la noche. **(1)**

2 Hacia las cinco de la tarde, hora de salida de los colegios, la policía ha sido alertada, por una llamada telefónica anónima, de la existencia de un importante alijo de armas en el sótano de la escuela de párvulos « Dios nos ayude », **(2)**

3 situada en la zona residencial de Málaga.

4 Sobre las cinco y media, al ver llegar a la policía en varios coches, patrulla con las sirenas en funcionamiento,

5 unos veinte niños, que en esos momentos estaban jugando en la arena y en los columpios, echaron a correr hasta conseguir atrincherarse en el interior del recinto escolar. **(3)**

6 Una vez en el edificio, los críos tomaron como rehenes a la maestra, a la enfermera del centro, a la cocinera, a las mujeres de la limpieza y a la directora.

NOTAS

(1) Die Texte der Lektionen 22 und 23 sind wie Radionachrichten aufgebaut. Sie sind frei übersetzt, damit Sie einen Einblick in den Jargon dieses Kommunikationsmediums bekommen, was Ihnen sehr nützlich sein wird, wenn Sie z. B. nach Spanien reisen und das Autoradio einschalten oder wenn Sie, zur Verbesserung Ihrer Kenntnisse, Radio hören, was wir im Übrigen nur empfehlen können.
Sie sollten noch wissen, dass in Spanien die Nachrichten um 8 Uhr, 14 Uhr, 20 Uhr und 23 Uhr übertragen werden. Aber kommen wir gleich zum ersten Unterschied : im Spanischen sagt man eher *a las diez de la noche* als *a las veintidós horas.*

22. LEKTION

Wohin soll das noch führen ?

1 Zweiundzwanzig-Uhr-Nachrichten :

2 Heute nachmittag, bei Schulschluss, gegen siebzehn Uhr, wurde die Polizei durch einen anonymen Anruf über die Existenz eines großen Waffenlagers im Keller der Vorschule « Gott helfe uns »,

3 im Villenviertel von Málaga, informiert.

4 Gegen siebzehn Uhr dreißig, als sie die Polizei in mehreren Einsatzwagen mit heulenden Sirenen ankommen sahen,

5 liefen die ungefähr zwanzig Kinder, die gerade im Sandkasten und auf den Schaukeln spielten, sofort auf das Schulgebäude zu und schafften es, sich darin zu verschanzen.

6 Im Schulgebäude nahmen die Kinder dann die Lehrerin, die Schulkrankenschwester, die Köchin, die Putzfrauen und die Direktorin als Geiseln.

(2) *Un alijo de...* : ein Lager ; eigentlich Schmuggellager, denn *alijo* sagt immer aus, dass es sich bei der Ware um Schmuggelware handelt.
Versteck : *un escondite, un escondrijo* (auch : Schlupfwinkel).

(3) *Echar a* + Infinitiv : beginnen zu, anfangen.

7 Algunos transeúntes han afirmado que se oyeron disparos procedentes del interior de la escuela y que en el exterior reinó una gran confusión durante los primeros momentos. **(4) (5)**

8 En efecto, entre los padres que habían acudido a buscar a sus retoños se desarrollaron escenas dramáticas ;

9 numerosas madres agolpadas ante las verjas de la entrada rompieron a llorar prorrumpiendo en gritos histéricos ;

10 algunos padres, indignados, la emprendieron a pedradas con los miembros de las fuerzas del orden allí presentes, acusándoles de incompetencia. **(6)**

11 La policía, a su vez, acusó al gobierno de falta de firmeza -es de suponer que el gobierno acuse próximamente a la oposición.

12 La situación en el exterior se calmó cuando, alrededor de las seis, dos chiquillos armados con metralletas irrumpieron en el patio de la escuela a fin de entregar un documento a las autoridades.

13 Por ahora sólo se ha filtrado que dicho documento está firmado por el G.A.P. (Grupo Armado Pacifista)

NOTAS

(4) In Lektion 7, Punkt 2, ist die allgemeine Regel zum Gebrauch des Indefinido beschrieben. Sie haben sicher bemerkt, dass im Text dieser Lektion durchgehend das Indefinido gebraucht wird und zwar obwohl alles, was erzählt wird, noch nicht vollkommen abgeschlossen ist, da der Tag noch nicht zu Ende ist.

Die Zeitenfolge ist im Spanischen genau geregelt. Wenn sich, wie in unserem Text, eine Handlung in der Vergangenheit abspielt, bezeichnet das Pretérito imperfecto eine Handlung oder einen Zustand, der bereits andauerte, als eine andere Handlung einsetzte, siehe z. B. Satz 5: *los niños ... que ... estaban* (imperfecto) ... *echaron* (indefinido). Das Pretérito perfecto bezeichnet eine Handlung im Zusammenhang mit einem Zeitraum, der noch nicht ganz

7 Passanten bestätigten, sie hätten Schüsse aus dem Inneren des Gebäudes gehört, während draußen in den ersten Minuten ein wildes Durcheinander herrschte.
8 In der Tat spielten sich unter den Eltern, die gekommen waren, um ihre Sprösslinge abzuholen, dramatische Szenen ab ;
9 Mütter, die sich vor dem Eingangsgitter drängten, brachen in Tränen und hysterisches Geschrei aus ;
10 empörte Väter griffen die anwesenden Ordnungshüter mit Steinen an und beschuldigten sie der Unfähigkeit ;
11 die Polizei bezichtigte ihrerseits die Regierung der Laxheit - es ist anzunehmen, dass die Regierung demnächst die Opposition beschuldigt.
12 Die Lage draußen hatte sich beruhigt, als gegen 18 Uhr zwei mit Maschinengewehren bewaffnete Kinder im Schulhof erschienen, um den Behörden ein Dokument zu übergeben.
13 Bis jetzt ist nur durchgedrungen, das Dokument sei von der G. B. P. (Gruppe bewaffneter Pazifisten) unterzeichnet,

vergangen ist (*hoy*, *esta semana*, etc.) bzw. eine abgeschlossene Handlung, die unmittelbare Bedeutung für die Gegenwart hat, siehe Satz 7 : *Algunos transeúntes han afirmado* (pretérito perfecto) *que se oyeron* (indefinido).
Durch diesen Gebrauch des Indefinido wird die Handlung zeitlich genau situiert und der Erzählstil unterstrichen. Selbstverständlich kann in diesem Fall das Indefinido durch das Pretérito perfecto ersetzt werden.

(5) *Un disparo* : ein Schuss, Abfeuern.
Disparar : (einen Schuss) abgeben, (ein Geschütz) abfeuern, abschießen.
Salir disparado : Hals über Kopf losstürzen.
Cuando se enteró salió disparado : als er es erfuhr, stürzte er Hals über Kopf los.
Salir disparado fuera de su asiento : aus seinem Sitz geschleudert werden.

(6) *Algunos transeúntes* (Satz 7), *numerosas madres* (Satz 9), *algunos padres* (Satz 10) : *algunos, numerosas* geben hier eine unbestimmte Anzahl wieder. Im Deutschen genügt es, von Passanten, Müttern etc. zu sprechen, es muss nicht unbedingt « einige », « zahlreiche » usw. hinzugefügt werden, insbesondere nicht im Erzählstil.

14 y que una de las exigencias de los secuestradores es que se les abastezca de regaliz, bombones y caramelos suficientes mientras duren las negociaciones.

15 A las ocho de la tarde, los jovenzuelos han colgado en las ventanas del primer piso una pancarta en la que se puede leer :

16 ¡NO A LA VEJEZ ! ¡NO A UNA JUVENTUD QUE NADA MÁS LLEGAR YA COMIENZA A ACABARSE ! **(7)**

17 Ampliaremos noticias sobre este suceso en el informativo de las once de la noche, hora oficial española. **(8) (9)**

18 (Sintonía musical)

NOTAS

(7) *Nada más* + Infinitiv :
Nada más llegar : kaum angekommen.
Nada más saberlo, me lo comunicó : Kaum hatte er es erfahren, erzählte er es mir.

EJERCICIO I. 1. Sobre las cinco, hacia las cinco, a eso de las cinco o alrededor de las cinco. **2.** Voy a bajar al sótano. **3.** El niño es todavía muy pequeño para ir a la escuela de párvulos. **4.** Este edificio es de reciente construcción. **5.** No pude acudir a la reunión.

14 und eine der Forderungen der Geiselnehmer sei, dass sie während der Dauer der Verhandlungen mit ausreichenden Mengen Lakritz, Pralinen und Bonbons versorgt zu werden wünschen.

15 Um zwanzig Uhr hängten die Kinder ein Schild aus dem Fenster der ersten Etage, auf dem zu lesen war :

16 NEIN ZUM ALTER ! NEIN ZU EINER JUGEND, DIE KAUM BEGONNEN, SCHON BEENDET IST !

17 Weitere Informationen zu diesem Ereignis in den dreiundzwanzig-Uhr-Nachrichten, offizielle spanische Zeit.

18 (Musikeinblendung)

(8) *Ampliar noticias sobre...* : weitere Informationen geben zu.
Ampliar una casa : ein Haus ausbauen.
Ampliar los poderes : die Macht vergrößern.
Ampliar un acuerdo : ein Übereinkommen/Abkommen erweitern.
Ampliación del capital : Kapitalerhöhung.

(9) *Boletín informativo* : Kurznachrichten (jede Stunde).
Informativo oder *diario hablado* : Nachrichten (siehe Anmerkung 1). Es gibt eine Zeitverschiebung von einer Stunde zwischen Madrid (und anderen europäischen Großstädten) und den Kanarischen Inseln. Im Radio werden entweder zwei Zeiten angesagt (*la hora peninsular y la canaria* : die Zeit der « Halbinsel » und die der Kanarischen Inseln) oder die Sprecher fügen nach der Zeitangabe hinzu : *Hora oficial española* (die offizielle spanische Zeit) z.B : *« son las cinco, las cuatro en (las Islas) Canarias »*.

Ejercicio I. 1. Gegen fünf Uhr. **2.** Ich werde in den Keller gehen. **3.** Das Kind ist noch zu klein, um in die Vorschule zu gehen. **4.** Dieses Gebäude wurde vor Kurzem erbaut. **5.** Ich konnte nicht zur Sitzung kommen.

EJERCICIO II

1. *Als ich es ihm gesagt habe, brach er in Tränen aus.*

   ...., ...

2. *Das Kind beruhigte sich und konnte einschlafen.*

   .. ..

3. *Im Augenblick habe ich keine Neuigkeiten von ihm.*

   ... ., ...

LECCIÓN VEINTITRÉS

¡Dejad que los niños se acerquen a mí !

1 Al oír la tercera señal serán exactamente los once de la noche, las diez en las Islas Canarias.

2 (Señal sonora.)

3 Diario hablado de la noche. Señoras y señores, ¡buenas noches ¡

4 Conectamos inmediatamente con nuestros enviados especiales en Málaga para darles a conocer las últimas noticias en relación con los graves acontecimientos que tienen lugar en esa capital. Conectamos con Málaga. **(1)**

4. *Die Verhandlungen werden eine Woche dauern.*

... .

5. *Kaum angekommen, nahm er ein Bad.*

....

Corrección del ejercicio II. 1. Cuando se lo he anunciado, ha roto a llorar. **2.** El niño se calmó y pudo dormirse. **3.** Por ahora, no tengo noticias suyas. **4.** Las negociaciones durarán una semana. **5.** Nada más llegar ha tomado un baño.

23. LEKTION

Lasset die Kindlein zu mir kommen!

1 Beim dritten Gongschlag ist es genau dreiundzwanzig Uhr, zweiundzwangzig Uhr auf den Kanarischen Inseln.

2 (Gongschlag.)

3 Abendnachrichten. Guten Abend, meine Damen und Herren.

4 Wir geben sofort weiter zu (verbinden sofort mit) unseren Korrespondenten in Málaga, die Ihnen die neuesten Informationen über die dortigen schweren Vorfälle bekanntgeben werden. Wir schalten um nach Málaga.

NOTAS

(1) *Conectar* : verbinden, (ein-)schalten.
Conectar con : umschalten auf.
Conectamos con Bilbao : wir schalten um auf (verbinden mit) Bilbao.
Retener la conexión : auf Sendung bleiben (Satz 18). *Devolver la conexión* : zurückgeben nach ... (Satz 21).
Estar mal conectados : nicht auf derselben Wellenlänge sein (im eigentlichen und im übertragenen Sinn).

5 Sí, aquí Málaga, ¡Buenas noches! Ya disponemos de nuevas informaciones con respecto al trágico suceso de hoy.

6 En efecto, se conoce ya la identidad de los dos terroristas que han entregado el documento a las autoridades :

7 se trata de Samanta de Vasy, de origen francés, y de Juan José de Cabreales, de cinco y cuatro años de edad respectivamente.

8 Aparentemente, ninguno de los dos infantes estaba todavía fichado por los servicios de policía. **(2)**

9 A ese respecto hay que decir que, en el Congreso, el jefe de la oposición ha interrumpido el debate que tenía lugar en ese momento para interpelar al ministro del Interior. **(3)**

10 Éste último ha respondido diciendo

11 que, si bien era verdad que la natalidad había descendido en los últimos años, todavía no disponía de medios suficientes para poner a un guardia detrás de cada niño. **(4)**

12 Pero, a continuación, les invitamos a escuchar un reportaje único que, aunque, de mediana calidad dadas las condiciones en que trabajamos, da prueba de la determinación de los secuestradores.

NOTAS

(2) *Infante* : Infant (spanischer und portugiesischer Thronfolger) ; Kind (unter 7 Jahren).
Un niño : ein Kind, ein Junge. *Una niña* : ein Mädchen. *Mis hijos* : meine Kinder, meine Söhne. *Mis hijas* : meine Töchter.
Sie haben sicher die verschiedenen Ausdrücke für Kinder, Sprösslinge bemerkt : *los críos, los retoños, los chiquillos, los jovenzuelos.*

(3) Das spanische Parlament (*las Cortes Generales*) setzt sich aus zwei Kammern (*Cámaras*) zusammen, die das spani-

5 Ja, hier Málaga. Guten Abend. Wir verfügen bereits über neue Informationen über den tragischen Vorfall von heute.
6 Die Identität der beiden Terroristen, die den Behörden das Dokument übergeben haben, ist schon bekannt :
7 Es handelt sich um Samanta de Vasy, französischer Herkunft, und um Juan José de Cabreales, (respektive) fünf und vier Jahre alt.
8 Anscheinend ist noch keines der beiden Kinder polizeilich erfasst.
9 Diesbezüglich muss gemeldet werden, dass im Parlament der Oppositionsvorsitzende die Debatte, die [dort] gerade stattfand, unterbrochen hat, um den Innenminister zu befragen.
10 Dieser antwortete,
11 dass er, auch wenn die Geburtenrate in den letzten Jahren zurückgegangen sei, nicht über genügend Mittel verfüge, um einen Polizisten auf jedes einzelne Kind anzusetzen (hinter jedes Kind zu stellen).
12 Jetzt (gleich) aber laden wir Sie zu einer Exklusiv-Reportage ein, die angesichts der Umstände, unter denen wir [hier] arbeiten, von mittelmäßiger Qualität ist, Ihnen aber trotzdem einen Eindruck von der Entschlossenheit der Geiselnehmer vermittelt.

sche Volk repräsentieren. Diese beiden Kammern sind : der *Congreso de los Diputados* (das Abgeordnetenhaus) und der *Senado* (der Senat). Die ersten Cortes traten 1812 in Cádiz zusammen.

(4) In Lektion 13 (Anmerkung 7) haben wir Ihnen die Konjunktionen angegeben, nach denen unbedingt der Subjuntivo folgen muss. Es gibt auch solche, nach denen er folgen kann, aber nicht muss, so z. B. *aunque, si bien.*
Aunque + Indicativo = obwohl (feststehende, bekannte Tatsache).
Aunque + Subjuntivo = selbst wenn (Möglichkeit).
Aunque llueve, voy a pasearme : obwohl es regnet, werde ich spazieren gehen. (Es regnet gerade wirklich.)
Aunque llueva, iré a pasearme : selbst wenn es regnet, gehe ich spazieren / werde ich spazieren gehen. (Es regnet in Wirklichkeit nicht.)
Si bien : auch wenn. Folgt eine sichere Tatsache (wie in Satz 11, die Geburtenrate ist tatsächlich zurückgegangen), dann steht *si bien* + Indicativo. Folgt eine Annahme, steht *si bien* + Subjuntivo.

13 Se trata de la contestación que Samanta ha dado a su padre cuando éste, protegido por un chaleco antibalas, se ha acercado a la entrada de la escuela y a gritos se ha dirigido a su hija. Escuchen :

14 — ¡Samanta, obedéceme y entrega las armas, si no te quedarás sin propina durante un mes ! **(5)**

15 — ¡Papá, vuélvete a casa con máma y tranquilizaos, si no esto va a terminar en un baño de sangre ! **(6)**

16 ¡Desgarrador, señores ! ¡Desgarrador ! **(7)**

17 Según fuentes próximas al Gobierno Civil, la operación estaba minuciosamente preparada.

18 Si... ¡Atención, Madrid ! ¡Atención ! Retenemos la conexión durante unos instantes ya que en estos momentos se está remitiendo a los medios informativos fotocopia del documento en el que los terroristas dan cuenta de sus reivindicaciones.

19 ¡Si no lo veo, no lo creo !

20 ¡Fantástico ! Perdón, señores, ¡increíble !

21 ¡Una única frase ! ¡Una única reivindicación ! Leo textualmente y devuelvo la conexión :

22 ¡LA JUBILACIÓN A LOS VEINTE AÑOS !

NOTAS

(5) *La propina* (Trinkgeld) oder *la « paga »* (Gehalt) : Taschengeld.

(6) *Tranquilizar* : beruhigen, beschwichtigen.
¡Tranquiliza a los niños ! Beruhige die Kinder ! Im Sinne von « sie sollen leiser sein » und auch « sie sollen beruhigt sein, sich nicht aufregen ».

13 Es handelt sich um die Antwort von Samanta an ihren Vater, als dieser sich, geschützt durch eine kugelsichere Weste, dem Eingang der Schule näherte und sich laut rufend an seine Tochter wandte. Hören Sie zu :

14 — Samanta, gehorche und leg' die Waffen nieder, sonst bekommst Du einen Monat lang kein Taschengeld !

15 — Papa ! Geh' mit Mama nach Hause und beruhigt Euch, sonst endet das hier noch mit einem Blutbad !

16 Herzzerreißend, meine Damen und Herren, herzzerreißend !

17 Laut regierungsnahen Kreisen war die Aktion bis ins Kleinste vorbereitet.

18 Ja ... hallo ! Achtung, Madrid ! Achtung ! Wir bleiben noch kurz auf Sendung, denn gerade wird den Medien eine Fotokopie des Dokuments mit den Forderungen der Terroristen übergeben.

19 Nein, ich traue meinen Augen nicht ! (Wenn ich es nicht sehen würde, würde ich es nicht glauben !)

20 Fantastisch ! Entschuldigen Sie, meine Damen und Herren, unglaublich !

21 Ein einziger Satz ! Eine einzige Forderung ! Ich lese Wort für Wort und gebe dann zurück (nach Madrid) :

22 MIT ZWANZIG IN RENTE !

Tranquilizad a vuestros padres : Beruhigt eure Eltern !
¡Tranquilízate ! Beruhige dich ! Sei ruhig !
¡Tranquilizaos ! Beruhigt euch ! Seid ruhig !
Achten Sie darauf, dass die 2. Person Plural-reflexiv im Imperativ, wenn *-os* folgt, das *-d* am Ende verliert :
Lavad el coche : wascht das Auto, aber : *lavaos con este jabón* : wascht Euch mit dieser Seife !
Es gibt allerdings eine Ausnahme von dieser Regel : das Verb *ir* wird zu *idos* (geht weg). *Idos* wird aber wenig benutzt, meistens sagt man *marchaos !*

(7) *¡Señores !* kann im Spanischen Frauen und Männer ansprechen. Außer wenn sicher ist, dass tatsächlich nur Männer angesprochen werden, wird *señores* im Deutschen immer mit « Damen und Herren » wiedergegeben.

EJERCICIO I. 1. No tengo nada que decir a ese respecto. **2.** No disponemos todavía de las informaciones necesarias para poder tomar una decisión con respecto a ese tema. **3.** El informe ha sido entregado a la dirección. **4.** ¿Tiene el documento de identidad, por favor ? **5.** Respondió diciendo que no sabía.

Lernen Sie weiterhin täglich, aber vermeiden Sie Eile. Gehen Sie bei Unklarheiten oder wenn Sie das Gefühl haben, den bisherigen Stoff noch nicht restlos assimiliert zu haben, noch einmal ein paar Lektionen zurück. Kennzeichnen Sie schwierige Redewendungen oder Ausdrücke mit einem Textmarker, und blättern Sie von Zeit zu Zeit zu diesen Stellen zurück. Oder schreiben Sie Wörter und Wendungen, die Sie sich schlecht merken können, mehrmals auf.

EJERCICIO II

1. *Ich war mir dessen nicht bewusst.*

.. ..

2. *Selbst wenn es kalt ist, werden wir gehen müssen.*

...., ...

3. *Unter den gegebenen Umständen werden wir morgen gehen.*

...., ...

4. *Obwohl er krank ist, kann er lesen.*

...., ...

5. *Stellt euch hierhin, Kinder !*

¡...... ...., niños !

Ejercicio I. 1. Ich habe dazu nichts zu sagen. **2.** Wir verfügen noch nicht über genügend Informationen, um eine Entscheidung bezüglich dieses Themas treffen zu können. **3.** Der Bericht wurde der Direktion übergeben. **4.** Haben Sie Ihren Personalausweis, bitte ? **5.** Er antwortete, dass er nichts wisse.

PERSÖNLICHE NOTIZEN :

Corrección del ejercicio II. 1. No me he dado cuenta. **2.** Aunque haga frío, habrá que ir. **3.** Dadas las circunstancias, nos iremos mañana. **4.** Aunque está enfermo, puede leer. **5.** ¡Poneos aquí, - !

LECCIÓN VEINTICUATRO

Aragón

1 El antiguo reino de Aragón, que limita al norte con los Pirineos y al sur con el sistema Ibérico, es un extenso territorio cuyo eje es el Ebro. **(1)**

2 Aragón es tierra de paso, camino de Europa, como lo fuera de Santiago de Compostela y porque es, **(2)**

3 por una parte, puente geográfico entre Castilla-La Mancha y Francia y, por otra, paso obligatorio entre los extremos oeste y este de la Península.

4 La vertiente aragonesa de los Pirineos, al norte de Huesca, es un marco muy apreciado por los aficionados a los deportes de montaña, al esquí, al piragüismo o

5 por quienes, sencillamente, prefieren al tumulto de las playas el contacto silencioso con la naturaleza.

6 En pleno Pirineo, a unos 1300 metros de altitud, el Parque Nacional de Ordesa con sus bosques, cascadas, grutas y sus pintorescos paisajes constituye uno de los parajes más bellos de la Comunidad. **(3)**

NOTAS

(1) *Cuyo, cuya, cuyos, cuyas* entspricht unseren Relativpronomen dessen, deren und stellt eine Possessivbeziehung zwischen dem vorangehenden Bezugswort und dem nachfolgenden Substantiv her. Es richtet sich in Numerus und Genus nach dem folgenden Substantiv und nicht, wie im Deutschen, nach dem vorhergehenden Substantiv.
Saragossa, dessen Name : *Zaragoza cuyo nombre...* (Satz 7).
Das Kloster von Piedra, dessen Park : *El monasterio de Piedra cuyo parque...* (Satz 15).
Eine Stadt, deren Einwohner gastfreundlich sind : *Una ciudad cuyos habitantes son acogedores.*
Die genauen Regeln erklären wir etwas später in Lektion 28.

24. LEKTION

Aragonien

1 Das einstige Königreich Aragonien, im Norden durch die Pyrenäen, im Süden durch die Iberische Hochebene begrenzt, ist ein großes Gebiet, dessen Achse der Ebro darstellt.
2 Aragonien ist ein Durchgangsgebiet, die Straße Europa, wie einst der Weg nach Santiago de Compostela, weil es
3 einerseits die geografische Brücke zwischen Kastilien-La Mancha und Frankreich ist, und andererseits der obligatorische Durchgang zwischen den äußersten westlichen und östlichen Enden der [iberischen] Halbinsel.
4 Der nördlich von Huesca gelegene, aragonesische Teil [Abhang] der Pyrenäen ist eine Umgebung, die von Alpinsport-, Ski- und Kanuliebhabern sehr geschätzt wird oder
5 auch von jenen, die einfach nur den stillen Kontakt mit der Natur dem Tumult der Strände vorziehen.
6 Mitten in den Pyrenäen, auf ungefähr 1300 Metern Höhe, [befindet sich] der Nationalpark von Ordesa. Mit seinen Wäldern, Wasserfällen, Grotten und (seinen) malerischen Landschaften ist er eine der schönsten Gegenden der Comunidad [Aragoniens].

(2) Die Konjunktion *como* + Imperfecto de subjuntivo : diese Konstruktion kann, muss aber nicht verwendet werden. Anstatt ... *tierra de paso, camino de Europa como lo fuera de Santiago* ... kann es genauso gut heißen *como lo había sido* oder *como lo fue*. Dieser Übergang in den Subjuntivo wird nur in der Vergangenheit gebraucht und ist ein Überbleibsel aus dem Lateinischen. Die Benutzung einer solchen Konstruktion setzt eine ausgezeichnete Kenntnis des Spanischen voraus.
Como dijera la semana pasada en el Parlamento el ministro (oder *como dijo, como había dicho*) : wie der Minister letzte Woche im Parlament schon sagte...

(3) *Comunidad* mit großen C ist ein Eigenname, ähnlich wie die deutschen Bundesländer, und eine administrative Aufteilung Spaniens, das (siehe Lektion 2) aus 17 *Comunidades Autónomas* besteht, wovon eine Aragonien ist.

7 Siguiendo viaje hacia el sur se llega a Huesca, la antigua Osca romana ; y luego a Zaragoza cuyo nombre le viene de César Augusto -Cæsaraugusta.

8 Zaragoza, ciudad industrial y universitaria, rodeada de huertas regadas por el Ebro, es la capital de la Comunidad Autónoma.

9 Camino de Valencia, en el centro de un amplio circo de montañas, se encuentra la hidalga ciudad de Teruel. **(4)**

10 Es Teruel el término de la ruta del mudéjar aragonés que, por supuesto, pasa por Tarazona, la « Toledo aragonesa ». **(5)**

11 Además de por sus torres y otros monumentos mudéjares, Teruel es conocida como la « ciudad de los Amantes ». **(6)**

12 La celebración de la Semana Santa en el Bajo Aragón presenta particularidades únicas.

13 Es de destacar la de Híjar, donde a partir de las doce de la noche del Jueves Santo comienzan a redoblar centenares de tambores llevados por los vecinos del pueblo.

14 El impresionante desfile a través de las calles iluminadas por antorchas termina a las doce de la noche del Sábado Santo.

NOTAS

(4) *Hidalgo,* großgeschrieben, bleibt auch im Deutschen, da es eine Art Titel ist.
Als Adjektiv bedeutet es « edel, adelig, vornehm ». Im Mittelalter waren *hidalgos* solche Leute, die nicht von ihrer Hände Arbeit, sondern von ihren Ländereien lebten. Sie wurden *hidalgos* genannt, auch wenn sie keinen Adelstitel besaßen.
Vielleicht haben Sie bemerkt, dass es ein Zusammenschluss ist aus *hijo de algo* — *hijodalgo* also « Sohn von etwas ».

7 Reist man weiter nach Süden, kommt man nach Huesca, dem ehemaligen römischen Osca; und dann nach Saragossa, dessen Name von Cäsar Augustus — Cæsaraugusta — kommt.

8 Saragossa, Industrie- und Universitätsstadt, umgeben von Obst- und Gemüsegärten, die vom Ebro bewässert werden, ist die Hauptstadt der autonomen Comunidad.

9 Auf dem Weg nach Valencia, inmitten einer weitreichenden Gebirgskette, trifft man auf die stolze Stadt Teruel.

10 Teruel ist das Ende der Straße (Route) des aragonesischen « Mudéjar », die — natürlich — durch Tarazona, das « Toledo Aragoniens », führt.

11 Außer für seine Türme und andere Monumente des Mudéjarstils, ist Teruel auch als « Stadt der Liebenden » bekannt.

12 Die Feier der « Semana Santa » [Karwoche] im südlichen Aragonien weist einzigartige Besonderheiten auf.

13 Besonders erwähnenswert ist die Karwoche von Híjar, wo ab Mitternacht des Gründonnerstags hunderte von Trommeln widerhallen, die von den Dorfbewohnern geschlagen werden.

14 Der eindrucksvolle Umzug durch die mit Fackeln erleuchteten Straßen des Dorfes endet um Mitternacht des Ostersamstags.

(5) Als « *mudéjar* » wurden nach der Zurückeroberung Spaniens die unter christlicher Herrschaft lebenden Mauren bezeichnet, die ihre Religion und ihre Gebräuche nicht aufgaben. Es gibt in Spanien, insbesondere im Süden, noch viele Bauwerke im Mudéjarstil (*arte mudéjar*), in denen viele islamische Elemente zu finden sind.

(6) In der gothischen Kirche von San Pedro sollen die beiden « Liebenden von Teruel » ruhen. Die « Liebenden », Diego de Marcilla und Isabel de Segura, sind die beiden Hauptfiguren einer Legende oder Liebesgeschichte, die, wie bei Romeo und Julia, in den Tod führt.

15 Si se toma la carretera que va de Zaragoza a Madrid se encontrará, al atravesar el valle del Jalón, a pocos kilómetros de Calatayud, el Monasterio de Piedra cuyo parque es un conjunto incomparable :

16 luz, agua, vegetación y rocas se armonizan, a lo largo de un recorrido fascinante, como si se tratara de las notas de una sinfonía.

17 El aragonés, como el entorno en que vive, es natural y acogedor.

18 En cuanto al folklore baturro hay que decir que es uno de los más conocidos fuera de España ya que está centrado en torno a la famosa « jota ». **(7)**

19 Y en lo que respecta a la gastronomía son de destacar el pollo y el cordero al chilindrón así como el bacalao a la baturra.

20 ¿El vino más representativo de la región ? -El de « Cariñena ».

NOTAS

(7) *El folklore baturro* (oder *aragonés*) : aragonische Folklore. *Baturro* heißt aragonisch, aber auch Bauer. Es bezeichnet die beiden Eigenschaften, die laut Volksmund typisch für die Aragonier sind : Entschlossenheit (oder im negativen Sinn Dickköpfigkeit) und Offenheit.
Die Aragonier sind in Spanien als *los maños* bekannt. *Maño, maña* ist eine in Aragonien sehr geläufige und liebevolle Anrede für die Person, die man anspricht.
Als Ausruf kann ¡*Maño* ! auch Verdammt ! bedeuten. Teufel auch ! (Ärger) oder Na sowas ! (Überraschung).

EJERCICIO I. 1. Le gusta mucho esquiar. **2.** Era la casa cuyas ventanas estaban abiertas. **3.** Usted llegará siguiendo esta carretera. **4.** En la Edad Media, la palabra « hidalgo » tenía otro sentido. **5.** Aunque es sueco habla italiano como si tratara de su lengua materna.

15 Nimmt man die Straße von Saragossa nach Madrid, trifft man, wenige Kilometer von Calatayud entfernt nach Durchqueren des Tales des Jalón, auf das « Monasterio de Piedra », dessen Park ein unvergleichliches Bild abgibt :

16 Licht, Wasser, Vegetation und Felsen harmonieren während der ganzen faszinierenden Fahrt in so perfektem Zusammenspiel, als seien sie die Noten einer Symphonie.

17 Der Aragonier ist, ganz wie sein Lebensraum, natürlich und gastfreundlich.

18 Bezüglich der aragonesischen Folklore muss gesagt werden, dass sie eine der bekanntesten außerhalb Spaniens ist, da in ihrem Mittelpunkt der berühmte « Jota-Tanz » steht.

19 Was die Küche betrifft, weisen wir besonders auf Hühnchen und Lamm « al chilindrón » hin, wie auch auf den Kabeljau « a la baturra ».

20 Der für die Region typische Wein ? Der « Cariñena ».

Ejercicio I. 1. Er fährt gerne Ski. **2.** Das war das Haus, dessen Fenster offenstanden. **3.** Wenn Sie dieser Straße folgen, werden Sie dort ankommen. **4.** Im Mittelalter hatte das Wort « hidalgo » einen anderen Sinn. **5.** Obwohl er Schwede ist, spricht er Italienisch als wäre es seine Muttersprache.

EJERCICIO II

1. *Als ihm klar wurde, dass es spät war, nahm er ein Taxi.*

 .... de que ... ., cogió un taxi.

2. *Ich bevorzuge Wassersport.*

 .... acuáticos.

3. *Außer für seine Entschlossenheit ist der Aragonier auch für seine Offenheit bekannt.*

 .... determinación .. .. franqueza.

LECCIÓN VEINTICINCO

Una mañana, temprano

1 La ciudad comienza a despertarse. Poco a poco, el ruido de fondo se hace más intenso.

2 El tráfico va haciéndose denso : los primeros taxis y autobuses han de compartir la calzada con las furgonetas de reparto y los coches de quienes comienzan el trabajo a primera hora. **(1)**

3 Algunas tiendas ya empiezan a abrir sus puertas.

4 Delante de mí, un joven con delantal y en mangas de camisa riega airoso un trozo de acera en el que se amontonan desordenadas las mesas y sillas de la « terraza ». **(2)**

NOTAS

(1) *Va haciéndose denso* : wird immer dichter.
Recuerde : *ir* + Gerundium drückt im Spanischen eine Entwicklung aus (siehe auch Anmerkung 3, Lektion 19).

4. *In dieser Sache ist besonders erwähnenswert...*

.. .., ...

5. *Bezüglich der Reparaturkosten kann ich Ihnen im Augenblick nichts sagen.*

.. .. coste de la reparación, ... decirle .... por el momento.

Corrección del ejercicio II. 1. Como se diera cuenta - - era tarde, - - - **2.** Prefiero los deportes -. **3.** Además de por su - el aragonés es conocido por su -. **4.** En este asunto, es de destacar... **5.** En cuanto al - - - -, no puedo - nada - - -.

25. LEKTION

Eines frühen Morgens

1 Die Stadt beginnt zu erwachen. Allmählich wird die Geräuschkulisse lauter.

2 Der Verkehr wird immer dichter : die ersten Taxis und Autobusse müssen die Straße mit den Lieferwagen und den Autos derer teilen, die sehr zeitig mit der Arbeit beginnen.

3 Einige Geschäfte sind schon dabei, (ihre Türen) zu öffnen.

4 Vor mir gießt ein junger Mann fesch mit Schürze und in Hemdsärmeln ein Stück des Bürgersteigs, wo sich in totalem Durcheinander die Tische und Stühle der « Terrasse » auftürmen.

Das Gleiche gilt für Satz 1 : *se hace más intenso* : wird immer lauter (intensiver). Beide Male wird ausgedrückt, dass etwas vor sich geht, allerdings deutet *ir* + Gerundium an, dass es sich um eine länger dauernde Entwicklung handelt (siehe Lektion 21).

(2) Terrassen sind in Spanien sehr beliebte Straßencafés. Sie sprießen im Frühling bei den ersten Sonnenstrahlen wie Pilze aus dem Boden.

5 Junto a una boca de metro en cuyas escaleras silbotea un barrendero, una máquina de fotos, sostenida por dos manos japonesas, mira fijamente a una señora que grita : **(3)**

6 — « ¡El de la suerte ! ¡El de la suerte para hoy ! » **(4)**

7 Me siento en una terraza y al poco se presenta ante mí un camarero de un blanco y negro impecables.

8 — « ¡Buenos días, señorita ! ¿Qué desea tomar ?

9 — Un mosto, por favor. **(5)**

10 — Ahora mismo. »

11 A poca distancia de donde estoy, un vendedor ambulante se desgañita para atraer la atención de los transeúntes :

12 — « ¡Botijos ! ¡El arte al alcance de todos los bolsillos ! ¡Regalen botijos ! ¡Compren botijos ! »

13 Aparato fotográfico en bandolera, con camisa hawaiana y pantalones cortos se acerca un hombre al vendedor y pregunta :

14 — « ¿Para qué sirve ?

NOTAS

(3) *Cuyo, cuya, cuyos, cuyas.* Geht diesem Relativpronomen eine Präposition voraus, ist die Konstruktion analog dem Deutschen.
Una calzada en cuyo centro... : eine Straße, in deren Mitte ...
In Lektion 28 erfahren Sie alles zu den Besonderheiten dieser Pronomen.

(4) *¡El de la suerte !* (Das Glückslos) : ist ein oft verwendeter Reklameruf der Verkäufer von Lotteriescheinen oder « *cupones pro ciegos* ».

5 Nahe einem Metro-Eingang, auf dessen Treppe ein Straßenkehrer pfeift, fixiert ein von zwei japanischen Händen gehaltener Fotoapparat eine Frau, die ruft :

6 — Das Glückslos ! Das Glückslos von heute !

7 Ich nehme auf einer Terrasse Platz und kurz darauf erscheint (vor mir) ein in tadellosem Schwarz-Weiß gekleideter Ober.

8 — Guten Tag, Señorita ! Was darf es sein ?

9 — Einen Federweißer, bitte.

10 — Sofort.

11 Wenige Schritte entfernt (von mir), schreit sich ein Straßenhändler die Seele aus dem Leib, um die Aufmerksamkeit der Passanten auf sich zu lenken :

12 — Trinkkrüge ! Eine Kunst, die sich jeder leisten kann ! Schenken Sie Trinkkrüge ! Kaufen Sie Trinkkrüge !

13 Ein Mann mit umgehängtem Fotoapparat, Hawaiihemd und kurzen Hosen geht auf den Verkäufer zu und fragt :

14 — Wozu dient das ?

Die *ONCE (Organización Nacional de Ciegos Españoles* = Nationale Organisation der spanischen Blinden) organisiert eine tägliche Lotterie-Ziehung. Die Scheine (*cupones*) werden jeden Tag von den Blinden, die für die Organisation arbeiten, verkauft, und ein großer Teil der Einnahmen geht an die Blinden selbst.
Dieses Lotteriespiel ist in bestimmten Bevölkerungsschichten sehr verwurzelt.

(5) Der *mosto* (Federweißer) ist ein in Spanien sehr beliebter Aperitif, der aus noch nicht vergärtem Traubensaft besteht, d. h., es ist noch kein Alkohol.
In Spanien wird der *mosto* mit oder ohne Eis getrunken und mit einer Zitronenscheibe und einer Sauerkirsche serviert. Man nimmt auch gerne « *tapas* » dazu. Außerdem enthält er keinen Alkohol, deshalb darf man ruhig *pisar* (oder *apretar*) *el acelerador al empinar el codo* (aufs Gaspedal treten, wenn man vom Tisch aufgestanden ist (die Ellenbogen gehoben hat)).

15 — Para tener siempre al alcance agua fresquita. ¡« Souvenir of Spain », señor ! » -y... solícito, el vendedor empina su botijo y, sin dejar caer una gota, echa un « trago de demostración » ; **(6)**

16 acto seguido, tendiéndole el botijo, invita a su cliente a que le imite.

17 El turista, perplejo, parece no comprender y pregunta :

18 — « ¿Cuánto cuesta ?

19 — Mil doscientas. Mil doscientas pesetas » -suelta sin dudar el granuja. **(7)**

20 El hombre escudriña la mirada de su compañera, como si buscara aprobación.

21 En ese momento se detiene ante el tenderete una señora que, por lo que sobresale de su bolsa, parece venir del mercado ; y también pregunta :

22 — « ¿A cuánto están ?

23 — A ochocientas cincuenta, señora. ¡Regalados, señora ! ¡Regalados ! **(8)**

NOTAS

(6) *Alcanzar* : erreichen, erfassen, einholen, treffen.
Alcanzar a alguien : jemanden einholen.
Alcance : Reichweite, Bereich.
Fuera de alcance : außer Reichweite.
Al alcance de la mano : griffbereit, in Reichweite.
Al alcance de todos los bolsillos (Satz 12) : für jeden Geldbeutel erschwinglich.
Un descubrimiento (noticia etc.) *de mucho alcance* : eine Entdeckung (Neuigkeit usw.) von großer Bedeutung.

(7) *Suelta sin dudar el granuja* : lässt der Gauner (der Halunke) ohne zu zögern los.
Das Verb *soltar* hat grundsätzlich zwei Bedeutungen : loslassen, im Sinne von « vom Stapel lassen » und losmachen, im Sinne von befreien.
Suéltame : lass mich los.
Soltar mil pesetas : tausend Peseten « locker machen ».
Soltar la lengua : die Zunge lösen.
Soltar la risa : in Lachen ausbrechen.
Soltar un grito : einen Schrei ausstoßen.
¡Venga, suelta ! Na los, rück' es raus !
Se me han soltado los cordones de los zapatos : meine Schnürsenkel sind aufgegangen.

15 — Um immer kühles Wasser griffbereit zu haben. « Souvenir of Spain », mein Herr ! — und ... eifrig hebt der Verkäufer seinen Krug und genehmigt sich, ohne einen Tropfen zu verschütten, einen « Vorführschluck ».
16 Gleich darauf hält er seinem Kunden den Trinkkrug hin und fordert ihn auf, es ihm gleich zu tun.
17 Der verlegene Tourist scheint nicht zu verstehen und fragt :
18 — Wieviel kostet das ?
19 — Tausendzweihundert. Tausendzweihundert Peseten, lässt der Gauner ohne zu zögern los.
20 Der Mann schaut seiner Begleiterin forschend in die Augen, als suche er Zustimmung.
21 In diesem Moment bleibt eine Frau vor dem Stand stehen, die nach dem Inhalt ihrer Einkaufstasche zu schließen, gerade vom Markt kommt ; auch sie fragt :
22 — Wieviel kosten die ?
23 — Achthundertfünfzig, meine Dame, Geschenkt, meine Dame ! Geschenkt !

Soltar hat zwei Partizipien der Vergangenheit : *soltado* und *suelto*.
Die regelmäßige Form wird in den zusammengesetzten Zeiten verwendet, die unregelmäßige Form als Adjektiv.
He soltado el perro : ich habe den Hund losgelassen.
No tengo suelto : ich habe kein Kleingeld.

(8) *Regalar* : schenken.
¡Regalado, señora ! : Das ist doch geschenkt, meine Dame !

24 — ¡Qué barbaridad ! ¡Qué precios ! ¡Cómo se está poniendo la vida ! » -y la buena señora sigue su camino. **(9)**

25 Yo me levanto, sonrío y prosigo alegre mi paseo matinal. **(10)**

NOTAS

(9) *¡Qué barbaridad !* : Ungeheuerlich ! Unglaublich ! *¡Cómo se está poniendo la vida !* Das Leben wird immer teurer.

EJERCICIO I. 1. Ésa es la cafetería en cuya terraza tomamos ayer el aperitivo. **2.** Es una suerte que hayáis podido venir. **3.** Déjame el diccionario al alcance de la mano, creo que lo necesitaré. **4.** Si usted tuviera suelto, me vendría bien **5.** ¡Qué baridad ! Hay muchisimo tráfico.

EJERCICIO II
Suchen Sie die 13 unregelmäßigen Verben dieser Lektion heraus und ordnen Sie sie jeweils einer der 12 Gruppen zu. Zögern Sie nicht, im Zweifelsfall auf den Seiten 366 ff. nachzuschauen !

	Verb	Gruppe		Verb	Gruppe
1.			8.		
2.			9.		
3.			10.		
4.			11.		
5.			12.		
6.			13.		
7.					

24 — Unglaublich ! Welche Preise ! Wie teuer das Leben wird ! — und die gute Frau geht weiter ihres Weges.

25 Ich stehe auf, lächle und setze fröhlich meinen Morgenspaziergang fort.

(10) *Proseguir* — verfolgen, fortfahren — wird wie *seguir* (folgen), Satz 24, konjugiert, und *sonreír* (lächeln) wie *reír* (lachen). Siehe auch Seite 371 und 373, Liste der unregelmäßigen Verben.
Die Verben mit Präfix werden immer analog den « einfachen » Formen konjugiert, z.B. *atraer* (anziehen) wie *traer* (Satz 11) und *detener* (anhalten, stehenbleiben) wie *tener* (Satz 21).
Nur die Formen von *decir* weisen einige Besonderheiten auf, aber darauf kommen wir später zurück.

Ejercicio I. 1. Das ist die Cafeteria, auf deren Terrasse wir gestern einen Aperitif getrunken haben. **2.** Wirklich ein Glück, dass ihr kommen konntet. **3.** Lass das Wörterbuch in meiner Reichweite, ich glaube, ich werde es brauchen. **4.** Ich wäre froh, wenn Sie Kleingeld hätten. **5.** Unglaublich ! Es ist wahnsinnig viel Verkehr.

Corrección del ejercicio II. 1. Comenzar - 1° - **2.** Depertarse - 1° - **3.** Empezar - 1° - **4.** Regar - 1° - **5.** Sentarse - 1° - **6.** Servir - 6° - **7.** Tender - 1° - **8.** Parecer - 3° - **9.** Costar - 2° - **10.** Soltar - 2° - **11.** Seguir - 6° - **12.** Sonreír - 7° - **13.** Proseguir - 6° -.

LECCIÓN VEINTISÉIS

Francisco de Goya y Lucientes

1 Goya nació en Fuendetodos -Zaragoza-, en 1746.

2 Dio sus primeros pasos como pintor en Zaragoza, Madrid e Italia, país al que viajó en 1771 y en el que se puso en contacto con la obra pictórica más sobresaliente de Europa. **(1) (2)**

3 En 1773 llegó a Madrid y contrajo matrimonio con la hermana de Francisco Bayeu, pintor de la Corte. **(3)**

4 Poco a poco se convierte en el pintor predilecto de ésta ; bajo Carlos IV, es nombrado pintor del rey. **(4)**

5 En 1792 fue atacado por una grave enfermedad que le dejó sordo.

6 El hasta entonces pintor de un mundo alegre se concentra en sí mismo. **(5)**

7 El nuevo Goya abandona el Rococó y comienza a explorar los más oscuros recodos del alma humana, convirtiéndose en testigo ardoroso de las fuerzas ocultas que la habitan.

NOTAS

(1) *Dar un paso* : einen Schritt tun.
Dar los primeros pasos : die ersten Schritte tun.

(2) **Recuerde** : ... *Italia, país al que viajó* : Italien, Land wohin er reiste. Diese Konstruktion ist im Spanischen sehr gebräuchlich. Im Deutschen wird meistens ein neuer Satz gebildet, z.B. mit « dort » usw., oder das Substantiv wird wiederholt.

(3) *Contraer* : (ab-)schließen, übernehmen ; zusammenziehen.
Contraer deudas (endeudarse) : Schulden machen.
Contraer matrimonio : heiraten, eine Ehe eingehen.
Contraer matrimonio con : die Ehe eingehen mit.

(4) *Predilecto* : bevorzugt.
El alumno predilecto : Lieblingsschüler.
Tierra predilecta de los artistas : das bevorzugte Land der Künstler.

26. LEKTION

Francisco de Goya y Lucientes

1 Goya wurde 1746 in Fuendetodos, Saragossa, geboren.

2 Seine ersten Schritte als Maler tat er in Saragossa, Madrid und in Italien, wohin er 1771 reiste und wo er mit der herausragendsten Malkunst Europas in Berührung kam.

3 1773 kam er nach Madrid und heiratete die Schwester des Hofmalers Francisco Bayeu.

4 Allmählich wird er dort zum bevorzugten Maler und wird unter Carlos IV zum Maler des Königs ernannt.

5 1792 erkrankte er schwer und verlor sein Gehör.

6 Der Maler, der bis dahin [immer] eine heitere Welt wiedergegeben hatte, zieht sich nun in sich selbst zurück.

7 Der neue Goya gibt das Rokoko auf und beginnt, die dunkelsten Tiefen der menschlichen Seele zu erforschen und wird [somit] glühender Zeuge der verborgenen Kräfte, die dort hausen.

(5) *El hasta entonces...* ist die verkürzte Form von : *él que había sido hasta entonces...* : er, der bis dahin immer ...
Der bestimmte Artikel *el*, *la*, *los* und *las* wird zum Pronomen, wenn ein Substantiv, z. B. vor einem Relativsatz ausgelassen wird. Er wird dann mit « derjenige, demjenigen », usw. übersetzt : *Tu punto de vista y él (punto de vista) de tu amiga* : Dein Standpunkt und derjenige deiner Freundin ; « *él* » wird in diesem Fall akzentuiert.

8 Reflejo de ello serán los Caprichos -El sueño de la razón produce monstruos. **(6)**

9 En esos grabados, la fealdad, llevada en ocasiones hasta los límites de lo monstruoso, constituye el medio expresivo de los innumerables rasgos de la maldad y de la estupidez humanas.

10 Crímenes, locura y todo tipo de desafueros son representados por seres de pesadilla, deformes, repulsivos, inhumanos.

11 En 1808 Goya presenció en Madrid las primeras escenas de la Guerra de la Independencia, que recogerá en la serie « Los Desastres de la guerra » unos años más tarde.

12 A partir de 1814, alejado de la Corte, realiza dos series de grabados : Los Disparates y La Tauromaquia. **(7)**

13 A la vuelta del absolutismo, en 1824, se exilia en Burdeos, donde muere en 1828.

14 La pintura de Goya influyó en numerosos pintores del siglo XIX y XX.

15 El romanticismo — Delacroix — supo captar su gran sentido del color y del inconformismo.

NOTAS

(6) *Reflejo de ello*: (wörtlich) Widerspiegelung davon. *Ello* wird im Nominativ immer durch *esto, eso* ersetzt, kommt also nur in Verbindung mit Präpositionen vor. Näheres dazu in Lektion 28.

8 « Los Caprichos » geben dies wieder — Der Schlaf der Vernunft gebiert Ungeheuer (der Schlaf des Verstandes produziert Monster).

9 In diesen Radierungen ist die Hässlichkeit, oft bis an die Grenzen der Monstruosität getrieben, das Ausdrucksmittel für die unzähligen Züge menschlicher Bosheit und Dummheit.

10 Greuel (Verbrechen), Wahnsinn und alle Arten von Gewalttaten werden durch albtraumartige, missgebildete, abstoßende, unmenschliche Wesen dargestellt.

11 1808 wurde Goya in Madrid Augenzeuge der ersten Szenen des Unabhängigkeitskrieges, die er einige Jahre später in seiner Serie « Los Desastres de la guerra » wiedergab.

12 Ab 1814, als er den Hof verlassen hatte (vom Hof entfernt), schuf er zwei Serien von Radierungen « Los Disparates » und « La Tauromaquia ».

13 Mit der Rückkehr des Absolutismus geht er 1824 nach Bordeaux ins Exil, wo er 1828 stirbt.

14 Die Malerei Goyas beeinflusste zahlreiche Maler des 19. und 20. Jahrhunderts.

15 Die Romantik — Delacroix — wusste seinen (großen) Sinn für Farben und Nonkonformismus zu erfassen.

Vergessen Sie nicht, ab und zu mal zurück zu blättern und die eine oder andere Lektion zu wiederholen.

(7) *Los Disparates* (großgeschrieben) : Titel einer Serie von Radierungen von Goya.
¡Ojo !
Un disparate : Dummheit, Unsinn, Quatsch.
¡Qué disparate ! : So ein Blödsinn !
Soltar un disparate : eine Dummheit von sich geben.

16 El realismo — Daumier — describe con un estile semejante lo vulgar, lo feo y lo contrahecho. **(8)**

17 El impresionismo, a través de Manet, encuentra en él un maestro en la percepción rápida de los matices cambiantes de las cosas.

18 El expresionismo y el surrealismo quedan esbozados ya en sus « pinturas negras ».

19 Goya fue testigo y profeta de un mundo en crisis.

EJERCICIO I. 1. ¿En qué fecha y dónde nació usted? **2.** Hizo sus estudios en la Universidad de Salamanca. **3.** Me puse en contacto con él la semana pasada. **4.** Por su competencia, fue nombrado director. **5.** Ha vivido alejado de su ciudad natal durante años.

EJERCICIO II

1. *Ich erzähle dir später davon.*

   .. ..

2. *Einige seiner Charakterzüge lassen mich an seine Schwester denken.*

   ....

3. *Er sagte mir, er habe einen Albtraum gehabt.*

   .. ..

4. *Welche Maler ziehen dich am meisten an ?*

   ¿...... ... ... ?

16 Der Realismus — Daumier — beschreibt in ähnlichem Stil Vulgarität, Hässlichkeit und Missbildung.
17 Der Impressionismus findet in ihm, durch [das Werk von] Manet, einen Meister im schnellen Erfassen von wechselnden Nuancen der Dinge.
18 Der Expressionismus und der Surrealismus skizzieren sich bereits in seinen « schwarzen Malereien ».
19 Goya war Zeuge und Prophet einer Welt im Umbruch (in Krise).

NOTAS

(8) Adjektive, Ordungszahlen und Possessivpronomen können mit *lo* substantiviert werden.
Lo bueno siempre es caro: das Gute ist immer teuer.
Diese Eigenschaft oder dieser Zustand sind dann immer im generellen oder absoluten Sinn gemeint: *lo difícil...*: das Schwierige; *lo maravilloso*: das Wunderbare.
Die gleiche Konstruktion gibt es auch mit Partizipien oder Adverbien: *Lo hecho, hecho está*: was getan ist, ist getan.

Ejercicio I. 1. Wann und wo sind Sie geboren? **2.** Er hat an der Universität Salamanca studiert. **3.** Ich habe letzte Woche Kontakt mit ihm aufgenommen. **4.** Aufgrund seiner Kompetenz wurde er zum Direktor ernannt. **5.** Jahrelang wohnte er fern von seiner Geburtsstadt.

5. *Das Interessante wäre, dass man den Prado besichtigen könnte.*

.. ..

Corrección del ejercicio II. 1. Te hablaré de ello más tarde. **2.** Ciertos rasgos de su personalidad me hacen pensar en su hermana. **3.** Me dijo que había tenido una pesadilla. **4.** ¿Cuáles son los pintores que más te atraen? **5.** Lo interesante sería poder visitar el Prado.

LEKTION 26

LECCIÓN VEINTISIETE

Vivir a plazos

1 Ya no es como antes.

2 Antes se ahorraba y se gastaba ; ahora se gasta y se pide prestado para poder gastar todavía más. **(1)**

3 Una de las consecuencias del « boom » económico de los sesenta ha sido, en efecto, el progresivo incremento de la « credi-dependencia ».

4 Todo está organizado para que el piso, el televisor, el coche, la lavadora y el lavavajillas, por no citar más que algunos ejemplos, puedan pagarse en « cómodos » plazos. **(2)** **(3)**

5 A los « crediadictos » puede agarrarles el « mono », de la manera más inesperada, delante de cualquier escaparate. **(4)**

NOTAS

(1) *Pedir* oder *tomar prestado :* leihen, borgen.
Pedir dinero prestado : Geld leihen.
Tomar el camino más corto : den kürzesten Weg nehmen.
Un préstamo : ein Darlehen, eine Anleihe.

(2) *... pueden pagarse...* können gezahlt werden.
Es ist zu beachten, dass im Spanischen häufiger das Aktiv oder die Reflexivform als das Passiv verwendet wird. Diese Reflexivform kennt das Deutsche nicht, eine Übersetzung erfolgt durch eine Passivkonstruktion oder durch « man » + Verb im Aktiv ; im Spanischen findet diese Form häufig Anwendung.
Un televisor puede comprarse a plazos. Die deutsche Übersetzung kann also lauten : Ein Fernsehgerät kann auf Raten gekauft werden — oder — man kann ein Fernsehgerät auf Raten kaufen.
(Sehen Sie auch Satz 10 : *... que circulan ...* .... die im Umlauf sind ...)

27. LEKTION

Auf Kredit leben

1 Es ist nicht mehr wie früher.

2 Früher sparte man und gab [Geld] aus ; heutzutage gibt man [Geld] aus und leiht sich etwas, um noch mehr ausgeben zu können.

3 Eine der Folgen des wirtschaftlichen Booms der sechziger Jahre war tatsächlich der fortschreitende Anstieg der « Kreditabhängigkeit ».

4 Alles ist organisiert, damit die Wohnung, das Fernsehgerät, das Auto, die Waschmaschine und die Spülmaschine, um nur einige Beispiele zu nennen, in « bequemen » Raten bezahlt werden können.

5 Die « Kreditabhängigen » können beim Anblick eines beliebigen Schaufensters auf ganz unerwartete Weise von « Entzugserscheinungen » ergriffen werden.

(3) *Comprar a plazos :* auf Raten kaufen.
Plazo : Frist. *Un plazo de una semana :* eine Frist von einer Woche.
En el plazo de un mes : Innerhalb einer Frist von einem Monat.
A plazo vencido : bei Verfall.
A corto plazo : kurzfristig.
A plazo medio : mittelfristig.
A largo plazo : langfristig.
Plazo bedeutet sowohl Frist als auch Zeitraum, kann aber auch im Sinne von Termin, Verfall, Fälligkeit, z. B. bei Krediten, verwendet werden.
Der Ausdruck *pagar en cómodos plazos* ist eine Schöpfung der Werbung und will dem Kunden suggerieren, dass die aufgenommenen Kredite ohne Schwierigkeiten später abzuzahlen sind. Analog existiert ja auch der deutsche Ausdruck « in bequemen Raten zahlen ». Aber *cómodo* entspricht auch in herkömmlicher Bedeutung dem deutschen « bequem » : *¡Póngase cómodo !* Machen Sie es sich bequem !

(4) *Un mono :* ein Affe.
In der familiären Sprache bedeutet *mono, -a* -Adjektiv- hübsch, niedlich.
In der Umgangssprache bedeutet *el mono* « Mangelzustand », Entzugserscheinung bei Drogenabhängigkeit.

6 Y, hoy en día, ya no es necesario llevar dinero encima ; uno puede salir a la calle sin la cartera e incluso sin el talonario de cheques. **(5) (6)**

7 Basta con llevar la tarjeta de crédito : milagroso pedacito de materia plástica con el que se pueden resolver las más diversas urgencias. Y... ¡adelante ! **(7)**

8 Los grandes almacenes no sólo se complacen en aceptar diferentes tarjetas de crédito ; facilitan además la apertura de cuentas interiores ;

9 no es ya sólo cuestión de que el consumidor muerda el anzuelo, sino que además ¡tiene que morder el polvo ! **(8)**

10 Restaurantes, agencias de viajes, hoteles, etc. también aceptan gustosos distintas tarjetas de crédito de las muchísimas que circulan avaladas por poderosísimos consorcios : auténticos « camellos » del crédito. **(9) (10)**

11 En caso de necesidad extrema de dinero en efectivo, se puede conseguir una « dosis » que permita salir del apuro en uno de los cajeros automáticos que,

12 durante las veinticuatro horas del día, « hacen la carrera », ya sea en las avenidas ya en alguna sórdida callejuela de la ciudad. **(11) (12)**

NOTAS

(5) *Encima :* oben, obenauf, darüber hinaus.
Encima de : auf. *Encima de* (oder *sobre*) *la mesa :* auf. dem Tisch.
Por encima de : darüber, hinüber. *Por encima de todo :* über allem.
Das Adverb *encima* tritt mit häufig wechselnden Bedeutungen auf, je nachdem mit welchem Verb oder mit welcher/welchen Präposition/en es zusammensteht.
Beachten Sie : *Llevar encima :* an-, mithaben, auch : auf dem Rücken tragen.

6 Und heutzutage ist es nicht einmal mehr nötig, Geld bei sich zu haben ; man kann ohne Brieftasche und sogar ohne Scheckheft auf die Straße gehen.

7 Es genügt, die Kreditkarte mitzunehmen, dieses wunderbare Stückchen Plastik, mit dem sich die verschiedensten Engpässe beseitigen lassen. Und ... weiter geht's !

8 Die Kaufhäuser sind nicht (nur) bereit, verschiedene Kreditkarten zu akzeptieren, sie bieten auch die Möglichkeit zur Eröffnung von hauseigenen Konten ;

9 es geht nicht allein darum, dass der Verbraucher den Köder schnappt, er soll auch abhängig werden (ins Pulver beißen) !

10 Restaurants, Reisebüros, Hotels usw. akzeptieren auch sehr gern verschiedene Kreditkarten aus der Vielzahl [derer], die im Umlauf sind und von sehr mächtigen Konsortien verbürgt werden ; wahrhafte Kredit-« Dealer ».

11 Im Fall von extremem Bargeld-Mangel ist es möglich, eine « Dosis », die einem aus der Not hilft, aus einem der Geldautomaten zu erhalten, die

12 sich 24 Stunden am Tag, sei es in den Hauptstraßen oder (sei es) in einer schäbigen Gasse der Stadt, feilbieten.

(6) Wenn das unbestimmte Pronomen *uno, -a* Subjekt im Satz ist, hat es den Sinn von « man ».
Dieser Satz könnte auch folgendermaßen lauten : *se puede salir a la calle.*

(7) *¡Basta ! :* Das reicht ! Das ist genug !
Basta con... : ... ist ausreichend...

(8) **Recuerde :** « nicht mehr » kann entweder mit *ya no* vor dem Verb oder mit *no ... ya* vor und hinter dem Verb gesagt werden.

(9) *Avalar :* Garantieren, für etwas oder jemanden bürgen.

(10) *Un camello :* ein Kamel. In der Umgangssprache ist *un « camello »* ein « Dealer », ein Drogenhändler.

(11) *Hacer la carrera* : auf den Strich gehen, sich prostituieren. Wie Sie bemerkt haben, werden in dieser Lektion Ausdrücke aus dem Drogen- und Suchtmilieu verwendet. Die Wortspiele funktionieren im Deutschen nicht immer genau gleich, wie z. B. in Satz 12.

(12) *Ya sea ... ya (sea) :* sei es ... sei es, entweder ... oder. *Bien.. o bien, sea ... o sea, o ... o, ya ... ya, bien sea.. bien sea* sind synonyme Formen.

13 Así pues, en la nueva « Sociedad de crédito » -en la que, por otra parte, cada vez son más numerosos los que creen cada vez menos- **(13)**

14 los « creditómanos » viven el « pelotazo » del crédito sin preocuparse por los estragos que causará el síndrome de abstinencia del que serán víctimas cuando, más tarde, Correos les transmita las facturas. **(14)**

NOTAS

(13) Wortspiel : *dar crédito* = Glauben schenken.

(14) *Pelota :* Ball. *Una pelota de tenis :* ein Tennisball.
Un pelotazo : ein Schlag von einem Ball. *En la playa ha recibido un pelotazo :* Am Strand hat er einen Ball (-schlag) abbekommen.
Genau wie das Suffix *-ón, -ona* (sehen Sie Anmerkung 1 von Lektion 12) drückt das Suffix = *-azo, -a* die Vorstellung von übermäßiger Größe aus, meist abschätzig gemeint : *Unas orejazas :* sehr große Ohren ; *unos bigotazos :* sehr große, riesige Schnurrbärte. Das Suffix

EJERCICIO (repase el vocabulario)

Ahorrar	sparen
Apertura de una cuenta corriente	Eröffnung eines Girokontos
Ampliar un acuerdo	eine Abmachung ausweiten (erweitern)
Ampliación de capital	Kapitalerhöhung
Avalar	bürgen, garantieren
Cajero automático	Geldautomat
Cartera	Brieftasche
en cómodos plazos	in bequemen Raten
Compañía de viajes	Reisegesellschaft
Comprar a plazos	auf Raten kaufen
Dinero en efectivo	Bargeld
Escaparate	Schaufenster
Factura	Rechnung
Furgoneta de reparto	Lieferwagen (kleiner LKW)
Gastar	ausgeben (Geld), abnutzen

13 So erleben in der neuen « Gesellschaft der Schuldner und Gläubiger » — in der im Übrigen die Zahl derer, die immer weniger glauben, immer zahlreicher wird —

14 die « Kreditomanen » den « Rausch » des Kredits, ohne sich um das Unheil zu sorgen, das das Entzugssyndrom hervorruft, dessen Opfer sie sein werden, wenn die Post ihnen im Nachhinein die Rechnungen zustellt.

-azo, -a wird jedoch nicht nur als reine Vergrößerungsform angewandt, sehr oft drückt es eine plötzlich eintretende oder gewalttätige Handlung, einen Schlag oder einen Schuss aus, sei es mit einer Feuerwaffe, sei es mit einem Schlaggerät oder mit den Händen. *Un cañonazo :* ein Kanonenschlag, (-schuss); *Un martillazo :* ein Hammerschlag ; *Un codazo :* ein Stoß mit dem Ellenbogen ; *Un puñetazo :* ein Faustschlag.
El « pelotazo » bezeichnet in der Umgangssprache eine andere Art von « Schlag » : den « Flash » von dem bestimmte Personen sprechen, die Drogen nehmen, in etwa als ein « schlagartig » einsetzender Rauschzustand zu bezeichnen.

Incrementar	steigern, entwickeln, erhöhen
Incremento	Steigerung, Anstieg, Entwicklung
la jubilación	die Pensionierung
Ministro de Industria	Industrieminister
Plazo	Frist, Fälligkeit
a plazos	auf Raten, auf Kredit
a plazo vencido	bei Verfall
Pedir prestado	leihen, borgen
Préstamo	Darlehen, Kredit
Prestar	verleihen
Progresivo incremento de las ventas	progressiver Anstieg der Verkäufe (des Umsatzes)
Propina	Trinkgeld, Taschengeld
Reivindicación salarial	Lohn-, Gehaltsforderung
Talonario de cheques	Scheckheft
Tarjeta de crédito	Kreditkarte
Tenderete	Verkaufsstand, Marktzelt
Vendedor ambulante	fliegender Händler

LECCIÓN VEINTIOCHO

Repaso y especificaciones

1. Der Gebrauch einiger Relativpronomen

A. Das Relativpronomen *que* bezieht sich auf Personen und Sachen.
La casa que me gusta : das Haus, das mir gefällt.
El vecino que vive enfrente : der Nachbar, der gegenüber wohnt.
Los alimentos que compré en el mercado : die Lebensmittel, die ich auf dem Markt gekauft habe.
Las señoras que ves allí : die Frauen, die du dort siehst.

B. *Que* wird auch nach kurzen, vor allem einsilbigen Präpositionen gebraucht und bezieht sich auf Sachen.
La fiesta a que me invitaron fue muy simpática : Die Party, zu der ich eingeladen wurde, war sehr nett.
La medicina con que me trataron : die Medizin, mit der ich behandelt wurde.
Quien bezieht sich auf Personen und steht hauptsächlich nach einsilbigen Präpositionen :
El amigo de quien te doy la dirección : der Freund, dessen Adresse ich dir gebe.
Las personas de quienes te hablo no podrán venir : die Personen, von denen ich dir erzähle, werden nicht kommen können.
Nach mehrsilbigen Präpositionen werden folgende Pronomen gebraucht : *el que / el cual, la que / la cual, los que / los cuales, las que / las cuales.* Sie beziehen sich auf Personen und Sachen. *La casa delante de la que está mi coche* : das Haus, vor dem mein Auto steht.
Mañana vienen unas chicas para las cuales tengo que preparar unas cosas : morgen kommen einige Mädchen, für die ich einige Sachen vorbereiten muss.

C. *Cuyo, a, os, as :* dessen, deren
(Sehen Sie Lektion 24, Anmerkung 1)
Dieses Relativpronomen stellt eine Possessivbeziehung zwischen dem Bezugswort (dem « Besitzer ») und dem nachfolgenden Substantiv her. Es wird folgendermaßen gebraucht :
— Es steht direkt vor dem zu bestimmenden Substantiv.
— Es richtet sich in Geschlecht und Zahl nach dem folgenden Substantiv und nicht wie im Deutschen nach dem vorhergehenden Substantiv (dem « Besitzer »).
Un manzano cuyas ramas se doblaban bajo la fruta : ein Apfelbaum, dessen Zweige sich unter dem Obst (der Last des Obstes) beugten.
« Escribir » es un verbo cuyo participio es irregular : « escribir » ist ein Verb, dessen Partizip unregelmäßig ist.

D. *Cuyo, a, os, as* wird auch mit Präposition gebraucht (Sehen Sie Lektion 25, Anmerkung 3).
Recuerdo aquella vecina con cuyos hijos yo jugaba : ich erinnere mich an jene Nachbarin, mit deren Kindern ich spielte.
El barrio por cuyas calles me gusta tanto pasear : das Stadtviertel, durch dessen Straßen ich so gerne spazierengehe.

E. Statt *cuyo, a, os, as* wird nachgestellt *del cual, de la cual, de los/las cuales* gebraucht. Bei unbestimmten Pronomen (*algunos, cada uno*) ist dies die einzig mögliche Konstruktion :
Había muchas chicas en la fiesta, algunas de las cuales no llegaron a tiempo : es waren viele Mädchen auf der Party, einige von ihnen kamen nicht pünktlich.
Hubo cuatro heridos dos de los cuales con bastante gravedad : es gab vier Verletzte, davon waren zwei schwer verletzt.

2. Der Gebrauch von « ello »

Das selbstständige Personalpronomen « *ello* » steht nur in Verbindung mit Präpositionen. Häufig kann man es im Deutschen mit « davon » übersetzen. (Sehen Sie auch Lektion 26, Anmerkung 5.)
El es un gran artista. Prueba de ello es su obra expuesta en la galería X. : Er ist ein großer Künstler. Davon zeugen seine Werke, die in der Galerie X ausgestellt sind.
Im Nominativ wird « *ello* » durch *esto, eso* ersetzt. Dabei liegt eine gewisse Betonung auf dem Pronomen.
Esto es evidente. : Es/das ist klar.
Ist keine Betonung erforderlich, so steht das verbundene Personalpronomen *lo.*
No lo digas a nadie : Sage es niemandem.

Ein Lerntipp: *Legen Sie sich Karteikarten an. Diese können Sie überall hin mitnehmen, in die U-Bahn, den Zug oder ins Wartezimmer beim Arzt. Vokabeln, die Sie schon « gespeichert » haben, können Sie ablegen und später wieder anschauen. Sie können Ihre Wörter jederzeit neu ordnen, umsortieren und systematisieren. Als Gedankenstütze könnten Sie z.B. auch passende Bilder zu den Wörtern zeichnen oder sich Merksätze dazu notieren. Und Ihr Erfolg wird sichtbar! Wenn Sie einen großen Stapel vor sich hinlegen können, haben Sie schon eine ganze Menge geschafft.*

Wenn Sie das Gefühl haben, dass Sie sich nicht alle Vokabeln einer Lektion merken können, blättern Sie auch öfter mal durch die zurückliegenden Lektionen. Je häufiger Sie sich mit einem Wort beschäftigen, desto besser bleibt es Ihnen auch im Gedächtnis.

Zum Lernen gehört – leider – auch das Vergessen. Um dem Vergessen vorzubeugen, gibt es einen sicheren Weg: das Wiederholen. Dabei gilt:

1. *Lieber regelmäßig wiederholen als sporadisch.*
2. *Besser in kleinen Einheiten wiederholen als in großen « Brocken ».*
3. *Bleiben Sie flexibel! Ein paar Karteikärtchen passen in jede Tasche, und bei geeigneter Gelegenheit können Sie sie hervorholen.*
4. *Überfrachten Sie Ihr Gedächtnis nicht. Was Sie schon können, brauchen Sie nicht ständig zu wiederholen.*

Seien Sie Ihr eigener Lehrer ... und versuchen Sie, es sich so einfach wie möglich zu machen. Eine wichtige Hilfe dabei sind z. B. eigene Merksätze oder Eselsbrücken. Dies hat gleichzeitig den positiven Nebeneffekt, dass Sie sich sehr intensiv mit dem Stoff auseinandersetzen und ihn so noch besser verinnerlichen werden.

LECCIÓN VEINTINUEVE

Vuelo 303

1 — « El avión procedente de Bilbao con destino a las Islas Canarias se encuentra en la pista. Se ruega a los señores viajeros del vuelo 303 de Iberia tengan la amabilidad de presentarse en la puerta de embarque número doce. » **(1)**
2 Un murmullo de excitación atraviesa la sala de espera.
3 A derecha e izquierda se oye - ¡Ven ! - ¡Vamos ! - ¡Es el nuestro ! - ¡Date prisa ! - ¡No olvides la máquina de fotos ! - ¡Dame eso !
4 Quien más quien menos, todos están un poco impacientes.
5 Alfonso se echa la mano al bolsillo de la chaqueta, por enésima vez, para comprobar que no ha olvidado el billete.

NOTAS

(1) Es gibt in der formellen Sprache und Geschäftssprache sogenannte feststehende Redewendungen, die nicht wörtlich übersetzt werden können. Sie müssen den Sinn dieser Redewendungen aus dem Textzusammenhang erkennen und eine gewisse « Dechiffrierarbeit » leisten. Haben Sie den Sinn einer Redewendung im Spanischen erkannt, dann müssen Sie versuchen, einen entsprechenden Ausdruck, der in dieser Situation im Deutschen üblich wäre, zu finden. Zum Beispiel Grußformeln in Briefen : Die Entsprechung für « Mit freundlichen Grüßen » wäre im Spanischen *Atentamente.*
Im vorliegenden Satz beachten Sie bitte einfach Folgendes : *Rogar :* bitten, anflehen.

29. LEKTION

Flug 303

1 « Das Flugzeug aus Bilbao kommend mit Ziel Kanarische Inseln befindet sich auf der Flugpiste. Wir bitten die Passagiere des Fluges 303 von Iberia sich zum Abflugschalter zwölf zu begeben. »

2 Ein aufgeregtes Murmeln breitet sich im Wartesaal aus.

3 Rechts und links hört man — Komm ! — Lass uns gehen ! — Das ist unserer ! — Beeil dich ! — Vergiss den Fotoapparat nicht ! — Gib mir das !

4 Der eine mehr, der andere weniger, alle sind ein bisschen ungeduldig.

5 Alfonso führt die Hand zum x-ten Mal zu seiner Jackentasche, um sich zu vergewissern, dass er das Flugticket nicht vergessen hat.

Se ruega no fumar : Bitte nicht rauchen ; Rauchen nicht gestattet od. Rauchen verboten = *prohibido fumar.*
Se lo ruego : ich bitte Sie darum.
Tener la amabilidad : die Freundlichkeit, Güte haben etwas zu tun.
Le agradezco por su amabilidad : Ich danke Ihnen für Ihre Freundlichkeit, sehr freundlich von Ihnen.
Tenga la amabilidad de sentarse : Setzen Sie sich bitte.
Le ruego tenga la amabilidad... : Würden Sie bitte ...

6 — Yo voy a tomar una pastilla contra el mareo. ¿Quieres tú también una? -pregunta Ana. **(2)**

7 — ¡No, gracias! Prefiero un chicle -responde Alfonso.

8 Con las prisas y los nervios, al abrir el bolso, se le caen al suelo las gafas de sol, el lápiz de labios y otros menudos objetos personales. **(3)**

9 Alfonso sonríe, se agacha, los recoge uno a uno y se los da a Ana que los mete desordenadamente en el bolso.

10 Una vez en el avión, al oír ponerse los motores en marcha, Ana coge la mano de Alfonso y la aprieta cariñosamente.

11 — Es nuestro primer viaje juntos -dice.

12 Alfonso la mira y le guiña el ojo con complicidad. **(4)**

NOTAS

(2) *Marearse :* Übelkeit verspüren, seekrank werden, reisekrank werden (Auto, Flugzeug).
Marear : Übelkeit verursachen, seekrank machen, durcheinander bringen.
Era una carretera con muchas curvas y los niños se han mareado : Es war eine Straße mit vielen Kurven und den Kindern ist übel geworden.
El mar estaba muy agitado y varios pasajeros se marearon : Das Meer war sehr unruhig und mehrere Passagiere sind seekrank geworden.
Mareo : Übelkeit (*nausea*), Seekrankheit — auf einem Schiff —, Schwindelanfall, Schwindelgefühl (*vértigo*).
Una pastilla contra el mareo : eine Tablette gegen Übelkeit, Reisetablette (gegen Seekrankheit, Reisekrankheit im Auto oder Flugzeug).
Después de su operación, le daban frecuentes mareos : nach seiner Operation hatte er häufig Schwindelanfälle.
Im übertragenen Sinn : *¡Me mareas con tantas preguntas ! :* Mir wird ganz schwindelig von deinen vielen Fragen !
Una pastilla (un comprimido) : eine Tablette.
Una pastilla de jabón : ein Stück Seife.
La píldora : die Pille.
Im übertragenen Sinn (familiäre Sprache) : *Tragarse la píldora :* auf den Leim gehen ; auch : die bittere Pille schlucken.
Dorar la píldora : die Pille versüßen.

6 — Ich werde eine Tablette gegen Reisekrankheit nehmen. Möchtest du auch eine ? fragt Ana.

7 — Nein, danke ! Ich nehme lieber einen Kaugummi — antwortet Alfonso.

8 Sie ist gehetzt und nervös und als sie die Tasche öffnet, fallen die Sonnenbrille, der Lippenstift und andere persönliche Kleinigkeiten auf den Boden.

9 Alfonso lächelt, bückt sich und sammelt eine nach der anderen auf und gibt sie Ana, die sie ungeordnet in die Tasche stopft (tut).

10 Nachdem sie im Flugzeug sitzen und hören, wie die Motoren gestartet werden, nimmt Ana Alfonsos Hand und drückt sie zärtlich.

11 — Es ist unsere erste gemeinsame Reise — sagt sie.

12 Alfonso schaut sie an und zwinkert ihr komplizenhaft zu.

(3) *Caer* : fallen, hinfallen, stürzen. Die reflexive Form dieses Verbs existiert im Deutschen nicht, wird allerdings im Kastilischen häufig benutzt. Es drückt eine plötzliche Bewegung aus (z. B. durch Verlieren des Gleichgewichts, einen Schlag usw.)
Caerse redondo : plötzlich zu Boden fallen (Ohnmacht usw.), umkippen.
Ha tropezado y se ha caído : er hat sich gestoßen und ist hingefallen.
Es gibt einige Verben, bei denen die Reflexivform dem Subjekt der Aktion den Sinn von Anstrengung bzw. einen Aspekt von Lebendigkeit, Aktivität, Spontaneität oder Absicht, ihm mehr Bedeutung verleiht und das Handeln interessanter erscheinen lässt :
Ha subido al tejado para limpiar la chimenea (reine Tatsache) ; *Se ha subido al tejado...* (mit gewisser Anstrengung) : er ist auf das Dach gestiegen, um den Schornstein zu reinigen.
Quedó solo : er blieb allein (man hat ihn allein gelassen).
Yo me quedo en casa : Ich bleibe zu Hause (weil ich es selbst will).
Lesen Sie in diesem Zusammenhang noch einmal Satz Nr. 5 : *Alfonso se echa la mano al bolsillo...* (mit der Absicht).

(4) *Guiñar :* jdm. (zu)zwinkern.
Guiñar el ojo : mit den Augen zwinkern.
Un guiño : ein Augenzwinkern.

13 Antes de despegar, mientras el comandante da a los pasajeros la bienvenida a bordo, una de las azafatas les ofrece la prensa del día. **(5)**

14 Poco después del despegue, comienzan a servir las cenas.

15 Al presentarles las bandejas, Alfonso sonríe amablemente, levanta la mano indicando que no desea cenar y dice :

16 — ¡Gracias ! Tomaré sólo un vaso de vino y luego café.

17 En la fila de atrás, un niño mira por la ventanilla y salpica de comentarios admirativos todo cuanto consigue distinguir : **(6)**

18 — ¡Mira, mira, papá ! ¡Una isla ! ¡Se ven las luces !

19 — Sí, sí, pero no grites tanto.

20 Unos minutos antes del aterrizaje, se comunica a los pasajeros las últimas consignas de seguridad :

21 — « Por favor, les rogamos apaguen los cigarrillos. »

22 « Abróchense los cinturones, nos disponemos a tomar tierra. »

23 El nerviosismo se despierta de nuevo y levanta una ola de susurros.

24 Instantes después, un ligero bote seguido de un ruido familiar indica que el avión avanza ya sobre la pista. **(7)**

NOTAS

(5) *Bienvenida :* Willkommen, Begrüßung.
Dar la bienvenida : jdn. willkommen heißen, jdn. begrüßen.

(6) *Salpicar :* bespritzen, spritzen, beschmutzen. Im übertragenen Sinn : besäen, würzen (Rede), spicken.
Los niños se salpican en la piscina : die Kinder bespritzen sich im Schwimmbad. *Tenía la camisa salpicada de aceite :* sein Hemd war mit Öl bekleckst. *Un texto salpicado de citas en latín :* ein Text gespickt mit lateinischen Zitaten.

13 Bevor sie abheben, während der Flugkapitän die Passagiere an Bord willkommen heißt, bietet ihnen eine der Stewardessen die Tagespresse an.
14 Kurz nach dem Abheben wird [damit] begonnen, das Abendessen zu servieren.
15 Als man ihnen die Tabletts reicht, lächelt Alfonso freundlich, hebt die Hand um anzuzeigen, dass er nicht zu Abend essen möchte und sagt :
16 — Danke ! Ich nehme nur ein Glas Wein und später Kaffee.
17 In der Reihe hinter ihnen schaut ein Kind aus dem Fenster und sprudelt vor bewundernden Kommentaren, sobald es etwas erkennen kann :
18 — Schau, schau, Papa ! Eine Insel ! Man sieht die Lichter !
19 — Ja, ja, aber schrei nicht so.
20 Einige Minuten vor der Landung erteilt man den Passagieren die letzten Sicherheitsregeln :
21 — « Wir bitten Sie, das Rauchen einzustellen. »
22 « Legen Sie die Sicherheitsgurte an, wir bereiten uns zur Landung vor. »
23 Die Nervosität erwacht wieder und bringt eine Welle von Wispern hervor.
24 Wenige Augenblicke später zeigt ein leichter Stoß, gefolgt von einem vertrauten Geräusch an, dass das Flugzeug bereits auf der Piste rollt.

(7) *Bote* (Schlag, Stoß, Sprung) ist ein Substantiv mit vielerlei Bedeutungen. Wir wollen einige betrachten :
Dose — *Un bote de leche condensada :* eine Dose Kondensmilch.
Boot — *Un bote salvavidas* — ein Rettungsboot.
Spielkasse — *¡Para el bote ! :* Für die (Spiel-)Kasse ! (in einer Gastwirtschaft), Trinkgeld.
Und ... einige Redewendungen !
— *De bote en bote :* gerammelt od. brechend voll sein (z. B. ein Lokal).
— *Darse el bote :* sich davonmachen, abhauen.
— *Estar en el bote :* unter Dach und Fach sein, geritzt sein.
— *Dar botes de alegría :* vor Freude in die Luft springen, Luftsprünge machen.
Vergessen Sie nicht *un salto :* ein Sprung. *Saltar de alegría :* vor Freude in die Luft springen.

25 Suspiros, caras sonrientes, miradas satisfechas traducen una contagiosa sensación de alivio.

26 Y enseguida, ¡la imaginación vuela ya a otra parte !

EJERCICIO I. 1. Les rogamos tengan la amabilidad de enviarnos los billetes por correo certificado. **2.** Hay que darse prisa, el tren va a salir. **3.** Me duele la cabeza, voy a tomar una pastilla. **4.** Quisiera comprar unas gafas de sol. **5.** Agáchate un poco, si no no se te verá en la foto.

EJERCICIO II

1. *Soviel Bewegung macht mich schwindlig.*

....

2. *Möchtest du einen Kaugummi ?*

¿....... .. .. ?

3. *Diesen Sonntag bleibe ich lieber zu Hause.*

....

4. *Er hat mir zugezwinkert, um mir zu sagen, dass er einverstanden war.*

.. ..

5. *Das Theater war brechend voll.*

.. ..

25 Seufzer, lächelnde Gesichter, zufriedene Blicke sind Ausdruck eines ansteckenden Gefühls von Erleichterung.

26 Und unverzüglich fliegt die Fantasie schon anderen Zielen zu !

Ejercicio I. 1. Wir bitten Sie höflich, uns die Tickets per Einschreiben zuzuschicken. **2.** Man muss sich beeilen, der Zug wird bald abfahren. **3.** Ich habe Kopfschmerzen, ich werde eine Tablette nehmen. **4.** Ich würde gern eine Sonnenbrille kaufen. **5.** Bück dich ein bisschen, sonst sieht man dích nicht auf dem Foto.

Corrección del ejercicio II. 1. Tanto movimiento me marea. **2.** ¿Quieres un chicle ? **3.** Este domingo prefiero quedarme en casa. **4.** Me ha guiñado el ojo para decirme que estaba de acuerdo. **5.** El teatro estaba de bote en bote.

PERSÖNLICHE NOTIZEN :

Vergessen ist menschlich. So können Sie ohne weiteres ein Wort oder eine Konstruktion mehrfach vergessen; das gehört zum normalen Lernprozess dazu. Dies sollte Sie jedoch nicht dazu verleiten, die Grammatik auswendig zu lernen! Blättern Sie ab und zu zurück, und lesen Sie die Erklärungen zur Vertiefung mehrmals durch. Alles andere kommt ganz von alleine.

Denken Sie auch daran, dass Sie bei Unklarheiten stets im grammatikalischen Anhang nachsehen können!

LECCIÓN TREINTA

Asturias

1 Asturias, junto con Galicia y Cantabria, constituye la zona más agreste del litoral atlántico.

2 Allí, la montaña se asoma al mar.

3 Al pie del Naranco, en uno de los verdes valles asturianos se levanta la capital, Oviedo : **(1)**

4 centro industrial de una región fundamentalmente minera.

5 Es también Oviedo una capital social, con un proletariado que se ha encontrado siempre en la vanguardia de los más importantes movimientos insurreccionales. **(2)**

6 No es sin duda casualidad que la Reconquista de España partiera de esas tierras ; **(3)**

7 en efecto, fue en Covadonga, en los Picos de Europa, donde encontró asilo Pelayo, primer rey de Asturias y fundador lejano de la monarquía española.

8 En 1388, Juan I de Castilla dio el título de Príncipe de Asturias al heredero de la Corona y desde entonces hasta ahora así lo han llevado todos los herederos del Trono de España.

9 Igualmente, en 1808, ante la ocupación napoleónica, Asturias fue la primera región que oficialmente declaró la guerra al imperio francés.

10 El levantamiento de 1934, que terminó en baño de sangre, y el largo asedio de 1936-37 destruyeron gran parte de la ciudad. Pero Oviedo fue reconstruida.

30. LEKTION

Asturien

1 Asturien bildet zusammen mit Galicien und Kantabrien den wildesten Teil der Atlantikküste.

2 Dort reichen die Berge bis ins Meer.

3 Am Fuße des Naranco, in einem der grünen asturischen Täler, erhebt sich die Hauptstadt Oviedo :

4 Industrielles Zentrum einer hauptsächlich vom Bergbau geprägten Region.

5 Oviedo ist auch eine soziale Hauptstadt, mit einer Arbeiterbevölkerung, die immer zu den Vorreitern der wichtigsten Aufstandsbewegungen gehört hat.

6 Es ist sicher kein Zufall, dass die Wiedereroberung Spaniens von diesem Gebiet ausgegangen ist ;

7 [und] tatsächlich war es in Covadonga, in den Picos de Europa, wo Pelayo, der erste König von Asturien und einstmals Gründer der spanischen Monarchie, Asyl fand.

8 Im Jahre 1388 verlieh Juan I. von Kastilien dem Thronfolger den Titel « Prinz von Asturien », und seit damals haben bis heute alle Erben des spanischen Throns diesen Titel getragen.

9 So war auch 1808, zur Zeit der napoleonischen Besatzung, Asturien die erste Region, die dem französischen Reich offiziell den Krieg erklärte.

10 Der Aufstand von 1934, der mit einem Blutbad endete, und die lange Belagerung von 1936-37 zerstörten große Teile der Stadt. Aber Oviedo wurde wieder aufgebaut.

NOTAS

(1) An den Hängen der Naranco-Berge befinden sich die Kirchen Santa Maria de Naranco und San Miguel de Lillo, die die repräsentativen Bauten für den sogenannten asturischen Kunststil sind, eine Art Vorromantik. Es handelt sich dabei um eine abgewandelte und weiterentwickelte Form des westgotischen Stils.

(2) *Vanguardia :* Avantgarde, Vorreiter (*puesto avanzado :* in diesem übertragenen Sinn weniger gebräuchlich im Spanischen).
Retaguardia : Nachhut.

(3) *La Reconquista :* die Wiedereroberung. Bezeichnung für den etwa 800jährigen Kampf des christlichen Spaniens gegen die Araber, der mit dem Sieg Pelayos bei Covadonga 722 begann und mit der Eroberung Granadas durch die katholischen Könige 1492 sein Ende fand.

11 Gijón, ciudad industrial muy activa, es el puerto de Asturias.
12 Extendida junto a una gran playa de arena finísima, la ciudad está rodeada de montes de escasa altura que descienden suavemente hasta el mar.
13 Junto con Villaviciosa, Ribadesella, Caravia, Colunga, Luanco y Candás, Gijón forma la Mancomunidad llamada de « las Siete Villas de la Costa Verde » **(4)**
14 En toda la región son frecuentes, en verano, las romerías y otras fiestas que se organizan en torno al descenso de los ríos en piraguas. **(5)**
15 El clima de la región es húmedo y suave y favorece los verdes pastos propicios para la cría de caballos y de vacas. **(6)**
16 El manzano es uno de los cultivos más desarrollados : la sidra es la bebida regional.
17 El plato más popular es la fabada -preparada a base de judías y cerdo.
18 Y en toda España tiene reputación probada el queso de Cabrales.

NOTAS

(4) — *Junto :* zusammen, gemeinsam.
Con las manos juntas : mit gefalteten Händen.
Iban a trabajar juntas : sie gingen zusammen arbeiten.
— *Junto a :* nahe bei, neben.
Vivo junto a la pastelería : ich wohne neben der Konditorei.
— *Junto con :* mit.
Lo enviaré junto con un regalo : ich werde es zusammen mit einem Geschenk schicken.
Beachten Sie : beiliegend (in einem Geschäftsbrief) : *Sírvase encontrar adjunto... :* beiliegend übersenden wir Ihnen ...

11 Gijón, [eine] sehr geschäftige Industriestadt, ist der Hafen Asturiens.

12 Ausgedehnt an einem langen Strand mit allerfeinstem Sand, ist die Stadt umgeben von Bergen geringer Höhe, die sanft bis zum Meer abfallen.

13 Zusammen mit Villaviciosa, Ribadesella, Caravia, Colunga, Luanco und Candás bildet Gijón die sogenannte Gemeinschaft der « sieben Orte der grünen Küste ».

14 In der ganzen Gegend gibt es im Sommer viele Kirmessen und andere Feste, in deren Mittelpunkt die Abfahrt der Flüsse mit Kanus steht.

15 Das Klima der Region ist feucht und mild und begünstigt die grünen Weiden, die zur Zucht von Pferden und Kühen geeignet sind.

16 Der Anbau von Äpfeln ist eine der am weitesten entwickelten Kulturen : der Apfelwein ist das Regional-Getränk.

17 Das bekannteste Gericht ist « Fabada » — zubereitet aus Bohnen und Schweinefleisch.

18 Und in ganz Spanien hat der Käse von Cabrales einen ausgezeichneten Ruf.

(5) Die « *romería* » ist ein Fest zu Ehren eines Schutzheiligen und vielleicht am ehesten mit einer Kirmes oder einem Kirchweihfest im ursprünglichen Sinn zu vergleichen. Es gibt eine Vielzahl von Vergnügungsmöglichkeiten, darunter z. B. Tanz- und Gesangsveranstaltungen, Picknicks im Grünen u. a., all dies in einer fröhlichen und zwanglosen Atmosphäre.

(6) *Suave :* mild, sanft.
Dulce : süß.
Piel suave : eine zarte Haut.
Dulce como miel : süß wie Honig.
Und hier noch einige Wendungen :
Carácter bondadoso, afable : ein sanfter, gütiger, gutmütiger Charakter.
A fuego lento : auf kleiner Flamme.
Mirar con ternura oder cariño : sanft, verliebt, zärtlich schauen (anschauen).
Como quien no quiere la cosa : mit geheuchelter Gleichgültigkeit ; als wäre es nicht von vorneherein darauf angelegt gewesen.
Despacito, poco a poco : ganz sachte, langsam.
Hace un tiempo agradable, templado : das Wetter ist mild, angenehm.

EJERCICIO I. 1. Quieren publicar una nueva revista de vanguardia. **2.** Nada ocurre por casualidad. **3.** Las flores llegaron junto con una carta. **4.** Tiene un carácter muy afable. **5.** ¿Cuál es el plato típico de la región ?

EJERCICIO II

1. *Möchtest du, dass wir zusammen gehen ?*

¿....... ... . ?

2. *Das Asylrecht ist noch nicht überall anerkannt.*

.. .. en todos los ......

3. *Beiliegend übersenden wir Ihnen den Katalog ...*

.... el catálogo...

4. *Sein Blick war voll Zärtlichkeit.*

.... dulzura.

5. *Möchtest du nach dem Käse einen Kaffee ?*

...., ¿....... .... ?

Jetzt, in den höheren Lektionen, kommen immer mehr Redewendungen und feststehende Ausdrücke vor. Assimilieren Sie diese immer im Ganzen, nicht als einzelne Wörter.

Nobody is perfect! ... Es ist nicht schlimm, wenn Sie Fehler machen. Sollten Sie einen Gesprächspartner in der Zielsprache haben, bitten Sie ihn darum, Sie zu korrigieren. Vielleicht ist dieser auch bereit, Ihnen die Feinheiten und Sonderfälle seiner Muttersprache genau zu erklären. So lernen Sie ständig dazu.

Ejercicio I. 1. Sie wollen eine neue Avantgarde-Zeitschrift veröffentlichen. **2.** Nichts geschieht zufällig. **3.** Die Blumen kamen zusammen mit einem Brief. **4.** Er hat einen sehr umgänglichen Charakter. **5.** Welches ist das typische Gericht der Region ?

Corrección del ejercicio II. 1. ¿Quieres que vayamos juntos ? **2.** El derecho de asilo todavia no está reconocido - - - sitios. **3.** Sirvase encontrar adjunto - - -. **4.** Tenía una mirada llena de -. **5.** Después del queso, ¿tomarás café ?

PERSÖNLICHE NOTIZEN :

LECCIÓN TREINTA Y UNA

El ojo clínico

1 El doctor Villa, como si fuera un río, tiene la ciudad dividida en dos partes. **(1)**

2 Por un lado están los que le consideran como un genio de la cirugía y le llaman, casi con devoción, « el Manitas ». **(2) (3)**

NOTAS

(1) *Tiene la ciudad dividida* (oder *tiene dividida la ciudad*) : er teilt die Stadt. Man hätte auch sagen können : *divide la ciudad.* Wenn, wie in diesem Beispiel, *tener* mit einem Partizip steht, hat es die Bedeutung von *haber,* jedoch verleiht diese Form dem Ausdruck mehr Gewicht. Bitte beachten Sie, dass das Partizip (*dividida*) sich in diesem Fall in Genus und Numerus nach dem Objekt richtet (*ciudad*). *Tener* steht häufig auch in der Bedeutung *mantener* (halten, erhalten, beibehalten), die Verben sind in ihrem Gebrauch aber nicht austauschbar.
Zum Beispiel in dem Satz : *Las dificultades de su amigo la tienen preocupada* (die Schwierigkeiten ihres Freundes machen ihr Sorge) wird auch der Grad der Besorgnis ausgedrückt, der wesentlich größer ist, als würde man sagen : *Las dificultades de su amigo la preocupan.*

(2) Im Indikativ Präsens hat *haber* als unpersönlicher Ausdruck die Form *hay* (es gibt). Steht ein bestimmter Artikel, ein Demonstrativ- oder Possessivpronomen oder ein Eigenname, wird *estar* benutzt. *Estar* richtet sich, im Gegensatz zur Konstruktion *hay*, in Genus und Numerus nach dem Subjekt : Es gibt die, die ... : *Están los que...* ; meine Freunde werden da sein : *Estarán mis amigos.*

(3) Ebenso wie die Augmentative (siehe Lektion 12, Anm. 1) werden auch die Diminutive häufig gebraucht. Ihre Bedeutung hängt ab vom Textzusammenhang und vor allem vom Tonfall, und ist nicht eindeutig festzulegen. Zum Beispiel *su habitacioncita* bedeutet nicht zwingend « sein kleines Zimmer », sondern kann auch bedeuten, dass es sich um einen Ort handelt, von dem man mit Liebe und Zuneigung spricht.
Die Suffixe, sowohl Augmentative als auch Diminutive, haben im Spanischen eine sehr viel größere Bedeutung als z. B. im Deutschen. Sie drücken sehr persönliche Ansichten oder Empfindungen aus, sowohl im positiven als auch im negativen Sinn. Auch werden sie wesentlich häufiger gebraucht.

31. LEKTION

Scharfsinn

1 Doktor Villa hat, gleich einem Fluss, die Stadt in zwei Lager (Teile) geteilt.
2 Auf der einen Seite sind diejenigen, die ihn als einen genialen Chirurgen ansehen und die ihn fast mit Ergebenheit den « Mann mit den begnadeten Händen » nennen.

Bei der Übersetzung muss diese Bedeutung oft durch Hinzufügen eines Adjektivs oder eines Adverbs ausgedrückt werden, manchmal kann die Nuance auch kaum wiedergegeben werden :
Mi casita : mein Häuschen, mein kleines Haus.
¡Pobrecito ! : Der Ärmste !
Me parece carito : das erscheint mir ganz schön teuer.
Está cansadito : er ist ziemlich müde.
Die am häufigsten gebrauchte Diminutivwendung ist *-ito,a ;* im Allgemeinen drückt diese Endung Kleinheit oder Zuneigung aus.
Bildung :
— Bei den mehrsilbigen Substantiven, die auf *-a* oder *-o* enden (die Mehrzahl), wird der Schlussvokal durch das Suffix *-ita* oder *-ito* ersetzt ; an die mehrsilbigen Substantive, die auf Konsonanten, außer *-n* oder *-r,* enden, wird das Suffix an das Wort angehängt :

libro — librito
caja — cajita
pastel — pastelito.

— An mehrsilbige Substantive, die auf *-e* (betont oder unbetont), *-n* oder *-r* enden, wird *-cito,a* angehängt :

traje — trajecito
café — cafecito
camión — camioncito
mujer — mujercita.

— An mehrsilbige Substantive, die auf einem Doppellaut betont werden und an einsilbige Substantive wird *-ecito,a* angehängt :

cuerpo — cuerpecito
flor — florecita.

Denken Sie daran, dass *-illo,a* und *-ico,a* auch Diminutivsuffixe sind (es gibt auch noch weitere), dass Sie aber auch Wörter mit diesen Endungen finden werden, die keine Diminutive sind.

3 Por otro lado, los familiares de antiguos pacientes suyos, le apodan « el Carnicero ».
4 El doctor Villa tuvo una infancia difícil ; cuando tenía cinco años, su padre se cayó de un andamio y permaneció en coma durante tres años.
5 El golpe fue también duro para el niño que él era entonces.
6 Dicen que a los ocho años se encerraba ya con frecuencia en su habitación y pasaba sus momentos de asueto devorando tratados de medicina y las obras de Le Corbusier.
7 A fuerza de trabajo terminó la carrera de medicina a los veintisiete años. **(4)**
8 Tres años más tarde, decidió ir a Estados Unidos para completar su formación.

NOTAS

Una alcantarilla : Abflussrinne, Rinnstein.
Un abanico : ein Fächer.
Un pañuelo : ein Taschentuch, Kopftuch, Halstuch usw.
Um Verwechslungen zu vermeiden, ist es empfehlenswert, das Diminutiv *-ito,a* zu verwenden.
Vergessen Sie aber bitte nicht, dass die Regeln, die wir Ihnen angegeben haben, sowie die bereits in Lektion 12 stehenden nur Anhaltspunkte sein können. Sie sollten bei der Verwendung von Augmentativen und Diminutiven im Spanischen vorsichtig sein.
Eine letzte Erläuterung :
Una mano : eine Hand.
Unas manazas : große Hände.
Un manazas : jemand, der zwei linke Hände hat.
Unas manitas : kleine Hände.
Un manitas : jemand, der begnadete Hände hat.

3 Auf der anderen Seite [sind] die Angehörigen ehemaliger Patienten, die ihn als « Schlächter » bezeichnen.

4 Doktor Villa hatte eine schwere Kindheit ; als er fünf Jahre alt war, fiel sein Vater von einem Gerüst und lag drei Jahre im Koma.

5 Das war ein harter Schlag auch für das Kind, das er damals war.

6 Man erzählt sich, dass er sich bereits im Alter von acht Jahren häufig in sein Zimmer einschloss und seine freie Zeit damit verbrachte, medizinische Abhandlungen und die Werke von Le Corbusier zu verschlingen.

7 Durch intensives Arbeiten (dank harter Arbeit) beendete er das Studium der Medizin mit siebenundzwanzig Jahren.

8 Drei Jahre später beschloss er, in die Vereinigten Staaten zu gehen, um seine Ausbildung zu vervollständigen.

(4) *Carrera :* Studium ; Karriere.
Carrera ciclista, de caballos, de obstáculo : Fahrradrennen, Pferderennen, Hindernisrennen.
Carrera de armamentos : Aufrüstung.
Hacer la carrera de medicina, de derecho : Medizin, Jura studieren.
¿Ha terminado la carrera ? : hat er das Studium beendet ?
Los exámenes de fin de carrera : die Abschlussprüfungen.
Carrera diplomática : diplomatische Karriere.
Hacer carrera : Karriere machen.

9 Allí, bajo la dirección de los mejores especialistas, aprendió sobre todo el arte de la redacción de los partes facultativos. **(5)**

10 De vuelta a su pueblo natal causó admiración, tanto entre sus colegas como entre sus convecinos, el tino con el que dio cuenta del aciago desenlace de la operación de doña Aurelia, la lotera de la calle de la Paloma, -su primera paciente.

11 En efecto, según el texto redactado por la mano del doctor Villa, la infortunada no falleció sino que « sufrió las consecuencias de un proceso curativo no culminado ».

12 El Colegio de Médicos otorgó un año después al insigne doctor la Mano de Oro, estatuilla con la que se galardona en la bienal de medicina al galeno que mayores pruebas de tacto ha dado en el ejercicio de sus funciones.

13 Esa recompensa trastocó su destino que, en adelante, sería nacional.

14 En efecto, a despecho de una fuerte oposición, su fama no cesa de aumentar ;

15 se le invita a la televisión, se le solicita en congresos, se le requiere en las fiestas de la alta sociedad.

16 Con el tiento que le caracteriza dejó caer hace poco, en una reunión, que se encontraba trabajando sobre un nuevo descubrimiento científico

17 y que, en el estado actual de sus investigaciones, todo le lleva a concluir que « la sociedad es un organismo » y que « el tejido social está enfermo ».

18 Sus detractores, a quienes sus partidarios llaman « las malas lenguas », creen ver en esa afirmación su intención de presentar su candidatura a las próximas elecciones.

9 Dort erlernte er unter der Anleitung der besten Spezialisten vor allem die Kunst des Abfassens von ärztlichen Kommuniqués.

10 Zurück in seinem Geburtsort fand er sowohl unter seinen Kollegen, als auch unter seinen Mitbürgern Bewunderung, mit welchem Geschick er den unheilvollen Ausgang der Operation von Doña Aurelia, der Losverkäuferin aus der Palomastraße, seiner ersten Patientin, darlegte.

11 In der Tat, nach dem von Doktor Villa selbst verfassten Text war die Unglückliche nicht gestorben, sondern « sie erlag einem nicht abgeschlossenen Heilungsprozess ».

12 Ein Jahr später verlieh die Ärztekammer dem berühmtem Doktor die Goldene Hand, eine kleine Statue, die anlässlich der Biennale der Medizin dem Arzt verliehen wird, der sich bei der Ausübung seines Berufs besonders taktvoll verhalten hat.

13 Diese Auszeichnung begründete seinen Ruhm (sein Schicksal), der sich von diesem Zeitpunkt an im ganzen Land verbreitete.

14 [Und] tatsächlich, ungeachtet einer starken Opposition, wird er immer berühmter ;

15 er wird ins Fernsehen eingeladen, er wird zu Kongressen gebeten, er wird gern gesehen bei den Festen der High Society.

16 Mit dem ihm eigenen Fingerspitzengefühl ließ er kürzlich in einem Gespräch [die Bemerkung] fallen, dass er zur Zeit an einer neuen wissenschaftlichen Entdeckung arbeite,

17 und dass der jetzige Stand seiner Forschung ihm den Schluss nahelege, dass « die Gesellschaft ein Organismus » und « das soziale Gewebe krank » sei.

18 Die Lästerer, die von seinen Anhängern die « bösen Zungen » genannt werden, glauben in dieser Aussage ein Anzeichen dafür zu sehen, dass er seine Kandidatur für die nächsten Wahlen einreichen will.

NOTAS

(5) *Parte :* Teil, Bericht, Kommuniqué ; *facultativo :* wissenschaftlich, medizinisch ; fakultativ.
El parte facultativo : das ärztliche Kommuniqué.
El cuadro facultativo del hospital : das medizinische Personal des Krankenhauses.

19 Incluso se afirma que, el doctor Villa, ya ha comunicado a sus íntimos el lema de su campaña electoral :

20 ¡PARA QUE UNA EPIDEMIA DE SALUD ASOLE LOS HOSPITALES !

21 ¡VOTA POR MÍ !

EJERCICIO I. **1.** Está considerado como un gran científico. **2.** Recibe a los pacientes por la mañana. **3.** Su hermano nació cuando él tenía tres años. **4.** ¿A qué edad acabó Juan la carrera? **5.** Está terminando su formación en un hospital.

EJERCICIO II

1. *Scharfsinnig sein.*

....

2. *Er hat begnadete Hände.*

Es un ....

3. *Man hat ihm den Nobelpreis verliehen.*

Le han ....

4. *Es handelt sich um eine wissenschaftliche Entdeckung von großer Wichtigkeit.*

.. ..

5. *Der Kongress war ein Erfolg.*

.. ..

19 Es wird sogar behauptet, dass Doktor Villa seinen Vertrauten bereits das Motto für seine nächste Wahlkampagne mitgeteilt hat :
20 FÜR EINE VERWÜSTUNG DER KRANKENHÄUSER DURCH EINE GESUNDHEITSEPIDEMIE !
21 WÄHLEN SIE MICH !

Ejercicio I. 1. Er wird als großer Wissenschaftler angesehen. **2.** Er empfängt seine Patienten morgens. **3.** Sein Bruder wurde geboren, als er drei Jahre alt war. **4.** In welchem Alter beendete Juan das Studium ? **5.** Er beendet gerade seine Ausbildung in einem Krankenhaus.

Corrección del ejercicio II. 1. Tener ojo clínico. **2.** - - manitas. **3.** - - otorgado el premio nobel. **4.** Se trata de un descubrimiento científico de gran importancia. **5.** El congreso fue un éxito.

Lerntipp: *Sie können den Lernerfolg noch steigern, indem Sie mit der Sprache und den Texten spielen. Lesen Sie laut, als würden Sie die Texte auf der Bühne vortragen, bilden Sie eigene Sätze, und hören Sie immer wieder die Tonaufnahmen an.*

Seien Sie aktiv, und nutzen Sie die vielfältigen Möglichkeiten, mit der spanischen Sprache in Kontakt zu kommen. Finden Sie heraus, was Ihnen am meisten Spaß macht: Tandempartnerschaften, Brieffreundschaften, Literatur, Hörspiele, Kino, DVDs, Musik, Radio, Zeitungen, Zeitschriften ... Die meisten Tageszeitungen haben auch einen Internetauftritt. Zeitunglesen in einer fremden Sprache eignet sich als Lernhilfe vor allem für Personen, die auch in ihrer Muttersprache regelmäßig und gerne Zeitung lesen.

LECCIÓN TREINTA Y DOS

Manuel de Falla

1 Manuel de Falla nació en Cádiz el 23 de noviembre de 1876.

2 Hijo de un hombre del negocio bursátil, creció en el ambiente de la alta burguesía gaditana y tuvo una infancia acomodada. **(1)**

3 Su madre, con el piano, contribuyó a alentar las dotes musicales que ya desde muy joven parecía poseer.

4 Hizo sus primeros estudios en su ciudad natal y, posteriormente, los culminó en Madrid.

5 En 1905 termina « La vida breve », opera en dos actos, con la que obtiene el premio en el concurso convocado por la Real Academia de Bellas Artes de San Fernando. **(2)**

6 Esa obra, estrenada en Niza en 1913, constituirá uno de sus primeros grandes éxitos en el extranjero. **(3)**

7 En 1907 viaja a Francia con la intención de pasar en dicho país una semana. **(4)**

NOTAS

(1) *Ambiente* kann verschiedene Bedeutungen haben :
El aire ambiente : Luft (in einem Raum).
El medio ambiente : Umgebung, Umwelt.
El ambiente de fiesta : festliche Stimmung.
Hay un ambiente de trabajo : es herrscht eine Arbeitsatmosphäre.
Todos fuman, el ambiente está cargado : alle rauchen, die Luft ist stickig.

(2) *La Real Academia de Bellas Artes de San Fernando* (die königliche Akademie der schönen Künste von San Fernando) wurde 1744 gegründet und fördert das Studium der Malerei, Bildhauerei, Architektur und Musik.

32. LEKTION

Manuel de Falla

1 Manuel de Falla wurde am 23. November 1876 in Cádiz geboren.
2 [Als] Sohn eines Börsenmaklers wuchs er im Milieu des Großbürgertums von Cádiz auf und erlebte eine wohlhabende Kindheit.
3 Seine Mutter trug mit ihrem Klavierspiel dazu bei, das musikalische Talent, das er schon in frühester Kindheit zu besitzen schien, zu fördern.
4 Er begann seine Studien in seiner Geburtsstadt und schloss sie später in Madrid ab.
5 1905 beendet er « Das kurze Leben », eine Oper in zwei Akten, mit der er den ersten Preis (des Wettbewerbs) der Real Academia de Bellas Artes von San Fernando erhält.
6 Dieses Werk, 1913 in Nizza uraufgeführt, stellt einen seiner ersten großen Erfolge im Ausland dar.
7 1907 reist er mit der Absicht nach Frankreich, eine Woche dort zu verbringen.

(3) *Estrenar :* einweihen. *Estreno zapatos :* ich « weihe (meine) Schuhe ein », ich trage die Schuhe zum ersten Mal.
Estrenar wird auch häufig im Theater- und Kinomilieu gebraucht :
— eine Premiere aufführen (Theater, Konzerte),
— uraufführen,
— Erstaufführung, Exklusiv-Vorführung.
Un estreno : Premiere, auch : Neuheit.

(4) Sicher haben Sie bemerkt, dass unsere Übersetzungen nicht wörtlich sind, denn Sie besitzen jetzt schon gute Kenntnisse des Spanischen und es ist wichtig, dass Sie sich die spanische Ausdrucks- und Denkweise aneignen. Die wörtliche Übersetzung von Satz 7 wäre : 1907 reiste er mit der Absicht nach Frankreich, eine Woche in dem besagten Land zu verbringen.

8 ¡Volvió a España siete años después !

9 Es posible que de no mediar la primera gran conflagración mundial, la rica y atrayente atmósfera parisiense de aquella época le hubiera retenido aún más tiempo. **(5) (6) (7)**

10 En Paris entabla amistad con C. Debussy, P. Dukas — que le presentará a Albéniz — M. Ravel y tantos otros para quienes la creación era también intercambio. **(8)**

11 Al comenzar la guerra abandona el país galo y es recibido por la critica española con los mayores elogios. **(9)**

12 Más tarde se escalonan, en 1915 y 1916, « El Amor Brujo » y « Noches en los jardines de España ».

13 En 1919 se estrena en Londres « El Sombrero de tres Picos » que la compañía de ballets rusos de Diaghilev paseará luego triunfalmente por los más prestigiosos escenarios internacionales. **(10)**

14 Posteriormente aparecerá la obra cumbre del segundo período : « El Retablo, de Maese Pedro », fantasía instrumental inspirada en el Quijote y estrenada primero en versión de concierto. **(11)**

NOTAS

(5) *Media :* in der Mitte liegen, halb verflossen sein ; inzwischen geschehen.
Mediaba el mes cuando tuve noticias suyas : der Monat war halb vorüber, als ich Nachricht von ihm erhielt.
Mediar por oder *en favor de alguien :* sich für jemand einsetzen (ins Mittel legen).
En aquel momento mediaron muchos acontecimientos : In diesem Moment ereigneten sich viele Dinge.

(6) *Conflagración* : (eigentlich :) Brand. *Conflagración mundial :* Weltkrieg.

(7) Steht die Präposition *de* vor einem Infinitiv, kann sie ein Konditional ausdrücken und mit « wenn » wiedergegeben werden : *De haberlo sabido, te lo hubiera dicho :* Wenn ich es gewusst hätte, hätte ich es dir gesagt.

8 Sieben Jahre später kehrte er nach Spanien zurück !

9 Wäre der erste Weltkrieg nicht ausgebrochen, hätte die reiche und anziehende Pariser Atmosphäre dieser Epoche ihn womöglich noch länger zurückgehalten.

10 In Paris schließt er Freundschaft mit C. Debussy, P. Dukas — der ihn Albéniz vorstellen wird —, M. Ravel und vielen anderen, für die « Kreation » auch « Austausch » bedeutete.

11 Bei Kriegsbeginn verlässt er Frankreich und wird von den spanischen Kritikern mit höchstem Lob empfangen.

12 In den Jahren 1915 und 1916 folgen dann aufeinander « Zauberin Liebe » und « Nächte in spanischen Gärten ».

13 1919 wird in London « Der Dreispitz » uraufgeführt, der später von dem russischen Ballett Diaghilev sehr erfolgreich auf die berühmtesten internationalen Bühnen gebracht wird.

14 Danach erscheint das bedeutendste Werk seiner zweiten Periode : « Don Pedros Puppenspiel », eine instrumentale Phantasie in Anlehnung an Don Quijote, dessen Premiere zunächst in Konzertversion stattfindet.

(8) *Entablar :* beginnen, einleiten.
Entabló conversación con varias personas de las que allí estaban : er knüpfte mit mehreren der anwesenden Personen ein Gespräch an.
Entablar amistad con : Freundschaft schließen mit.
* Isaac Albéniz (25.5.1860-18.5.1909), ebenfalls ein bekannter spanischer Komponist.

(9) *El país galo* : Frankreich (eigentlich : Gallien). Im Spanischen wird oft *galo* anstatt *francés* gebraucht. *El primer ministro galo se entrevista con...* : Der französische Premierminister trifft mit ... zusammen.

(10) *« El sombrero de tres picos » :* (der Hut mit drei Ecken) Dreispitz.

(11) *Cumbre :* Berggipfel *(cima).* Im übertragenen Sinn : Höhepunkt.
Subir hasta la cumbre (oder *la cima*) : bis zum Berggipfel steigen ;
La cumbre de la gloria : der Gipfel, der Höhepunkt *(el apogeo)* des Ruhms.
Una conferencia en la cumbre : Gipfelkonferenz.
Auch : *Una obra cumbre (obra maestra) :* ein Meisterwerk.

15 Su producción alterna con numerosos viajes al extranjero y por España y se enriquece también a través de los contactos que el maestro mantiene con Lorca, Dalí, Picasso y otros grandes europeos de la época. **(12)**

16 En octubre de 1939 viaja a Argentina llevando en su equipaje el proyecto ya muy avanzado de « Atlántida », obra tantos decenios acariciada y que finalmente quedará inconclusa.

17 En efecto, el 14 de noviembre de 1946, la muerte le sorprende en Alta Gracia, donde se había instalado con intención de trabajar antes de su vuelta a España.

18 En 1947 sus restos mortales fueron trasladados a Cádiz y sepultados en la cripta de la Catedral.

EJERCICIO I. 1. Es una persona que tiene grandes dotes para la pintura. **2.** Siete años después volvió a su país natal. **3.** El concierto fue un éxito. **4.** Entabló el diálogo de la manera más natural. **5.** La crítica alabó su producción.

EJERCICIO II

1. *Wegen des Rauchs war die Luft sehr stickig.*

   . ..., ...

2. *Gestern trug ich dieses Kleid zum ersten Mal.*

   ....

3. *Wann findet die Premiere statt ?*

   ¿... ... . ?

15 Er unterbricht seine Arbeit durch häufige Reisen ins Ausland und durch Spanien, und bereichert sich außerdem durch Kontakte (die der Meister unterhält) mit Lorca, Dalí, Picasso und anderen europäischen Größen jener Zeit.

16 Im Oktober 1939 reist er nach Argentinien, mit dem schon weit forgeschrittenen Projekt « Atlantis » im Gepäck, ein ihm seit Jahrzehnten am Herzen gelegenes Werk, das im Endeffekt aber unvollendet bleiben wird.

17 In der Tat stirbt er am 14. November 1946 überraschend (überrascht ihn der Tod) in Alta Gracia, wo er sich zum Arbeiten eingerichtet hatte, bevor er nach Spanien zurückkehren wollte.

18 1947 wurden seine sterblichen Überreste nach Cádiz überführt und in der Totengruft der Kathedrale beigesetzt.

NOTAS

(12) *Alternar :* abwechseln, wechseln.
Alternar el trabajo con el descanso : abwechselnd arbeiten und ausruhen.
Su producción alterna con viajes... er arbeitet und reist abwechselnd.

Ejercicio I. 1. Es ist eine Person mit großer Begabung in der Malerei. **2.** Sieben Jahre später kehrte er in sein Heimatland zurück. **3.** Das Konzert war ein Erfolg. **4.** Mit großer Natürlichkeit knüpfte er den Dialog an. **5.** Die Kritik lobte seine Arbeit.

4. *Wenn wir nicht hingehen, sagen wir euch Bescheid.*

.. .. .., ...

5. *Die Gipfelkonferenz der « Länder für den Frieden » findet in zwei Tagen statt.*

.. .. « .... », ...

Corrección del ejercicio II. 1. A causa del humo, el ambiente estaba muy cargado. **2.** Ayer estrené este vestido. **3.** ¿Qué día es el estreno ? **4.** De no ir, os avisaríamos. **5.** La cumbre de « Países por la Paz », tendrá lugar dentro de dos días.

LECCIÓN TREINTA Y TRES

« Veneris dies » **(1)**

1 Los amores de perfil incierto, los sueños más desquiciados, los anhelos menos verosímiles, las fantasías que encierran mayor demasía ;

2 torrentes todos que arrastran la esencia de la vida y que, sorteando los meandros de la semana, corren a la desembocadura que es el viernes **(2) (3) (4)**

3 el día de Venus, la del encanto mágico.

4 Sí, en las manos de su noche se encuentra ardiente la antorcha del deseo,

5 arrancada por el tiempo a quien antaño gozara en solitario del rango de víspera, al sábado. **(5)**

6 Ese desplazamiento, casi geológico, convierte al domingo en un día de resaca, en un vasto desierto de espejismos y aprensiones en el que el movimiento es más renuente **(6)**

7 y en el que la imaginación evoca el lunes con letras negras :

8 tan oscuro y sombrío como las calas de una galera en la que cientos de esclavos reman sin saber adónde van ni de dónde vienen,

NOTAS

(1) *Viernes* (spanisch), *vendredi* (französisch) une *venerdi* (italienisch) kommen vom Lateinischen « Veneris dies » : Tag der Venus.

(2) *Arrastrar :* schleifen, schleppen, schwemmen, kriechen, mittreiben.
La corriente arrastró a los pescadores mar adentro : die Strömung trieb die Fischer aufs offene Meer hinaus.
Arrastrar una vida miserable : sich durch ein ärmliches Leben schleppen.
No sólo mal obra él, sino que arrastra a los pequeños : nicht nur, dass er schlecht handelt, er zieht auch noch die Kleinen mit hinein.

33. LEKTION

« Veneris dies »

1 Die unsicheren Liebeleien, die ausgefallensten Träume, die unwahrscheinlichsten Wünsche, die übertriebensten Fantasien,
2 sie alle sind die Essenz des Lebens, mit sich reißende Wildwässer, die die Windungen der Woche umgehend auf die Mündung des Freitags zuströmen,
3 Tag der Venus, (Göttin) mit zauberhaftem Charme.
4 Ja, in den Händen ihrer Nacht brennt heiß die Fackel des Verlangens,
5 demjenigen von der Zeit entrissen, der früher allein den Rang des Vorabends genoss, dem Samstag.
6 Diese fast geologische Verschiebung macht den Sonntag zu einem Tag der Brandung, zu einer weiten Wüste der Luftspiegelungen und Angstvorstellungen, wo jede Bewegung nur widerwillig ausgeführt wird
7 und wo die Vorstellungskraft (Fantasie) den Montag in schwarzen Lettern erscheinen lässt :
8 so dunkel und düster wie den Kielboden einer Galeere, auf der hunderte von Sklaven rudern, ohne zu wissen, wohin sie fahren und woher sie kommen,

(3) *Meandro :* (Fluss)krümmung, (Fluss)windung, Mäander.
(4) *Correr :* rennen, laufen, auch : fließen.
El río corre por el valle : der Fluss fließt durch das Tal.
(5) Die Form des Imperfecto de subjuntivo auf *-ra* wird manchmal in Nebensätzen anstelle des Plusquamperfekts oder des Indefinido gebraucht, siehe Satz 5 : ... *a quien antaños gozara* (anstatt : *gozó*) *del rango que* ... Heutzutage gilt dies allerdings nur noch für das literarische Spanisch.
Devolvió, sin haberlos leído, los libros que sus amigos le dejaran (statt : *le habían dejado*) *unos meses antes :* Ohne sie gelesen zu haben, gab er seinen Freunden die Bücher zurück, die sie ihm einige Monate zuvor geliehen hatten.
(6) Achten Sie auf die Doppeldeutigkeit von *resaca* : Brandung, aber auch : Katzenjammer, Kater (nach einem trinkfreudigen Abend).
La resaca le alejó de la playa : die Brandung entfernte ihn vom Strand.
Tener resaca : einen Kater haben.

9 ajenos a otro proyecto y vacilantes ante el suyo, quizá por recordar que **(7) (8)**

10 « en martes, ni te cases ni te embarques ». **(9)**

11 El sol de la semana sólo comienza a levantarse el miércoles y, aunque aún pálidos,

12 sus rayos anuncian ya cálidas promesas que, como flechas, se disparan a la conquista del horizonte atravesando veloces el jueves.

13 En efecto, el viernes, ya al despertar, la ansiedad colorea de manera diferente las sensaciones y los objetos :

14 la nieve es menos fría y más blanca y, si llueve, el cielo no es tan gris.

15 Todo es invitación al exceso, ¡hasta el teléfono suena con mayor frecuencia !

16 Las alternativas — amigos, aniversarios, citas, bailes, cines, fiestas, cenas... — son tantas y tan atrayentes que incluso se puede decidir no decidir, sino errar toda la noche a la aventura.

17 La frenética holganza del viernes se enraiza en el furioso sueño al que todo humano alguna vez aspira : dormir en los brazos de Venus.

NOTAS

(7) *Ajeno, a :* fremd, andern gehörig.
Vivir a costa ajena : auf Kosten anderer leben.
Los bienes ajenos : anderer Gut.
Prohibida la entrada a personas ajenas al servicio : Zugang nur für Abteilungsangehörige.
Él es ajeno a lo que ha pasado : Er ist an den Geschehnissen unbeteilligt.
Jugar en campo ajeno : auswärts spielen (im Gegensatz zu « Heimspiel »).

9 fremd jedem anderen Vorhaben und schwankend gegenüber dem eigenen, vielleicht weil sie sich erinnern, dass

10 man sich « dienstags weder verheiratet noch einschifft ».

11 Die Sonne der Woche beginnt erst mittwochs aufzugehen und, obwohl noch schwach,

12 verkünden ihre Strahlen heiße Versprechungen, die wie Pfeile zur Eroberung des Horizonts abgeschossen werden und den Donnerstag blitzschnell durchqueren.

13 Tatsächlich lässt am Freitag schon beim Aufstehen die Unruhe Gefühle und Dinge in anderen Farben erscheinen :

14 der Schnee ist weniger kalt und weißer und, wenn es regnet, ist der Himmel nicht so grau.

15 Alles lädt zum Exzess ein, sogar das Telefon klingelt häufiger !

16 Die Alternativen — Freunde, Geburtstage, Verabredungen, Tanz, Kinos, Feste, Abendessen ... — sind so zahlreich und so anziehend, dass man sich sogar dazu entscheiden kann, sich nicht zu entscheiden, sondern die ganze Nacht abenteuerlich umherzustreifen.

17 Der frenetische Müßiggang des Freitags rührt von dem leidenschaftlichen Traum her, den jeder Mensch manchmal ersehnt : in den Armen der Venus zu schlafen.

(8) *Por* + Infinitiv steht zur Verkürzung von Kausalsätzen. *Cayó enfermo por haber comido mariscos en mal estado :* er wurde krank, weil er verdorbene Meeresfrüchte gegessen hatte.

(9) Im spanischen Volksmund ist Dienstag, der 13. ein Unglückstag (wie bei uns z. B. Freitag, der 13. !). Deshalb soll man also dienstags nichts beginnen, wie das Sprichwort *« en martes ni te cases ni te embarques »* sagt.

EJERCICIO I. 1. Intenta acordarse de los sueños que tiene. **2.** Le gusta vestirse con fantasía. **3.** Dimos un paseo hasta la desembocadura del río. **4.** Dentro de dos semanas me desplazaré a Noruega. **5.** Es una persona imaginativa y, al mismo tiempo, aprehensiva.

EJERCICIO II

1. *Er hat einen Kater, er hat zuviel getrunken.*

...., ...

2. *Er hat viel Respekt, er mischt sich nicht gern in das Leben anderer ein.*

...., ... meterse .. ..

3. *Weil ich meinen Wunsch nicht ausgesprochen habe, habe ich nicht bekommen, was ich wollte.*

... ., .. he obtenido .. ..

4. *Im Sommer geht die Sonne früher auf und später unter.*

.. ..

5. *Welche Alternativen bleiben uns ?*

¿...... ... ... ?

Ejercicio I. 1. Er versucht, sich an seine Träume zu erinnern. **2.** Er zieht sich gerne fantasievoll an. **3.** Wir machten einen Spaziergang bis zur Flussmündung. **4.** In zwei Wochen reise ich nach Norwegen. **5.** Sie ist eine einfallsreiche, aber gleichzeitig auch eine sehr verständnisvolle Person.

Corrección del ejercicio II. 1. Tiene resaca, bebió demasiado. **2.** Tiene mucho respeto, no le gusta - en la vida ajena. **3.** Por no haber expresado mi deseo, no - - lo que quería. **4.** En verano el sol se levanta más pronto y se pone más tarde. **5.** ¿Cuáles son las alternativas que nos quedan ?

Bereits 20 Minuten täglich in Gesellschaft Ihres Kurses tragen schon dazu bei, die bisher erworbenen Kenntnisse zu festigen.

Sie können die fremdsprachigen Texte oder einzelne Wörter der Lektion auch mehrmals abschreiben. Oder wie wäre es mit einem Diktat und den Tonaufnahmen als « Lehrer »?

Nutzen Sie die Multimedialität Ihres Kurses mit dem handlichen Lehrbuch, das überall einsatzbereit ist und den Audio-CDs bzw. der MP3-CD, mit denen/der Sie auch unterwegs mobil und flexibel lernen können.

LECCIÓN TREINTA Y CUATRO

Poderoso caballero es don Dinero (1)

1 Madre, yo al oro me humillo ;
él es mi amante y mi amado,
pues de puro enamorado, **(2)**
de continuo anda amarillo ; **(3) (4)**
que pues, doblón o sencillo, **(5)**
hace todo cuanto quiero,
poderoso caballero
es don Dinero.
2 Nace en las Indias honrado, **(6)**
donde el mundo le acompaña ;
viene a morir en España,
y es en Génova enterrado.
Y pues quien le trae al lado
es hermoso, aunque sea fiero, **(7)**
poderoso caballero
es don Dinero.
3 Por importar en los tratos **(8)**
y dar tan buenos consejos,
en las casas de los viejos
gatos le guardan de gatos. **(9)**
Y pues el rompe recatos
y ablanda el juez más severo,
poderoso caballero
es don Dinero.
4 Y es tanta su majestad
(aunque son sus duelos hartos),
que con haberlo hecho cuartos **(10)**
no pierde su autoridad.
Pero pues da calidad
al noble y al pordiosero,
poderoso caballero
es don Dinero.

Francisco de Quevedo (1580-1645),
Letrillas

34. LEKTION

Herr Dukaten

1 Mutter, ihm will ich gehören ; und er hat sich mir verschrieben, hat versprochen mich zu lieben, goldig ist er, zum Betören ;
lass ich einen Wunsch nur hören, fragt er, was wir sonst erbaten : Stärker als die Potentaten ist Herr Dukaten.

2 In Amerika geboren, wird er gern von uns empfangen ;
doch in Spanien eingegangen, geht in Genua er verloren.
Wer sich ewig ihm verschworen, kann gar nie in Schuld geraten : Stärker als die Potentaten ist Herr Dukaten.

3 Weil er dient um aufzubauen und die andern brandzuschatzen,
schützt man ihn durch dicke Katzen vor den Klauen und vorm Klauen ;
Argwohn macht er zum Vertrauen, das Gericht zum Advokaten :
Stärker als die Potentaten ist Herr Dukaten.

4 So gewaltig ist sein Wert (trotz des Kreuzes das er auflegt),
dass man gern den Kreuzer drauflegt, wenn das Glück ihn uns beschert.
Überall wird er verehrt, in Palästen und in Katen,
stärker als die Potentaten ist Herr Dukaten.

(Anmerkungen siehe Seiten 189 und 190)

NOTAS

(1) In dieser Lektion lernen Sie die Strophe I, II, VII und VIII aus einem der Ringelreime Quevedos kennen. Die deutsche Übersetzung stammt von Rudolf Grossmann und ist in der Dieterich'schen Verlagsbuchlandlung, Leipzig, erschienen. Die Übersetzung ist sehr frei und teilweise nicht genau originaltextgetreu. Wir raten Ihnen, die beiden Fassungen nicht zu vergleichen (die Stellen, in denen die deutsche Fassung ganz von der spanischen abweicht, sind in den Anmerkungen angegeben), sondern das spanische Gedicht mehrmals zu lesen, um den Rhythmus zu erfassen, und dann die dazugehörigen Anmerkungen zu konsultieren. Der Refrain des Gedichts ist zum Sprichwort geworden und hätte etwa den Sinn von « Mit Geld kann man alles kaufen » o. Ä.
Beachten Sie auch :
Caballero : Ritter, Ehrenmann/Gentleman, (vornehmer) Herr.
Caballeros : Herren, z. B. auf Toilettentüren.
Sección caballeros : Herrenabteilung (in Kaufhäusern).
Comportarse como un caballero : Sich wie ein Ehrenmann/ Gentleman benehmen.

(2) *De puro :* aus lauter, reiner, bloßer. *Se durmió de puro cansado que estaba :* er schlief vor lauter Müdigkeit ein. Diese Konstruktion ist allerdings weniger geläufig als *estaba tan cansado que se durmió :* er war so müde, dass er einschlief.

(3) *De continuo :* ständig, unablässig, fortwährend.

(4) *Andar* (gehen, laufen) hat viele Bedeutungen und kommt in zahlreichen Redewendungen vor.
Anda bueno/malo : es geht gut/schlecht.
¿Cómo andas ? Wie geht es Dir ?
Andar contento : zufrieden sein.
(Siehe auch Lektion 1).

(5) *Doblón* : Dublone, ehemalige spanische Goldmünze gegen Ende des 15. Jahrhunderts. In dieser Zeit gab es auch *sencillos :* kleine Geldstücke, die weniger als die anderen wert waren. Heute hört man manchmal noch *sencillo* anstelle von *suelto : ¿Tiene sencillo/suelto ?* (Haben Sie Kleingeld ?) *Doblón o sencillo* ist hier ein Wortspiel der o. g. Bedeutungen mit « doppelt oder einfach ». In der deutschen Fassung ist dieser Satzteil ausgelassen, Sie finden also keine Entsprechung.

(6) Zum Verständnis dieser Strophe etwas Geschichte : im 15. Jahrhundert ist Spanien eine große Kolonialmacht, und es gibt viele bedeutende Schriftsteller, Dichter, Maler usw. Es ist eine Epoche großen finanziellen und kulturellen Reichtums, die später *« Siglo de Oro »* genannt wird. *« Las Indias »* ist der Name, der damals dem gerade entdeckten Amerika gegeben wurde. In dieser Zeit ist Genua eine unabhängige Republik, ein Handelsort, wo Bankiers mit dem Gold aus Amerika jonglieren.

(7) *Fiero :* grausam, schrecklich ; auch : hässlich.
Y pues quien le trae al lado, es hermoso aunque sea fiero : wer ihn bei sich trägt, ist schön, selbst wenn er hässlich ist (die deutsche Übersetzung entspricht hier nicht dem Spanischen).

(8) *Por* + Infinitiv : siehe Anm. 8, Lektion 33.

(9) Auch hier ist die deutsche Übersetzung nicht textgetreu. Wörtlich : Weil er zum Handeln dient und so gute Ratschläge gibt, wird er in den Häusern der Alten von Katzen vor Dieben geschützt.
Gato : Katze bzw. Kater.
Gatos guardan gatos : Quevedo spielt hier mit der Doppelsinnigkeit von *gato,* denn seinerzeit wurden die Geldbörsen (Geldkatzen) aus Katzenhaut hergestellt und hießen folglich *gatos.* Außerdem hießen auch Diebe *gatos* (deshalb : « ... vor den Klauen und vorm Klauen »).

(10) Der erste Satz wäre wörtlich : So groß ist seine Majestät (auch wenn er allzu zahlreiche Duelle hat), dass er, selbst kleingemacht, nicht verliert an Autorität. Dieser Sinn ist im Deutschen geändert, vielleicht weil *duelo* auch Trauer, Traurigkeit heißt und der Autor davon auf « Kreuz » geschlossen hat und so das Wortspiel mit « Kreuz » konstruiert.
Que con haberlo hecho cuartos : selbst in Stücke gerissen.
a) Man hätte auch sagen können : *a pesar de estar hecho cuartos.*
Con + Infinitiv : (Einräumung) trotz, obwohl.
Con ser tan amigos, disputan siempre : obwohl sie (wenn sie auch) gute Freunde sind, streiten sie ständig.
b) *Hecho cuartos* bedeutet « in Stücke gerissen, zu Hackfleisch gemacht », hier also : kleingemacht, zu Kleingeld gemacht, denn *un cuarto* (ein Viertel) war damals eine kleine Münze mit geringem Wert.
c) Und zum Abschluss noch einige Ausdrücke, die heute gebraucht werden :
— *No tener un cuarto :* keinen Cent besitzen.
— *Tener muchos cuartos* (Umgangssprache) : Kohle haben.
— *De cuatro cuartos :* keinen müden Euro wert sein.
— *Dejar sin un cuarto :* jemanden ohne einen Cent sitzen lassen.
— *Manejar los cuartos :* die Finanzen verwalten (in einem Haushalt).

EJERCICIO (repase el vocabulario)

Aterrizaje	Landung
Aterrizar	landen
Azafata	Stewardess
Bienal	zweijährlich ; Biennale
Burguesía	Bourgeoisie, Bürgertum
Bursátil	Börsen ...
Candidatura	Kandidatur
Campaña electoral	Wahlkampagne
Carrera	Karriere, ...
Congreso	Kongress
Cría de ganado	Viehzucht
Crítica	Kritik
Cuartos	Cent/Viertel
Cultivo (tierra de)	Anbau (Land)
Cumbre	Gipfel
Despegar	abheben

LECCIÓN TREINTA Y CINCO

Repaso y especificaciones

1. Pretérito imperfecto de subjuntivo

Die Verwendung der Zeiten im Spanischen ist genau geregelt, wie auch die Fälle, in denen der Subjuntivo stehen muss : Nach einer Willensäußerung, Ausdruck eines Gefühls, etwas Unwahrscheinlichem, nach bestimmten unpersönlichen Ausdrücken, nach bestimmten Konjunktionen und im Bedingungssatz. Spielt die Handlung in der Vergangenheit, wird auch die Vergangenheit des Subjuntivo (pretérito imperfecto de subjuntivo) gebraucht. Wenn Sie sich die Verbformen ins Gedächtnis rufen wollen, schlagen Sie im grammatischen Anhang (S. 359 ff.) nach.

Despegue	Abheben (z. B. Flugzeug)
Embarcar	einchecken
Enriquecer	bereichern
Esclavo	Sklave
Exito/Fracaso	Erfolg/Misserfolg
Heredero	Erbe
Investigación científica	wissenschaftliche Forschung
Minero	Bergbau
Pasajero	Passagier
Parte facultativo	medizinisches Kommuniqué
Proletariado	Proletariat ; Arbeiterschaft
Proyecto	Projekt, Vorhaben
Puerto	Hafen
Rico	Reich
Social	Sozial ...
Ventanilla	Schalter (zum Bedienen)

35. LEKTION

Anmerkungen zum Subjuntivo finden Sie in : Lektion 3, Anm. 3 ; Lektion 13, Anm. 2 und 7; Lektion 17. Anm. 7 ; Lektion 23, Anm. 4 ; Lektion 24, Anm. 2.

Schauen Sie sich vielleicht diese Erklärungen noch einmal an, bevor Sie die folgenden Sätze übersetzen und denken Sie daran, dass die Zeitenfolge im Deutschen und im Spanischen unterschiedlich ist und Sie also nicht ohne Weiteres die deutschen Zeiten übernehmen können ! (Die nach der Zeichnung vorgeschlagene Lösung soll Ihnen nur Hilfestellung für die Zeiten geben, es gibt natürlich immer mehrere Übersetzungsmöglichkeiten !)

Und nun : ¡ Adelante !

1. Das ist das schönste Geschenk, das mir jemals gemacht wurde.

2. Ich riet ihm, die Autobahn nicht zu verlassen, bevor er an die Grenze komme.

3. Ich hatte es ihm vorher angekündigt, damit er wusste, auf was er sich gefasst machen musste.

4. Wenn Du hingingst, könnte ich Dich begleiten.

5. Ich dachte, wenn Du Zeit hättest, könnten wir eine Spazierfahrt machen.

6. Ich werde es jetzt kaufen, falls ich morgen keine Zeit habe.

7. Obwohl er abwesend war, ist die Arbeit gemacht worden.

8. Wie der Generaldirektor angekündigt hatte, stieg der Umsatz.

9. Wenn ich es bekommen hätte, hätte ich es dir gesagt.

---

10. Er kaufte das Wörterbuch, von dem sein ehemaliger Professor ihm erzählt hatte, ohne es auch nur durchzublättern.

2. Lösung : 1. Es el regalo más bonito que me han hecho. **2.** Le aconsejé que no saliera de la autopista hasta que no llegara a la frontera. **3.** Se lo había anunciado para que supiera a qué atenerse. **4.** Si fueras yo podría acompañarte. **5.** He pensado que si tenías tiempo podríamos dar una vuelta. **6.** Lo compraré ahora por si mañana no tuviera tiempo. **7.** Aunque ha estado ausente, el trabajo se ha hecho. **8.** Como anunciara el director general, las ventas aumentaron. **9.** De haberlo recibido te lo hubiera dicho. **10.** Compró, sin ni siquiera haberlo hojeado, el diccionario del que le hablara su antiguo profesor.

3. Das Personalpronomen

A. Präpositionalpronomen

Diese Pronomen haben nur in der 1. und 2. Person Singular eine besondere Form (*mí* und *ti*), alle anderen Formen werden mit dem Nominativ (*él, ella : a él, de ella* usw.) gebildet.

B. Pronomen ohne Präposition

1. *Bildung*
Im Infinitiv, Imperativ und Gerundium wird das Pronomen immer direkt an das Verb angehängt :
Es mir geben : *dármelo* (er gibt es mir : *me lo da*).
Es dir geben : *dártelo* (ich gebe es dir : *te lo doy*).

2. *Reihenfolge*
Gibt es mehrere Pronomen in einem Satz, geht das Dativpronomen dem Akkusativpronomen voraus :
Ich werde es dir schenken : *voy a regalártelo.*
Kauf es mir : *Cómpramelo.*

3. *Pronomen der 3. Person*
Treffen zwei Pronomen der 3. Person aufeinander (*le* oder *les* als Dativ an 1. Stelle und ein anderes Pronomen, das mit *l-* beginnt), wird das Dativpronomen immer durch *se* ersetzt :
Ich bitte ihn um sie : *se la pido.*
Es ihm sagen : *Decírselo.*

4. *Höflichkeitsanrede*
Usted und *ustedes* werden durch das jewellige Pronomen der 3. Person ersetzt : Ich bitte Sie um diesen Gefallen : *Le pido este favor.*

5. *Zwei Besonderheiten im Imperativ*
Die 1. und 2. Person Plural verlieren jeweils das *-s* bzw. *-d* am Ende, wenn das Pronomen angehängt wird :
Lavemos el coche : Waschen wir das Auto.
Lavémonos : Waschen wir uns.
Lavad el coche : Wascht das Auto.
Lavaos : Wascht euch.
Mit einer Ausnahme : das Verb ir (gehen) bleibt *idos* (geht weg).

Bemerkung :
Oft wird *le* anstelle von *lo* (siehe Tabelle) benutzt. Laut Real Academia ist dies gestattet (aber nicht erwünscht), wenn es sich um Personen handelt, d. h., man darf sagen *No lo conozco* oder *No le conozco* (ich kenne ihn nicht) ; *la* darf nicht ersetzt werden : Ich kenne sie nicht : *No la conozco.*

Person		Pronomen Dativ		Pronomen Akkusativ		Präpositionalpronomen (Dativ/Akkusativ)		Pronomen mit *con*	
Singular									
1. ich	*yo*	*me*	mir	*me*	mich	*mí*	mir, mich	*conmigo*	mit mir
2. du	*tú*	*te*	dir	*te*	dich	*tí*	dir, dich	*contigo*	mit dir
3. er	*él*	*le*	ihm	*le/lo*	ihn	*él*	usw .	*con él*	mit ihm
sie	*ella*	*le*	ihr	*la*	sie	*ella*			
(es	*ello/esto)*	*le*	ihm	*lo*	es			*usw.*	
Sie	*usted*	*le*	Ihnen	*le/lo*	Sie	*usted*			
Sie	*usted*	*le*	Ihnen	*la*	Sie	*usted*			
Plural									
1. wir	*nosotros*	*nos*	uns	*nos*	uns	*nosotros/as*			
2. ihr	*vosotros*	*os*	euch	*os*	euch	*vosotros/as*			
3. sie	*ellos*	*les*	ihnen	*los (les)*	sie	*ellos*			
	ellas			*las*		*ellas*			
Sie	*ustedes*								
Sie	*ustedes*					*ustedes*			
Reflexiv									
sich		*se*	sich	*se*	sich	*sí*	sich	*consigo*	mit sich

LECCIÓN TREINTA Y SEIS

Pedir

1 Pedir, no es poca cosa. **(1) (2)**
2 Esto no quiere decir sin embargo que, por costumbre, haya que pasarse ; no, no se trata de convertirse en un pedigüeño. **(3)**
3 Es, como muchas otras cosas, cuestión de equilibrio, de ponderación.
4 La dificultad reside, más que nada, en el hecho de que el terreno — el mismísimo « pedir » — es muy irregular. **(4)**
5 Examinemos una situación concreta ; en un banco, por ejemplo :
6 — « ¡Arriba las manos ! ¡Que nadie se mueva ! ¡Esto es un asalto ! »
7 « ¡Pongan todos los objetos de valor que llevan encima en este saco ! » **(5)**
8 Y, dirigiéndose al cajero :
9 — « Abra la caja fuerte y ponga lo que haya en ella en esta maleta ».
10 ¿Pedir ? Si, pero...

NOTAS

(1) *Pedir* : (er-)bitten, verlangen, ersuchen ; anfordern, bestellen.
Te pido que vengas : ich bitte Dich, zu kommen.
Pedir ist ein unregelmäßiges Verb (siehe Seite 371) und wird häufig in allen möglichen Redewendungen gebraucht.

(2) *No es poca cosa :* das ist nicht gerade wenig, das ist keine Kleinigkeit.

(3) *Pasarse de la raya* : zu weit gehen, übertreiben (*raya :* Strich, Linie, Grenze). Heutzutage wird *pasarse* (auch ohne *de la raya*) umgangssprachlich im Sinne von « übertreiben » gebraucht.

(4) Man hätte auch sagen können : *el mismo verbo pedir* oder *el verbo pedir mismo. Mismo* bedeutet in diesem Sinne « selbst ».
Wir haben hier den Superlativ mit *-ísimo* gebraucht. Dies gibt einesteils einen etwas umgangssprachlichen Ton und dient zum andern zur Verstärkung.

36. LEKTION

Bitten

1 Bitten ist keine Kleinigkeit.
2 Das bedeutet jedoch nicht, dass man aus Gewohnheit zu weit gehen sollte ; nein, es handelt sich nicht darum, zum Bettler zu werden.
3 Dies ist, wie viele andere Dinge, eine Frage des Gleichgewichts und der Erwägung.
4 Die Schwierigkeit liegt vor allem darin, dass das Umfeld — [das Verb] « pedir » selbst — sehr unregelmäßig ist.
5 Prüfen wir [dies doch einmal] an einer konkreten Situation ; in einer Bank zum Beispiel :
6 — « Hände hoch ! Keine Bewegung ! Dies ist ein Überfall ! »
7 « Legen Sie alle Wertgegenstände, die Sie bei sich tragen, in diesen Sack. »
8 Und, sich an den Kassierer wendend :
9 — « Öffnen Sie den Safe und legen Sie alles, was darin ist, in diesen Koffer. »
10 Bitten ? Ja, aber ...

(5) *Llevar encima :* dabei haben, bei sich tragen.
Te telefonearé para darte su dirección, ahora no llevo encima la agenda : ich rufe Dich an, um Dir seine Adresse zu geben, ich habe jetzt mein Adressbuch nicht bei mir. (Siehe auch Anm. 5, Lektion 27.)

11 En cualquier hipótesis, es éste un caso flagrante en el que pedir — aunque el verbo no haya sido utilizado — se revela como intrinsecamente irregular. **(6) (7)**

12 Los atracadores pueden decir que de lo que se trata es de pedir limosna o, incluso, de pedir prestado y, si son muy educados, hasta pedirán disculpas. **(8) (9)**

13 El cajero, si es de los que piensan que contra el vicio de pedir hay la virtud de no dar, puede responder : **(10)**

14 — « No caen ustedes a pedir de boca, ahora no puedo atenderles, tengo muchísimo trabajo » — por supuesto, « por su cuenta y riesgo » **(11) (12)**

15 Entre los clientes, habrá seguramente alguno que pida socorro.

16 Más tarde, el presidente del banco pedirá justicia.

17 Y, cuando haya que declarar en la comisaría, se pedirá paciencia.

18 En resumen :

19 ¿Pedir ? **(13)**

20 ¡Claro que sí !

21 Mejor, por favor.

NOTAS

(6) *En cualquier hipótesis/caso* oder *de todas formas :* jedenfalls, auf alle Fälle.

(7) **Recuerde :**
aunque + subjuntivo = selbst wenn (Möglichkeit),
aunque + indicativo = obwohl (Tatsache).

(8) *Atraco* : Überfall, Diebstahl *(robo)* oder Angriff *(ataque)*, *bewaffneter Raubüberfall (atraco/ataque a mano armada). Asalto* (Satz 6) hat hier die gleiche Bedeutung.

(9) *Ser muy educado :* sehr höflich sein.
Estar bien educado : gut erzogen sein.

11 Jedenfalls ist dies ein offensichtlicher Fall, in dem « pedir », auch wenn das Verb nicht benutzt wurde, sich eindeutig als unregelmäßig erweist.

12 Die Bankräuber können sagen, dass es sich darum handelt, ein Almosen oder sogar eine Leihgabe zu erbitten und, wenn sie sehr höflich sind, bitten sie sogar um Entschuldigung.

13 Gehört der Kassierer zu denjenigen, die denken, dass der Unsitte zu bitten mit der Tugend, nicht zu geben, abgeholfen werden kann, kann er antworten :

14 — « Da kommen Sie leider im falschen Augenblick, ich kann Sie jetzt nicht bedienen, ich habe sehr viel zu tun » — natürlich auf eigene Gefahr !

15 Es befindet sich sicher einer unter den Kunden, der um Hilfe ruft.

16 Später fordert dann der Vorstand der Bank Gerechtigkeit.

17 Und wenn er dann [seine Geschichte] im Kommissariat zu Protokoll geben muss, wird er um Geduld gebeten.

18 Kurz :

19 Bitten ?

20 Aber natürlich !

21 Noch besser [mit] « bitte ».

(10) *A pedir de boca :* im rechten Augenblick, gerade richtig, auch : nach Herzenslust.

(11) *Ocuparse de alguien :* sich um jemanden kümmern.
Atender a alguien : jemanden bedienen.
¿Le atienden ? Werden Sie schon bedient ?

(12) *Por su cuenta y riesgo :* auf eigene Gefahr.

(13) *Pedir* kann verwendet werden mit :
Pedir + Subjuntivo = bitten, verlangen (je nach Kontext).
Pedir + Infinitiv = bitten, verlangen.
Me pide que le traiga el periódico : Sie bittet mich, ihr die Zeitung zu bringen.

22 Con previa conciencia de la posibilidad de una respuesta negativa.
23 Y, siempre, sin pedir peras al olmo. **(14)**

EJERCICIO I. 1. Que no te haya llamado no quiere decir que esté enfadado. **2.** No te muevas, yo te lo traigo. **3.** En la tienda nos han atendido muy bien. **4.** Se ha decidido a hacerlo por su cuenta y riesgo. **5.** He olvidado coger la cartera, no llevo la documentación encima.

EJERCICIO II

1. *Ich werde ihn nach der Uhrzeit fragen.*

... .

2. *Er bittet uns, unsere Abfahrt zu verschieben.*

... .

3. *Ich werde Geld bei der Bank leihen.*

....

4. *Sie hat darum gebeten, um 7 Uhr morgens geweckt zu werden.*

.. ..

5. *Ich verlange, informiert zu werden.*

....

22 Vorher muss man sich [natürlich] darüber im Klaren sein, dass die Antwort negativ ausfallen kann,
23 und (immer) darüber, dass man nicht das Unmögliche verlangen soll.

NOTAS

(14) *Pedir peras al olmo :* (wörtlich : Birnen von der Ulme verlangen) das Unmögliche verlangen. Wiederholen Sie nun noch einmal die verschiedenen Redewendungen, die Sie kennengelernt haben :
Pedir limosna (Satz 12) : um Almosen bitten, betteln.
Pedir prestado (Satz 12) : leihen.
Pedir disculpas (Satz 12) : um Entschuldigung bitten.
A pedir de boca (Satz 14) : gerade im richtigen Augenblick *(en el momento oportuno) ;* auch : nach Herzenslust.
Pedir socorro oder *auxilio* (Satz 15) : um Hilfe rufen, bitten.
Pedir en justicia (Satz 16) : Gerechtigkeit fordern.
Pedir paciencia (Satz 17) : um Geduld bitten.
Aber man kann sogar noch mehr verlangen *(se puede pedir más)* : Merken Sie sich alles !

Ejercicio I. 1. Wenn er dich nicht angerufen hat, bedeutet das noch nicht, dass er böse mit dir ist. **2.** Bleib' sitzen, ich bringe es dir. **3.** In dem Laden wurden wir sehr gut bedient. **4.** Er hat entschieden, auf eigene Gefahr zu handeln. **5.** Ich habe vergessen, meine Brieftasche mitzunehmen, ich habe die Ausweispapiere nicht bei mir.

Corrección del ejercicio II. 1. Voy a preguntarle la hora. **2.** Nos pide que retrasemos nuestra salida. **3.** Pediré dinero prestado al banco. **4.** Ha pedido que la despierten a las siete de la mañana. **5.** Pido ser informado.

LECTION 36

LECCIÓN TREINTA Y SIETE

Cantabria

1 Cantabria, a la que también por antonomasia se llama « La Montaña », se encuentra enclavada entre Asturias y el País Vasco, al norte de Castilla-León y de cara al mar.

2 La capital, Santander, se extiende a orillas de una amplia bahía en la que sobresale la casi isla de la Magdalena.

3 Es una ciudad industrial, mercantil y pescadora ; y un polo de atracción turistica a causa de las excelentes condiciones naturales que en ella convergen. **(1)**

4 En efecto, al pie mismo de la ciudad se prolongan, casi sin interrupción, toda una serie de playas — El Sardinero, La Magdalena, etc. — que por su belleza han contribuido a que también se conozca a la ciudad con el sobrenombre de « la novia del mar ». **(2)**

5 El Paseo de Pereda y las avenidas que lo rodean son muestra del Santander que renació de las cenizas tras el gigantesco incendio de 1940 que asoló una cuarentena de calles y que obligó a configurar un nuevo trazado de gran parte de la ciudad.

NOTAS

(1) *Polo* : Pol, Punkt.
Polo Norte : Nordpol.
Polo de desarrollo : Entwicklungsgebiet.
Es el polo opuesto de su hermano : Er ist das genaue Gegenteil seines Bruders.

37. LEKTION

Kantabrien

1 Kantabrien, als Antonomasie auch « La Montaña » genannt, liegt eingeschlossen zwischen Asturien und dem Baskenland, im Norden von Kastilien-León, dem Meer zugewandt.
2 Die Hauptstadt Santander erstreckt sich entlang der Küste an einer weiten Bucht, aus der die Halbinsel Magdalena herausragt.
3 Es ist eine Industrie-, Handels- und Fischereistadt; ein touristischer Anziehungspunkt, dank der ausgezeichneten Naturbedingungen, die hier vereinigt sind.
4 [Denn] tatsächlich befindet sich am Fuße der Stadt eine fast ununterbrochene Reihe von Stränden — El Sardinero, La Magdalena, usw. — die durch ihre Schönheit dazu beitrugen, dass die Stadt auch unter dem Beinamen « die Meeresbraut » bekannt wurde.
5 Der Paseo de Pereda und die ihn umgebenden Straßen zeigen das nach dem Großbrand aus seiner Asche auferstandene Santander. Dieser Brand verwüstete ca. 40 Straßen und führte dazu, dass weite Züge der Stadt notgedrungen neu gestaltet wurden.

(2) *Sobrenombre* : Beiname, Spitzname.

6 Detrás, los barrios antiguos brindan aún el encanto del laberinto de las pequeñas callejuelas. **(3)**

7 Por otra parte, el verano ofrece también un ambiente cultural particularmente rico :

8 el que da a la ciudad la « Universidad de verano Menéndez y Pelayo » ; en ella se imparten cursos de todos los niveles para extranjeros y nacionales. **(4) (5)**

9 El recorrido por la provincia ofrece al viajero el exuberante contraste entre las límpidas playas y los hermosos valles y altas montañas que jalonan la geografía santanderina. **(6) (7)**

10 Así mismo, se podrán apreciar los buenos menús regionales entre los que destacan el salmón y las anchoas, la sopa montañesa, las sardinas a la Cantábrica, los caracoles a la Santoña y también quesos de gran calidad.

11 A treinta kilómetros de Santander está Santillana del Mar, una auténtica joya :

NOTAS

(3) *Brindar* : anstoßen, sein Glas heben auf (siehe Anm. 1, Lektion 13).
Auch : (an-)bieten, (dar-)bieten, schenken (*ofrecer, proponer*).
Brindarse a : sich erbieten (etwas zu tun).
Se brindó a llevarme a casa en coche : er erbot sich, mich im Auto nach Hause zu bringen.

(4) *Impartir cursos* : Kurse anbieten, geben, abhalten.

(5) Es ist vielleicht interessant für Sie zu wissen, dass die Universität Menéndez y Pelayo, die heutzutage einen Internationalen Ruf besitzt, zahlreiche Sommerkurse organisiert, unter anderem auch Spanischkurse für Anfänger, Fortgeschrittene, Landeskundekurse, usw. Selbstverständlich bieten auch andere Universitäten, z. B. Barcelona, Burgos, Salamanca, Sevilla, Saragossa, solche Kurse an.

6 Dahinter bieten die Altstadtviertel noch den zauberhaften Charme der verwinkelten Gässchen.
7 Im Übrigen herrscht im Sommer auch ein besonders reiches Kulturleben
8 durch die Sommerkurse an der Universität Menéndez y Pelayo ; hier werden Kurse jeden Niveaus für in- und ausländische Studenten abgehalten.
9 Die Fahrt durch die Provinz bietet dem Reisenden den üppigen Kontrast zwischen den makellosen Stränden, den wunderschönen Tälern und den hohen Bergen, welche die Region von Santander säumen.
10 Man kann ebenfalls die guten regionalen Gerichte kosten, wobei besonders der Lachs und die Sardellen, die « Sopa montañesa », die Sardinen « kantabrischer Art », die Schnecken « à la Santoña », wie auch der ausgezeichnete Käse zu erwähnen sind.
11 Dreißig Kilometer von Santander enfernt liegt Santillana del Mar, ein echtes Juwel :

(6) *Recorrer :* (hier :) bereisen.
Recorrer mundo : die Welt bereisen, « weltenbummeln ».
Recorrido : Strecke (*trayecto*).
(7) *Santander* : Hauptstadt von Kantabrien.
La Montaña : Region von Santander.
Cantabria : autonome Comunidad (Region von Santander).
Santanderino, a : aus Santander.
Cántabro : kantabrisch (aus Kantabrien).
Mar Cantábrico : Golf von Biskaya (*golfo de Vizcaya*) = Benennung für einen Teil des Atlantischen Ozeans zwischen La Coruña und San Sebastián.
Cantábrico, cántabro und *Cantabria* sind Namen, die dem Kantabrischen Bergland (*cordillera Cantábrica*) gegeben werden, das sich fast im Anschluss an die Pyrenäen (*Cordillera Pirenaica*) zwischen dem Baskenland und Galicien erstreckt.

12 conjunto monumental en el que la colegiata románica, las casas del Marqués de Santillana y otras familias, los palacios y diversas construcciones de gran valor conservan el talante de hace siglos. **(8)**

13 A sólo dos kilómetros está situada la llamada « Capilla Sixtina del arte cuaternario » : La Cueva de Altamira — la de mayor renombre de entre la veintena que se conocen en Cantabria.

14 En ella se reúnen las pinturas prehistóricas — representaciones de animales — más interesantes que se han descubierto hasta la fecha.

15 Construcciones cántabras típicas son las casonas o casas solariegas, algunas de ellas verdaderos palacios. **(9)**

16 La costa es un reguero de pequeños pueblos de pescadores, y en Castro-Urdiales, Santoña, etc. puede uno bañarse en idéntica magia.

EJERCICIO I. 1. La expedición consiguió llegar al Polo Norte. **2.** No me acuerdo de su sobrenombre. **3.** Me brindó una nueva oportunidad. **4.** Los caracoles no le gustan mucho. **5.** El año pasado estuve de vacaciones en un pequeño pueblo de pescadores.

EJERCICIO II

1. *Er sprach eine Stunde lang ununterbrochen.*

....

12 [hier gibt es] eine Anzahl von Baudenkmälern, wo die romanische Stiftskirche, die Häuser des Marquis von Santillana und anderer Familien, Paläste und verschiedene andere, wertvolle Bauten noch genau wie vor einigen Jahrhunderten aussehen.
13 Nur zwei Kilometer entfernt liegt die sogenannte « Sixtinische Kapelle der Quartärkunst » : die Grotte von Altamira, die berühmteste der ungefähr zwanzig kantabrischen Grotten.
14 Dort sind die interessantesten prähistorischen Malereien — Tiermalereien —, die man bis heute gefunden hat, vereint.
15 Die « casonas » oder « casas solariegas » sind für Kantabrien typische Bauten, einige davon sind wahre Paläste.
16 Die Küste ist eine Folge von kleinen Fischerdörfern, und in Castro-Urdiales, Santoña, usw. kann man in wahrhaftigem Zauber baden.

NOTAS

(8) *Talante* : Laune ; Aussehen, Wesen, Charakter.
Estar de buen/mal talante : guter/schlechter Laune sein.

(9) *Casona* : großes Haus.
Casa solariega : ehemaliger Stammsitz einer adligen Familie.
Palacio : (je nach Kontext) Palast, Residenz oder auch Schloss.

Ejercicio I. 1. Die Expedition schaffte es, den Nordpol zu erreichen. **2.** Ich erinnere mich nicht an seinen Spitznamen. **3.** Er hat mir eine neue Gelegenheit geboten. **4.** Schnecken schmecken ihm nicht besonders. **5.** Letztes Jahr habe ich meine Ferien in einem kleinen Fischerdorf verbracht.

2. *Wir haben unterschiedliche Strecken zurückgelegt.*

....

3. *Ich liebe die Atmosphäre der kleinen Gassen.*

.. ..

4. *Ich weiß nicht, was mit ihm los ist, er ist gut gelaunt.*

.. .., ...

LECCIÓN TREINTA Y OCHO

Vacaciones : la « movilización »

1 « Cientos de miles de personas se preparan para el gran éxodo ».
« Miles de especialistas movilizados para preparar la gran migración ». « Las autoridades temen que la desbandada general suma en el caos al país ». **(1)**

2 Los meses de verano se anuncian, pues, apocalípticos. **(2)**

3 A finales de junio el ambiente es de extrema tensión ; en el Ministerio de Transportes se constituye un gabinete de crisis. **(3)**

4 La hora H se convierte — los tiempos cambian — en la hora V.

NOTAS

(1) *Sumir*, nicht mit *sumar* (zusammenzählen) zu verwechseln, heißt im übertragenen Sinn « stürzen, versenken » : *Estaba sumido en sus pensamientos* : er war in Gedanken versunken.

(2) *Anunciar* : anzeigen, ankündigen, voraussagen.
Anunciarse kann auch bedeuten « versprechen zu werden ».
Eso se anuncia muy mal : Das fängt schlecht an.

5. *Bis heute haben wir keine Nachricht von ihm.*

....

Corrección del ejercicio II. 1. Habló sin interrupción durante una hora. **2.** Hemos hecho un recorrido diferente. **3.** Me gusta el ambiente de las pequeñas calles. **4.** No sé lo que le ocurre, está de buen talante. **5.** Hasta la fecha no hemos recibido noticias suyas.

38. LEKTION

Ferien : die « Mobilmachung »

1 « Hunderttausende von Menschen bereiten sich auf den Exodus vor. »
« Tausende von Spezialisten sind mobilisiert, um die große Völkerwanderung vorzubereiten. » « Die Behörden fürchten, dass die wilde Flucht das Land ins Chaos stürzt. »

2 Die Sommermonate versprechen also apokalyptisch zu werden.

3 Ende Juni ist die Stimmung äußerst gespannt ; im Verkehrsministerium wird ein Krisenstab gebildet.

4 Die Stunde 0 wird — die Zeiten ändern sich — zur Stunde F.

(3) *El fin de la película* : Ende des Films.
Lo encontrará al final del pasillo : Sie finden es am Ende des Ganges.
Está al final de la calle : Es ist am Ende der Straße.
A principios de, a finales de semana (mes, año, usw.) heißt « zu Beginn », « am Ende der Woche (des Monats, Jahresende, usw.) ». Diese Ausdrücke sind weniger präzise als *al principio* und *al fin, al final*, die « in den ersten/letzten Tagen » bedeuten.
Merken Sie sich auch : *a mediados de* : Mitte ...

5 Los medios de comunicación se apresuran a advertir al país de la inminencia del peligro. **(4)**

6 « El ejército de veraneantes se dispone a tomar por asalto las playas ».

7 « Las autoridades decretan la puesta en marcha del plan " Sálvese quien pueda " ».

8 En los hospitales y en los cuarteles generales — de la policía, de la Guardia Civil, etc. — el personal responsable está en su puesto, al pie del cañón. **(5)**

9 Televisión, prensa y radio incitan a la toma de decisiones rápidas — que se han de ejecutar sin precipitación — con vistas a evitar el acorralamiento, el bloqueo o el aplastamiento.

10 Unos días más tarde, la noticia cae como una bomba :

11 « En toda Europa, millones de seres humanos se han puesto en marcha ».

12 En los puestos fronterizos, la tensión aumenta : ¿pasaremos o no ?, se preguntan quienes intentan incorporarse a sus destinos situados en las costas. **(6)**

13 Los partes, transmitidos fríamente por los teletipos son alarmantes :

14 « Un millón de madrileños huye de la capital ». « Los primeros choques han tenido lugar en la autopista que conduce a la Costa Brava». « La situación se agrava en la Nacional 1 ! ». **(7)**

15 En los aeropuertos, estaciones ferroviarias, y estaciones de autobuses la situación es confusa.

NOTAS

(4) *Apresurar* : antreiben, beschleunigen.
Apresurarse : sich beeilen, hasten.
Sehr geläufig ist auch : *¡No se apresure !* Lassen Sie sich Zeit !

5 Die Medien beeilen sich, das Land auf die drohende Gefahr aufmerksam zu machen :

6 « Die Armee der Sommerurlauber ist bereit zum Sturm auf die Strände ».

7 « Die Behörden ordnen die Ausführung des Plans " Rette sich wer kann " an. »

8 In den Krankenhäusern, in den Hauptquartieren — der Polizei, der Guardia Civil, usw. — ist das verantwortliche Personal auf dem Posten, Gewehr bei Fuß.

9 Fernsehen, Presse und Radio rufen zu schnellen Entscheidungen auf — die ohne Überstürzung auszuführen sind —, um ein Einkesseln, eine Blockade oder die totale Zermalmung zu vermeiden.

10 Einige Tage später schlägt die Neuigkeit wie eine Bombe ein :

11 « In ganz Europa haben sich Millionen von Menschen in Gang gesetzt. »

12 An den Grenzübergängen wächst die Spannung : « Kommen wir durch oder nicht ? — fragen sich diejenigen, die zu ihren Bestimmungsorten an den Küsten zu gelangen versuchen.

13 Die Depeschen, die kaltblütig aus den Telexen kommen, sind alarmierend :

14 « Eine Million Einwohner aus Madrid fliehen aus der Hauptstadt. » « Die ersten Zusammenstöße ereigneten sich auf der Autobahn in Richtung Costa Brava. » « Die Lage auf der Nationalstraße 1 verschlimmert sich. »

15 Auf den Flughäfen, Bahnhöfen und Busbahnhöfen ist die Situation konfus.

(5) *El cuartel general* : Hauptquartier.

(6) *El que, la que, los que, las que* können, wenn es sich um Personen handelt, auch durch *quien, quienes* ersetzt werden. Siehe auch Lektion 21.

(7) *La Nacional 1* : Nationalstraße, ähnlich in Deutschland « Bundesstraße ».

16 Sí, es la « movilización general ».
17 Dentro de unos años, los estudiosos de nuestra época — suponiendo que les demos la posibilidad de nacer — se preguntarán perplejos por qué la sociedad del ocio, llamada por algunos « mundo civilizado », se expresaba, incluso en los períodos de vacaciones, de esparcimiento, en términos guerreros, de barbarie. **(8)**

EJERCICIO I. 1. Tenemos que ir a ver a un especialista. **2.** Temo que no hayan abierto todavía. **3.** Llegará a mediados de abril. **4.** Hay que tomar una decisión rápidamente. **5.** Sólo tienes un cuarto de hora para ir a la estación de autobuses.

EJERCICIO II

1. *In einigen Wochen werden wir die Antwort haben.*

....

2. *Lass dir Zeit.*

.. ..

3. *In meiner Freizeit lese ich gerne die Zeitung.*

Durante los ....

4. *Ich muss weiterarbeiten.*

Tengo ... .

5. *Gesetzt den Fall, dass ich es machen kann.*

....

16 Jawohl, es ist « allgemeine Mobilmachung ».

17 In einigen Jahren werden sich die Spezialisten, die sich mit unserer Epoche befassen — gesetzt den Fall, wir geben ihnen die Möglichkeit, auf die Welt zu kommen — perplex die Frage stellen, warum unsere Freizeit-Gesellschaft, von einigen auch die « zivilisierte Welt » genannt, sich sogar in Zeiten der Ferien und der Entspannung in barbarischem Kriegsvokabular ausdrückte.

NOTAS

(8) *Suponiendo que* : angenommen, dass unter der Voraussetzung, dass ; gesetzt den Fall, dass.

Ejercicio I. 1. Wir müssen einen Spezialisten aufsuchen. **2.** Ich fürchte, sie haben noch nicht geöffnet. **3.** Er kommt Mitte April. **4.** Es muss schnell eine Entscheidung getroffen werden. **5.** Du hast nur eine Viertelstunde, um zum Busbahnhof zu gehen.

Corrección del ejercicio II. 1. Dentro de unas semanas tendremos la respuesta. **2.** No te apresures. **3.** - - momentos de ocio me gusta leer la prensa. **4.** - que seguir trabajando. **5.** Suponiendo que pueda hacerlo.

LECCIÓN TREINTA Y NUEVE

Luis Buñuel

1 Hijo de un indiano que a los catorce años había dejado a su familia para enrolarse en el ejército **(1)**

2 y de una mujer de gran belleza treinta años más joven que su marido, Luis nace el 22 de febrero de 1900 en Calanda, provincia de Teruel. **(2) (3)**

3 Él será el mayor de los siete hijos del matrimonio. **(4)**

4 Vive y estudia en Zaragoza, no sin por ello dejar de visitar regularmente su pueblo natal, sobre todo durante la Semana Santa.

5 Así pues, ese hijo de la burguesía acomodada, de terratenientes, se impregna tanto del ambiente de la ciudad como del campesino.

6 De su peculiar personalidad, cuando aún era un niño, puede dar una idea la anécdota siguiente que más tarde relatará su hermana : **(5) (6)**

NOTAS

(1) In Spanien bedeutet *indiano* ein in Amerika reich gewordener und heimgekehrter Spanier (der Onkel aus Amerika). Beachten Sie :
indio — Indianer, Indio (Mittel- und Südamerika) und auch Inder.

(2) Der jüngste Sohn : *el hijo menor. Ella es cinco años menor (más joven) que yo* : sie ist fünf Jahre jünger als ich.
El mayor (Satz 3) oder *el primogénito* : der älteste Sohn.

(3) 1965 dreht Juan L. Buñuel, Sohn von Luis Buñuel, einen Dokumentarfilm nach einer Idee seines Vaters über die Karwoche in Calanda ; die Karwoche wird dort ähnlich gefeiert wie in Híjar (sehen Sie dazu Sätze 12, 13 und 14 von Lektion 24).

39. LEKTION

Luis Buñuel

1 [Als] Sohn eines Auswanderers, der im Alter von vierzehn Jahren seine Familie verlassen hatte, um sich zum Militär zu melden
2 und einer Frau von großer Schönheit, die dreißig Jahre jünger war als ihr Mann, wird Luis am 22. Februar 1900 in Calanda, Provinz Teruel, geboren.
3 Er ist das älteste der sieben Kinder des Ehepaares.
4 Er lebt und studiert in Saragossa, was ihn aber nicht davon abhält, seinen Geburtsort regelmäßig zu besuchen, besonders während der Karwoche.
5 So wird dieser Sohn aus wohlhabender bürgerlicher Familie von Großgrundbesitzern sowohl von der städtischen als auch der ländlichen Umgebung geprägt.
6 Von seiner ganz eigenen Persönlichkeit, als er noch ein Kind war, kann die folgende Anekdote ein Bild geben, die seine Schwester später erzählen wird :

(4) *Matrimonio* : Trauung (Verbindung nach einem offiziellen Akt) — *matrimonio civil* (standesamtliche Trauung) zum Beispiel.
Sacramento de matrimonio : das heilige Sakrament der Ehe.
Matrimonio : Ehepaar (*marido y mujer* : Ehemann und Ehefrau).
Un matrimonio joven : ein junges Ehepaar.
Contraer matrimonio con : eine Ehe eingehen mit, heiraten (*casarse*).
Cama de matrimonio : Ehebett, Doppelbett ; in Spanien normalerweise ein Bett, dass wir im Deutschen als « französisches Bett » bezeichnen. Kann bei Hotelbuchungen für Deutsche zu Überraschungen führen !
Beachten Sie auch : *Ir a la boda de* : zur Hochzeit von ... gehen.
El día de la boda : Hochzeitstag.
Las bodas de Fígaro : Figaros Hochzeit.

(5) *Peculiar* : besonders, eigen, eigentümlich ; *particular* : besonders, eigen, merkwürdig, seltsam ;
propio/a : eigen, zugehörig, zuständig ; *característico/a* : charakteristisch, bezeichnend, typisch.

(6) *Relatar* : berichten, schildern, erzählen (*contar, narrar*) ; *relato* : Erzählung (*narración*), Schilderung ; *la narrativa* : Erzählkunst.

7 Durante una cena familiar, Luis afirmó haber retirado un sucio y negro calzón de jesuita de la sopa que le había sido servida a la hora de la comida en el colegio. **(7)**

8 El padre, que por principio defendía siempre a los profesores, le llamó la atención y, como Luis insistiera, le expulsó del comedor. **(8) (9)**

9 Obediente, se levantó de la mesa y, parafraseando a Galileo, afirmó al tiempo que salía con dignidad :

10 « Y sin embargo había un calzón... »

11 A los 17 años, ya en Madrid, entabla amistad con Ortega y Gasset, Alberti, Dalí, Lorca, etc., lee a Freud y descubre el cine.

12 En 1925 llega a París y se asocia, por compartir las mismas preocupaciones, al naciente movimiento surrealista. **(10)**

13 « Un perro andaluz », « La Edad de Oro » y « Las Hurdes » serán, por orden, las grandes películas que dirigirá en esa época. Todas ellas producidas al margen del sistema comercial.

14 El comienzo de la trágica Guerra Civil española le sorprende en Madrid. Al poco, el gobierno de la República le confía misiones de apoyo en el extranjero.

NOTAS

(7) *Colegio* hat eine ziemlich umfassende Bedeutung und dient als Bezeichnung für verschiedene Anstalten des spanischen Schulwesens, sowohl staatliche als auch kirchliche. Häufig wird mit *colegio* sowohl die Grundschule (*escuela*) als auch eine weiterführende Schule oder Gymnasium (*instituto*) bezeichnet. Auch *colegios profesionales* : Berufsverbände, z. B. : *Colegio de médicos* : Ärztekammer ; *Colegio de arquitectos* : Architektenverband.

(8) **¡Esté atento !** (Passen Sie auf !) :
Llamar la atención a alguien : jemanden ermahnen, zur Ordnung rufen.
Llamar la atención de alguien : jdn. aufmerksam machen, Aufmerksamkeit erregen.

7 Während eines Abendessens der Familie erzählte Luis, dass er eine schmutzige und schwarze Unterhose eines Jesuiten aus der Suppe gezogen habe, die ihm in der Schule beim Mittagessen serviert worden war.

8 Der Vater, der aus Prinzip immer die Lehrer verteidigte, ermahnte ihn, und schickte ihn aus dem Esszimmer, als Luis darauf beharrte.

9 Gehorsam erhob er sich vom Tisch und, mit einem an Galilei angelehnten Zitat sagte er, als er würdevoll aus dem Esszimmer ging :

10 « Und ganz bestimmt gab es [doch] eine Unterhose ... »

11 Im Alter von 17 Jahren, bereits in Madrid, schließt er Freundschaft mit Ortega y Gasset, Alberti, Dali, Lorca u. a., liest Freud und entdeckt den Film.

12 1925 kommt er nach Paris und schließt sich der gerade entstehenden Bewegung des Surrealismus an, deren Vorstellungen er teilt.

13 « Ein andalusischer Hund », « Das goldene Zeitalter » und « Las Hurdes — Land ohne Brot » sind, in dieser Reihenfolge, die großen Filme, bei denen er in dieser Zeit Regie führt. Alle diese Filme wurden am Rande des kommerziellen Systems gedreht.

14 Der Ausbruch des tragischen spanischen Bürgerkrieges überrascht ihn in Madrid. Kurz darauf überträgt ihm die republikanische Regierung Missionen im Ausland, die für Unterstützung werben sollen.

No me llamó la atención ese detalle : dieses Detail ist mir nicht aufgefallen.
¡No llames la atención ! : mach die anderen nicht auf dich aufmerksam !

(9) *Insistiera* (imperfecto de subjuntivo) anstelle von *insistía*. Nach den Konjunktionen *como* (wie, weil, da) und *como quiera que* (da ; vorausgesetzt, dass ; dieweil) kann in Kausalsätzen, in Zeiten der Vergangenheit, wie im Lateinischen, Imperfecto de subjuntivo stehen, ist aber nicht zwingend vorgeschrieben. Es kann auch die entsprechende Form der Vergangenheit im Indikativ an dieser Stelle stehen.

(10) **¡Recuerde !**
Por + infinitivo dient zur Verkürzung von Kausalsätzen (sehen Sie Anm. 8, Lektion 33).

15 Cuando las armas se callan para dar paso a los lloros, Buñuel se encuentra en Estados Unidos. **(11) (12)**

16 En 1946 se desplaza a México y del « azar » del aborto de su proyecto inicial, nacerá su « época mexicana » (1946–1961). **(13)**

17 Con pobrísimos presupuestos llevará allí a cabo una serie de películas en las que manifiesta su talento artístico fiel a sus principios morales. **(14) (15) (16)**

18 No en vano declarará más tarde que era consciente de que la estrechez de los medios financieros con los que rodaba era también la condición de su libertad.

19 Nacionalizado mexicano vuelve a España y presenta « Viridiana » que recibe la palma de oro en Cannes — en España, la Censura prohibirá la proyección de la película.

20 Luego comenzará lo que puede llamarse « la época francesa », periodo que termina en 1977 con su última película : « Ese obscuro objeto del deseo ».

NOTAS

(11) *Dejar paso* oder *dar paso a* : den Weg freimachen für.
Dar (el) paso a alguien : jdm. Eingang verschaffen ; jdn. vorbeilassen.
Ceder el paso : jdn. überholen lassen ; jdm. den Vorrang lassen, Vorfahrt gewähren.
Cerrar el paso : den Weg versperren ; die Straße sperren.
Ceda el paso : Vorfahrt beachten ! (im Straßenverkehr).
Wie Sie schon wissen, hat das Verb *dejar* (lassen) verschiedene Bedeutungen. Sehen Sie in dieser Lektion :
Satz 1 : *había dejado...* : hatte verlassen ;
Satz 4 : *dejar de...* : aufhören zu, etw. sein lassen.

(12) *Las lágrimas* : die Tränen.
Los lloros : Weinen, Klagen, Tränen.

(13) Zufall : *casualidad, azar, acaso.*
Selbst wenn der Zufall nicht existieren sollte, es gibt mindestens drei Wörter, die dazu dienen, ihn auszudrücken. Bemerkenswert, oder ?

15 Als die Waffen schweigen um den Klagen zu weichen, befindet Buñuel sich [gerade] in den Vereinigten Staaten.

16 1946 reist er nach Mexiko, und durch den « zufälligen » Abbruch seines ursprünglichen Projektes entsteht seine « mexikanische Phase » (1946-1961).

17 Mit geringsten Mitteln dreht er eine Reihe von Filmen, in denen er sein künstlerisches Talent unter Beweis stellt, wobei er immer seinen moralischen Grundsätzen treu bleibt.

18 Nicht umsonst wird er später erklären, dass er sich darüber bewusst gewesen sei, dass die Knappheit der finanziellen Mittel, mit denen er drehte, auch Grund seiner Freiheit war.

19 Als mexikanischer Staatsbürger kehrt er nach Spanien zurück und präsentiert « Viridiana », der in Cannes mit der Goldenen Palme ausgezeichnet wird, — in Spanien verbietet die Zensur die Aufführung des Filmes.

20 Später beginnt die Phase, die man als die « französische » bezeichnen könnte, und die 1977 mit seinem letzten Film « Dieses obskure Objekt der Begierde » endet.

Wählen Sie nicht blindings aus (*al azar*), denn wenn Sie richtig liegen sollten, wäre das nichts als reiner Zufall (*pura casualidad*). Damit Ihnen das nicht mitten in einer Unterhaltung passiert, hier eine kurze Wiederholung :
Al azar : aufs Geratewohl, blindlings.
Una verdadera (pura) casualidad : reiner Zufall.
Por si acaso : wenn etwa ; im Falle, dass ; für alle Fälle.
Por casualidad : zufälligerweise, aus Zufall.

(14) *Llevar a cabo* : zu Ende bringen, abschließen.
Ejecutar : ausführen, vollziehen.
Realizar : realisieren, in die Tat umsetzen, bewerkstelligen.
Concluir : vollenden, zum Schluss bringen.
Efectuar : ausführen, bewerkstelligen.

(15) Die wichtigsten der in Mexiko entstandenen Filme sind : *« Los olvidados »* (1950), *« El »* — später von J. Lacan als Beispiel eines Falles von Paranoia analysiert und präsentiert — (1952), *« Nazarín »* (1958), *« El ángel exterminador »* (1962).

(16) *El presupuesto* : Kostenvoranschlag ; Haushalt ; Etat ; Budget.
Presupuesto de Estado : Staatshaushalt.

21 De 1977 hasta 1983 vive retirado en su casa de las afueras de México donde muere en julio del 83, conservando toda su lucidez hasta el último momento.

22 Para comprender la monumental obra de Buñuel, es importante saber lo que él decía a ese respecto ;

23 en efecto, él mismo confiará que dos sentimientos básicos le habitaron hasta su adolescencia ;

24 por una parte, un profundo erotismo sublimado al principio por una gran fe religiosa y,

25 más tarde, una perfecta conciencia de la muerte.

26 Buñuel añadirá que él no podía ser excepción a rasgos de carácter tan españoles. **(17)**

EJERCICIO I. 1. ¿Es el menor de la familia ? — No, es el mayor. **2.** Quisiéramos una habitación con cama de matrimonio. **3.** Estoy invitado a la boda, pero no podré ir. **4.** El apoyo que recibí me ayudó mucho. **5.** Piensa nacionalizarse sueca el año que viene.

EJERCICIO II

1. *Sie ist vier Jahre jünger als ich.*

.. ..

2. *Wenn er beim Sprechen nicht so schreien würde, würde er weniger Aufmerksamkeit erregen.*

.. .., ...

3. *Er hat es mir für alle Fälle gesagt.*

.. ..

21 Von 1977 bis 1983 lebt er zurückgezogen in seinem Haus am Rand von Mexiko City, wo er im Juli 1983 stirbt, bis zum letzten Moment im Vollbesitz seiner geistigen Kräfte.
22 Um das Werk Buñuels in seiner Gesamtheit zu verstehen, ist es wichtig zu wissen, was er selbst darüber gesagt hat;
23 tatsächlich gab er selbst zu, dass ihn zwei Grundgefühle seit seiner Jugend beherrscht haben;
24 einerseits ein tiefer Erotismus, anfänglich überhöht durch einen festen religiösen Glauben, und
25 später, ein tiefes Bewusstsein für den Tod.
26 Buñuel fügt hinzu, dass er keine Ausnahme von derart typisch(en) spanischen Charakterzügen darstellen könne.

NOTAS
(17) *La excepción confirma la regla*: Ausnahmen bestätigen die Regel.
Ser una excepción a la regla: abweichend von der Regel sein.

Ejercicio I. 1. Ist er der jüngste Sohn der Familie? — Nein, er ist der älteste. **2.** Wir hätten gern ein Zimmer mit Doppelbett. **3.** Ich bin zur Hochzeit eingeladen, werde aber nicht hingehen können. **4.** Die Unterstützung, die ich erhielt, half mir sehr. **5.** Sie will nächstes Jahr die schwedische Staatsangehörigkeit annehmen.

4. *Das Budget ist noch nicht veröffentlicht worden.*

.. ..

5. *Wie ist Ihre Meinung in dieser Angelegenheit ?*

¿.... .. .. ?

LECCIÓN CUARENTA

Chistes (1)

1 — Perdone, ¿puede prestarme cinco mil pesetas ?
2 — Pero... ¡yo a usted no le conozco !
3 — ¡Ya lo sé, por eso se las pido !

4 — Papá, quisiera casarme.
5 — ¿Qué dices ? ¿Te has vuelto loco ?
6 No tienes aún bastante juicio para escoger mujer.
7 — ¿Y cuándo te parece que lo tendré ?
8 — ¡Cuándo se te pase la manía de querer casarte ! **(2)**

9 — ¿Y por qué no se muda usted a otro piso más pequeño y barato ? **(3)**

NOTAS

(1) *Chiste* : Witz, Scherz, Spaß.
Contar un chiste : einen Witz erzählen.
Caer en el chiste : die Pointe erfassen ; kapieren ; den Braten riechen ; den Nagel auf den Kopf treffen.
No le veo el chiste : ich verstehe nicht, was daran lustig ist.
Das Wort *broma* kann auch mit Witz, Scherz übersetzt werden. Allerdings sagt man immer *chiste*, wenn es sich um einen erzählten Witz handelt oder eine witzige Bemerkung.
Bromas aparte : Spaß beiseite !
En broma : im Spaß.
Broma de mal gusto : schlechter Scherz.
Tomar a broma (oder *a guasa*) : nicht ernst nehmen (*no tomar en serio*).

Corrección del ejercicio II. 1. Es cuatro años menor que yo. **2.** Si no gritara al hablar, llamaría menos la atención. **3.** Me lo ha dicho por si acaso. **4.** El presupuesto todavia na ha sido publicado. **5.** ¿Cuál es su opinión a ese respecto ?

40. LEKTION

Witze

1 — Entschuldigen Sie, können Sie mir fünftausend Peseten leihen ?
2 — Aber ... ich kenne Sie ja gar nicht !
3 — Das weiß ich doch, darum frage ich Sie ja !

4 — Papa, ich würde gerne heiraten.
5 — Was sagst du ? Bist du verrückt geworden ?
6 Du hast noch nicht genug Verstand, um dir eine Frau auszusuchen.
7 — Und wann, glaubst du, werde ich den haben ?
8 — Wenn du nicht mehr auf die fixe Idee verfällst, heiraten zu wollen !

9 — Und warum ziehen Sie nicht in eine andere, kleinere und billigere Wohnung um ?

(2) *Manía* : Wahn, Manie, fixe Idee ; Grille.
Tiene muchas manías : er hat viele fixe Ideen.
Im übertragenen Sinn und in der familiären Sprache :
Tenerle manía a alguien : jdn. nicht ausstehen können.

(3) *Mudar* : wechseln.
Voy a mudar la cama : ich werde die Bettwäsche (*las sábanas*) wechseln.
Dieses Verb wird in erster Linie als Pronominalverb gebraucht :
mudarse : sich umziehen (Kleidung wechseln) oder umziehen (Wohnung wechseln).
Voy a mudarme : ich werde mich umziehen, die Wäsche wechseln.
Mudarse de (casa) : ausziehen.
Mudarse a (otra casa) : einziehen.
La mudanza : der Umzug.

10 — Porque no puedo pagar ninguno de los dos y en éste estoy más cómodo. **(4)**

11 Nota de prensa : Suicidio en una comisaría.
Ayer noche, en la comisaría del barrio de Patatrás, un detenido, cuyas iniciales son K.K.K., falleció como consecuencia de las heridas que se ocasionó al caer desde una silla.

12 Varios agentes, testigos de la escena, han presentado una querella ante el Ministerio Fiscal contra los proveedores de sillas demasiado altas.

13 — Cuando vine a que usted me arreglara la boca, me dijo que los dos dientes que me tenía que poner serían como los naturales.

14 — Sí, eso le dije.

15 — Pues bien, los dos dientes nuevos que me ha puesto me hacen sufrir horriblemente.

16 — Y entonces, ¿de qué se queja ? Ya le dije que eran como los naturales.

17 — El precio de los televisores que ustedes venden me parece excesivo.

18 — ¿En qué mundo vive usted, señor ? ¡La libertad está con frecuencia a precios inasequibles ! **(5)**

NOTAS

(4) *Cómodo* : bequem.
Ser cómodo (Sachen) : bequem sein. *Este sofá es muy cómodo* : dieses Sofa ist sehr bequem.
Ser cómodo (Personen) : sehr bequem sein, eine Person, die sich nicht gerne rührt um etwas zu unternehmen oder zu arbeiten. *Eres un comodón* (oder *un cómodo*), *nunca echas una mano cuando hay que arrimar un hombro* : du bist ein Faulpelz, nie hilfst du, wenn man mal tüchtig anpacken muss.
Estar cómodo : bequem sein (das Wohlbefinden betreffend), sich wohl fühlen (sehen Sie auch Lektion 27, Anm. 3).

10 — Weil ich keine von beiden bezahlen kann, und in dieser fühle ich mich wohler.

11 Pressemitteilung: Selbstmord in einer Polizeiwache.
Gestern Abend erlag ein Häftling, dessen Initialen K.K.K. sind, auf der Polizeiwache im Stadtteil Patatrás den Verletzungen, die er sich zuzog, als er von einem Stuhl fiel.
12 Verschiedene Polizisten, die Zeugen der Szene waren, haben bei der Staatsanwaltschaft eine Klage gegen die Lieferanten von zu hohen Stühlen eingereicht.

13 — Damals, als Sie mir die beiden Zähne machen wollten, haben Sie gesagt, dass die neuen Zähne, die Sie mir geben würden, wie echte seien.
14 — Ja, das habe ich Ihnen gesagt.
15 — Na gut, aber die beiden neuen Zähne, die Sie mir eingesetzt haben, bereiten mir schreckliche Schmerzen.
16 — Ja und, worüber beschweren Sie sich [dann]? Ich hatte Ihnen doch gesagt, dass sie wie echte Zähne seien.

17 — Die Preise für die Fernseher, die Sie verkaufen, scheinen mir überzogen.
18 — In welcher Welt leben Sie, mein Herr? Die Freiheit hat oft einen unerschwinglichen Preis!

(5) *Fuera de*: außer, ausgenommen.
Fuera de serie: außer Serie, Sonderanfertigung.
Es una persona fuera de lo normal: es ist eine außergewöhnliche (überdurchschnittliche) Person.
El enfermo está fuera de peligro: der Kranke ist außer Gefahr.
Deje los medicamentos fuera del alcance de los niños: bewahren Sie die Medikamente außerhalb der Reichweite von Kindern auf.
Fuera de temporada: außerhalb der Saison.
¡Fuera de aquí!: raus hier!
Estaba fuera de sí: er war außer sich.
Inasequible, inabordable, carísimo, exorbitante: unerschwinglich, wahnsinnig teuer; mit gleicher Bedeutung, aber in familiärer Ausdrucksweise — *Este año los espárragos están por las nubes* — Dieses Jahr ist der Spargel unerschwinglich.

EJERCICIO I. 1. Quisiera que me prestaras ese libro. **2.** Lo habrá dicho en broma. **3.** Cualquiera diría que le tienes manía. **4.** Nos mudaremos de casa a finales de mes. **5.** Este colchón es muy cómodo.

EJERCICIO II

1. *Unser Lieferant ist in Urlaub.*

....

2. *Trotz des Schmerzes beklagt er sich nicht.*

. ..., ...

3. *Er ist sehr intelligent, überdurchschnittlich.*

.. .., ...

LECCIÓN CUARENTA Y UNA

A tontas y a locas (1)

1 Director comercial de una firma de prestigio reconvertida al bricolaje, Narciso, llamado cada vez más por sus competidores Don Blablabla, es... es... ¡Es increíble !
2 Lo que mejor le definiría sería no decir nada, pero...
3 Puesto que estamos en ello... ¡Hagamos un esfuerzo !

NOTAS
(1) *A tontas y a locas* : ohne Sinn und Verstand. *Hablar a tontas y a locas* : dummes Zeug reden.

Ejercicio I. 1. Ich möchte gern, dass du mir dieses Buch leihst. **2.** Das hat er sicher im Spaß gesagt. **3.** Man könnte meinen, dass du ihn nicht ausstehen kannst. **4.** Wir ziehen Ende des Monats aus dem Haus aus. **5.** Diese Matratze ist sehr bequem.

4. *Machen Sie es sich bequem !*

¡....... ...... !

5. *Außerhalb der Saison gibt es weniger Touristen.*

....

Corrección del ejercicio II. 1. Nuestro proveedor so ha ido de vacaciones. **2.** A pesar del dolor, no se queja. **3.** Es muy inteligente, fuera de lo normal. **4.** ¡Póngase cómodo ! **5.** Fuera de temporada hay menos turistas.

41. LEKTION

Ohne Sinn und Verstand

1 [Als] Verkaufsleiter einer angesehenen Firma, die sich jetzt auf Heimwerker spezialisiert hat, wird Narciso von seinen Konkurrenten immer häufiger Herr Blablabla genannt, es ist, ist ... Es ist unglaublich !

2 Um ihn zu beschreiben wäre es am besten, gar nichts zu sagen, aber ...

3 Da wir einmal dabei sind ... Lassen Sie's uns versuchen!

A diestra y siniestra : (wörtlich — links und rechts) kreuz und quer ; drunter und drüber.

4 Se trata de una de esas personas dignas de crédito que incluso muertas tienen traza de estar dando el camelo. **(2) (3)**

5 Su cavidad craneana esconde una cierta elasticidad moral y alberga una severa falta de pertinencia.

6 Hay quienes dicen que desde siempre ha tenido una seria tendencia a ahogarse en un vaso de agua, y basan su argumentación **(4)**

7 en el mal trago que pasó siendo niño cuando su padre, enfadado porque Narciso declaraba querer hacerse piloto de « Fórmula Cero », **(5) (6) (7)**

8 le echó en la cabeza un vaso de agua fría para refrescarle la memoria.

9 ¿Puede diagnosticarse, como ya lo hizo uno de los asistentes del Hospital Provincial, que ese echo tuvo como consecuencia el « encogimiento de la capacidad de cogitar » ?

10 Cada uno es libre de concluir lo que juzgue más oportuno.

11 Lo que está claro, confesaba recientemente un distribuidor que acababa de rescindir un contrato con él, es que en su presencia **(8)**

NOTAS

(2) *Traza* hat im übertragenen Sinn die gleiche Bedeutung wie *pinta* (äußerer Anschein, Art, Eindruck) — sehen Sie Anm. 9 in Lektion 9.
Huella : Spur, Fährte.

(3) *Camelo* : falsche Nachricht, Zeitungsente. *Dar el camelo a alguien* : jdn. necken, uzen, aufziehen, jdm. auf die Nerven gehen ; jdn. übers Ohr hauen.

(4) *Ahogarse en un vaso de agua* : sich wegen jeder Lapalie aufregen ; einen Sturm im Wasserglas veranstalten.

(5) *Trago* (sehen Sie Anm. 6, Lektion 6).
Ha sido un mal trago : das ist schwer zu verdauen ; das war ein schwerer Schlag.

(6) *Enfadarse* : böse werden, sich ärgern.
Enfado : Ärger, Verdruss.

4 Es handelt sich um eine jener glaubwürdigen Personen, die sogar tot noch so aussehen, als wollten sie andere übers Ohr hauen.
5 Seine Schädelhöhle versteckt eine gewisse moralische Elastizität und beherbergt einen ernstlichen Mangel an logischen Gedankengängen.
6 Es gibt Leute, die sagen, dass er schon immer dazu neigte, bei der kleinsten Kleinigkeit einen Sturm im Wasserglas zu veranstalten und sie stützen ihre Argumentation darauf,
7 dass er als Kind schwer daran zu schlucken hatte, als sein Vater ihm wütend, weil Narciso ihm erklärt hatte, er wolle Rennfahrer in der « Formel Null » werden,
8 ein Glas kaltes Wasser über den Kopf goss, um seinen Geist aufzufrischen.
9 Kann man wirklich diagnostizieren, wie es bereits ein Assistenzarzt des Kreiskrankenhauses getan hat, dass diese Tat das « Einlaufen der Denkfähigkeit » zur Folge hatte ?
10 Jeder ist frei, die Schlüsse zu ziehen, die er selbst für angebracht hält.
11 Was aber eindeutig klar ist, gestand kürzlich ein Vertreter, der gerade einen Vertrag mit ihm gekündigt hatte, ist, dass in seiner Gegenwart

(7) *Querer hacerse* oder *llegar a ser* oder *convertirse en* (Satz 13) : sehen Sie dazu Lektion 21, in der die Übersetzungsschwierigkeiten des deutschen « werden » erläutert werden.

(8) *Distribuidor* : Vertreter, Agent, Verteiler, Auslieferer.
Red distribuidora : Vertriebsnetz.
Distribuidor automático de bebidas : Getränkeautomat.
Distribuidor exclusivo para China : Alleinvertriebshändler für China.
Representante de comercio : Handelsvertreter.

12 -en el despacho, en las reuniones, en las ferias de muestras, en las entrevistas, ante la secretaria, etc.- **(9)**

13 lo cotidiano pierde todo viso de trivialidad para convertirse en un conjunto de excentricidades grotescas.

14 Así, por ejemplo, ocurrió hace unos días que después de haber movilizado a media empresa para que le marcaran el número de teléfono de un agente comercial, **(10)**

15 se dio cuenta de que el número figuraba en el membrete de la carta que tenía en la mano ; descolgó entonces el teléfono y, mientras marcaba, exclamó : **(11)**

16 — « ¡Todo lo tiene que hacer uno mismo ! ¡Es increíble ! »

17 A la taquígrafa, que había levantado el acta de la entrevista que se acababa de desarrollar, se le oyó mascullar al salir del despacho :

18 — « La jerarquía es como los cachivaches que se ponen encima de los muebles : cuanto más altos, menos sirven. »

19 En su trabajo, Narciso, como ocurre en el servicio militar, consigue a veces engañar la ociosidad, pero nunca el aburrimiento.

20 Quizá sea por ello por lo que piensa en tomar una nueva orientación profesional. **(12)**

NOTAS

(9) *Feria* : Messe. *Feria del campo* : Agrarmesse, Landwirtschaftsschau.
Feria de muestras : Mustermesse.
Muestra :
— *El representante ha dejado las muestras* : der Vertreter hat die Muster dagelassen.
— *El piso de muestra o piso piloto* : die Musterwohnung.
— *Dar muestra de* : unter Beweis stellen.
— *Muestra de cansancio* : Anzeichen von Müdigkeit.
— *Como muestra de amistad* : als Zeichen der Freundschaft.

(10) Beachten Sie, dass es im Spanischen recht genaue Regeln für den Gebrauch der verschiedenen Zeiten gibt, die sich

12 -im Büro, in den Sitzungen, auf Messen, bei Gesprächen, vor der Sekretärin, usw.-

13 das Alltägliche den Schein der Trivialität verliert, um sich in ein Bündel von grotesken Exzentrizitäten zu verwandeln.

14 So zum Beispiel geschah es vor einigen Tagen, dass er, nachdem er die halbe Firma mobilisiert hatte, um für ihn die Telefonnummer eines Handelsvertreters zu wählen,

15 merkte, dass die Nummer auf dem Briefkopf des Briefes stand, den er in der Hand hielt ; also nahm er den Telefonhörer ab und schrie, während er wählte :

16 — « Alles muss man selber machen ! Unglaublich ! »

17 Die Stenografin, die gerade das Gesprächsprotokoll der soeben beendeten Unterredung aufgenommen hatte, hörte man beim Verlassen des Büros sagen :

18 — « Die Hierarchie ist wie der Nippes, den man auf die Möbel stellt : je weiter oben, desto weniger taugt er. »

19 Bei seiner Arbeit, so wie es beim Militärdienst üblich ist, gelingt es Narciso manchmal den Müßiggang auszuschalten, aber nie die Langeweile.

20 Vielleicht denkt er deshalb daran, beruflich neue Wege einzuschlagen.

auch auf den Subjuntivo beziehen. Im vorliegenden Satz vollzieht sich die Handlung in der Vergangenheit, folglich muss es heißen : *...para que le marcaran el número de teléfono...* Im Deutschen gibt es keine derart strikte Zeitenfolge. Bei Übersetzungen vom Deutschen ins Spanische hilft es, wenn man sich den Ablauf der Handlungen vor Augen führt, um die richtige Zeit zu wählen.

(11) *Membrete* : Kopf, Briefkopf (bei bestimmten Dokumenten od. Briefpapier).
Beachten Sie : *Encabezamiento* : Eingangsformel, Anrede in einem Brief.

(12) *Quizá sea por ello por lo que ...* : vielleicht ist es darum, weshalb ... ; vielleicht ist das der Grund, weshalb ... , vielleicht ist es deshalb, weil ...
Ello. Im Spanischen gibt es kein Neutrum als Geschlecht der Substantive. Das Pronomen *ello* dient dazu, etwas zuvor Gesagtes wieder aufzugreifen und steht im nachfolgenden Satz oder Teilsatz als Subjekt. Im Deutschen wird dazu « es », « dies » oder « das » gebraucht : *No me es simpático, pero ello no es razón para que hable mal de él* : er ist mir nicht sympathisch, das ist aber kein Grund, um ihn schlecht zu machen.

21 Lo que más le atrae es el cine — ¡su pasión fue siempre el gran espectáculo !
22 Hace poco incluso firmó un contrato con una compañía de producción cinematográfica para trabajar con grandes actores durante los fines de semana.
23 « Una manera como otra cualquiera de ir introduciéndose » — dice él. **(13)**
24 El sábado y el domingo pasados se ocupó ya de transportar, desde los estudios cinematográficos hasta un cine de las afueras, sus primeras bobinas.

EJERCICIO (repase el vocabulario)

Acta	Protokoll
Agente comercial	Handelsvertreter
Burguesía acomodada	Großbürgertum
Cajero	Kassierer
Compañía de producción	Produktionsfirma (z. B. Film)
Competidor	Mitbewerber, Konkurrent
Dar el camelo a alguien	jdm. auf die Nerven gehen ; jdn. übers Ohr hauen
Director comercial	Verkaufsleiter
Distribuidor exclusivo	Alleinvertriebshändler
Entrevista	Gespräch, Interview
Feria de muestras	Mustermesse
Firma de prestigio	angesehene Firma
Indiano	aus Amerika zurückgekehrter Auswanderer
Jerarquía	Hierarchie
Jornada de trabajo	Arbeitstag
Levantar acta	Protokoll aufnehmen, schreiben
Medios financieros	Finanzmittel
Membrete	Briefkopf

21 Am meisten interessiert ihn der Film (das Kino) - seine Leidenschaft galt schon immer den großen Auftritten.
22 Vor kurzem hat er sogar einen Vertrag mit einer Filmproduktionsgesellschaft unterschrieben, um an den Wochenenden mit bekannten Schauspielern zu arbeiten.
23 « Eine von vielen möglichen Arten, sich langsam einzuführen » — sagt er.
24 Letzten Samstag und Sonntag war er schon damit beschäftigt, seine ersten Filmspulen von dem Filmstudio zu einem Vorstadtkino zu transportieren.

NOTAS

(13) Sie haben bestimmt bemerkt, dass in dieser Lektion einige Fachbegriffe aus der Wirtschaftssprache vorkommen. Außerdem sollten Sie sich folgende Redewendungen gut einprägen :
— *Cada vez más* : immer mehr ...
— *lo que mejor...* : was am besten ...
— *puesto que estamos en ello...* : da wir gerade dabei sind ...
— *hagamos...* : lassen Sie uns ... machen ; machen wir ...
— *se trata de...* : es handelt sich um ...
— *hay quienes dicen...* : es gibt Leute, die sagen ... ; manche meinen ...
— *libre a cada uno de...* : es steht jedem frei zu ...
— *lo que está claro es que...* : was sicher ist, ist dass ... , es ist sicher, dass ...
— *así, por ejemplo...* : so, zum Beispiel ...
— *darse cuenta de que...* : sich klar machen, dass ... ; sich bewusst werden, dass ...
— *quizá sea por ello por lo que...* : (sehen Sie Anm. 12)
— *lo que más...* : das, was am meisten ...
— *una manera como otra cualquiera* : eine Art (und Weise) wie jede andere ; eine Art von vielen möglichen ...
— *parece que...* : es scheint, dass ... ; wie es scheint ...

PERSÖNLICHE NOTIZEN :

Muestra	Muster
Orientación profesional	berufliche Orientierung
Pedir dinero prestado	Geld leihen
Pescador	Fischer
Piso de muestra (o piloto)	Musterwohnung
Polo de desarrollo	Entwicklungsgebiet
Presupuesto	Budget, Haushalt
Red distribuidora	Vertriebsnetz

LECCIÓN CUARENTA Y DOS

Repaso y especificaciones

Gebrauch der Präpositionen

Die Präposition gibt das Verhältnis verschiedener Dinge oder Personen zueinander an, ihr Gebrauch ist im Spanischen und im Deutschen aber nicht immer gleich. Im folgenden erklären wir den Gebrauch der wichtigsten Präpositionen.

1. ***A.***

A. *A* ist die wichtigste Präposition der Richtung und des Ziels.
Voy a España : ich fahre nach Spanien.
Bajamos a la calle : wir gehen hinunter auf die Straße.

B. Bestimmte Ortsangaben werden mit *a* gebildet, z. B. *a la derecha* (rechts), *a la izquierda* (links), *a la puerta* (an der Tür), *a 10 km de Madrid* (10 km von Madrid).

C. *A* wird zur Angabe eines bestimmten Ortes gebraucht, an dem eine Handlung stattfindet.
Nos espera al pie de la estatua : er erwartet uns am Fuße der Statue.
Sentarse a la mesa : sich an den Tisch setzen.

Representante de comercio	Handelsvertreter
Rescindir un contrato	einen Vertrag aufheben, kündigen
Taquígrafa	Stenografin
Terrateniente	Landbesitzer, Großgrundbesitzer
Transportar	transportieren

42. LEKTION

D. Wenn ein Akkusativobjekt eine bestimmte Person bezeichnet, steht ebenfalls *a.*

Iremos a ver a su padre: Wir werden seinen Vater besuchen.

Auch bei Tieren, wenn sie einen Namen haben :

Sancho Panza ensilló a Rocinante : Sancho Panza sattelte Rosinante.

In Anlehnung an diesen Gebrauch, wird *a* auch dann angewendet, wenn das Objekt eine Sache ist, das Verb aber normalerweise für Personen gebraucht wird :

Levantaba las manos para saludar al barco a su paso bajo el puente : er hob die Hand, um das Schiff bei seiner Fahrt unter der Brücke hindurch zu grüßen.

E. Bestimmte Verben ändern ihre Bedeutung, je nachdem, ob sie mit oder ohne Präposition stehen, z. B. *querer* (wollen) und *querer a* (lieben).

La marquesa quiere un bufón : die Marquise möchte einen Clown.

La marquesa quiere a un bufón : die Marquise liebt einen Clown.

Aber :

F. Die Präposition *a* entfällt vor Akkusativobjekten, die eine unbestimmte Anzahl von Personen bezeichnen.
Encontré pocas personas en la cafetería : ich habe wenig Leute in der Cafeteria getroffen.
Hoy veo mucha gente en la calle : heute sehe ich viele Leute auf der Straße.
Das gilt insbesondere für Verben des Sehens und Fühlens (*encontrar, ver, sentir*, etc.).

G. *A* entfällt ebenfalls vor einem Akkusativobjekt, dem ein Dativobjekt folgt, vor dem *a* stehen muss.
El joven presentó su padre al profesor : der Junge stellte seinen Vater dem Lehrer vor.
Bei einem Vergleich zweier Objekte, die sich auf dasselbe Verb beziehen, muss *a* allerdings zweimal stehen :
Quería a su amigo tanto como a su hermano : sie liebte ihren Freund genauso wie ihren Bruder.

2. *En*

A. *En* ist die wichtigste Präposition des Ortes.
Los niños están en el pasillo : die Kinder sind im Flur.
Vive en Sevilla : er wohnt in Sevilla.
En wird auch gebraucht, wenn das Verb eine Idee des « Eintretens » ausdrückt :
Ingresar en la Universidad : sich in der Universität einschreiben.
Entra en el comedor : er betritt das Esszimmer.

B. *En* ist die wichtigste Präposition zur Angabe eines Zeitraums.
En vacaciones estuvimos en España : in den Ferien waren wir in Spanien.
Nació en 1980 : er wurde 1980 geboren.
En agosto : im August.

3. De

Die Präposition *de* steht oft zur Angabe der Ursache (siehe aber auch 4 D).

Se muere de hambre : er stirbt vor Hunger.
De bezeichnet auch die Herkunft.
Viene de Madrid : er kommt aus Madrid.

4. Por

A. *Por* dient zu ungefähren Angabe eines Ortes.
(Ahí) por la Sierra de Gredos, hay mucha caza : In der Gegend der Sierra de Gredos gibt es viel Wild.

B. Dient zur Angabe des Ortes, wenn bei Durchquerung eine Berührung stattfindet.
Pasear(se) por el bosque : im Wald spazierengehen.

C. Steht zur allgemeinen Angabe der Zeit.
Por la tarde : nachmittags.
Por la noche : abends.

D. Angabe des Grundes oder der Ursache, auch zur Angabe des Urhebers im Passiv.
No voy por la lluvia : ich gehe nicht hin, wegen des Regens.
El ministro fue recibido por el presidente : der Minister wurde vom Präsidenten empfangen.

Dies sind nur einige wichtige Regeln. Es gibt selbstverständlich noch viele andere Präpositionen. Sie haben nun bereits recht gute Spanischkenntnisse und müssen neben der Beherrschung der Regeln auch ein gewisses Sprachgefühl für diese Nuancen entwickeln.

PERSÖNLICHE NOTIZEN :

LECCIÓN CUARENTA Y TRES

A quien madruga Dios le ayuda (1)

1 En un sofocante día de verano, con pesadas mochilas, seguían una ruta de montaña un padre y su hijo.
2 Al borde de un terreno labrado, se paró el padre y dijo :
3 — Mira, coge esa herradura que hay allí tirada. **(2)**

NOTAS

(1) *Madrugar :* früh aufstehen (auch im übertragenen Sinn).
Madrugador : Frühaufsteher.
La madrugada : Tagesanbruch.
A las tres de la madrugada : um drei Uhr morgens.
Y ... dos refranes (zwei Sprichwörter) :
A quien madruga Dios le ayuda : (wörtlich : Gott hilft dem Frühaufsteher) etwa : Morgenstund' hat Gold im Mund.
No por mucho madrugar amanece más temprano : (wörtlich : wenn man früh aufsteht, wird es auch nicht früher hell) etwa : Eile mit Weile, alles zu seiner Zeit.

(2) *Tirar* (ziehen, werfen, etc.) ist ein häufig benutztes Verb, das in vielen Zusammenhängen gebraucht werden kann :
— Werfen : *Tirar un papel al suelo :* ein Papier fallenlassen, auf den Boden werfen.
Tirar el dinero por la ventana : Geld aus dem Fenster werfen, mit Geld um sich werfen.
Tirar piedras : Steine werfen.
— Umwerfen : *He tirado la leche sin querer :* Ich habe aus Versehen die Milch umgeworfen (umgeschüttet).
— Verschwenden : *Tirar (despilfarrar, derrochar) el dinero :* Geld verschwenden.
— Abreißen : *Tirar una casa :* ein Haus abreißen.
— Schießen : *Tirar (lanzar) un saque de esquina :* einen Eckball schießen.
Voy a tirarte una foto : ich werde ein Foto von dir schießen (machen).

43. LEKTION

Morgenstund' hat Gold im Mund

1 An einem stickigen Sommertag wanderten ein Vater und sein Sohn mit schweren Rucksäcken einen Bergpfad entlang.

2 Am Rande eines Ackers hielt der Vater an und sagte :

3 — Schau, heb' das Hufeisen auf, das dort liegt.

— Abbiegen : *Tira a la izquierda :* Bieg' nach links ab.
— Aushalten, durchhalten : *Estos zapatos pueden tirar todavía un mes más :* diese Schuhe halten schon noch einen Monat länger.
— Durchschlagen : *Tira con 100 euros a la semana :* er schlägt sich mit 100 Euro in der Woche durch.
Und vielleicht noch einige Redewendungen :
Tirarse al bulto : forsch zugreifen.
Tirar al monte : Heimweh haben ; nicht aus seiner Haut heraus können.
Tirar de la lengua : Würmer aus der Nase ziehen.
Tirar por lo alto : ehrgeizig sein, hoch hinauswollen.
A todo tirar : bestenfalls, höchstens.
Dejar tirado a uno : jemanden fallen lassen.
Estar tirando : sich hinziehen.
Ir tirando : (es geht) so la la, so einigermaßen.
Tirando por alto : höchstens.
Tirando por bajo : mindestens.
Tirarse al suelo de risa : sich totlachen.
Und in Satz 3 : ... *que hay allí tirada :* (wörtlich) das da hingeworfen wurde.

4 — ¡Bah! respondió el joven, no merece la pena agacharse. **(3) (4)**
5 El padre la cogió y la guardó en uno de los bolsos de su mochila.
6 En el primer pueblo por el que pasaron, el padre la vendió y compró un kilo de fresas. **(5)**
7 Los caminos eran áridos y el calor se hacía cada vez más insoportable.
8 Habiéndoseles acabado el agua, el joven, muerto de sed y rezagado seguía penosamente. **(6)**
9 El padre entonces, dejó caer, como por descuido, una fresa; **(7)**
10 el joven la recogió con tanto afán como si hubiera temido que desapareciera, y se la llevó a la boca.
11 Después fue el padre dejando caer otra, y otra... que el hijo recogía a toda prisa. **(8) (9)**
12 Cuando se acabaron todas, se volvió el padre hacia el hijo sediento y le dijo: **(10)**
13 — Si te hubieras agachado una sola vez para coger la herradura, no hubieras tenido que agacharte más de treinta para coger las fresas. **(11)**

NOTAS

(3) *Merecer:* sich lohnen; verdienen.
No merece la pena: das lohnt sich nicht.
No las merece: keine Ursache (auf Danke).

(4) *Agachar:* beugen.
Agacharse: sich bücken, ducken.
Agachar la cabeza: den Kopf beugen.
Agáchate y cógelo: bück' dich und heb' es auf.

(5) *Pueblo*: Dorf; manchmal auch Stadt, z. B. *en mi pueblo*: bei mir zu Hause (es muss nicht unbedingt nur ein Dorf sein);
Aldea: kleines Dorf.

(6) *Rezagado:* Nachzügler.
Rezagarse: nachhinken, zurückbleiben.

(7) *Como por descuido:* wie aus Versehen.
Descuido: Nachlässigkeit, Fahrlässigkeit, Unachtsamkeit, Versehen.
Tuvo el accidente en un momento de descuido: Er hatte den Unfall in einem Moment der Unachtsamkeit.

4 — Ach! antwortete der Junge, dafür lohnt sich doch das Bücken nicht.
5 Der Vater hob es auf und steckte es in eine Tasche seines Rucksacks.
6 Im ersten Ort, durch den sie kamen, verkaufte er es und kaufte ein Kilo Erdbeeren.
7 Die Wege waren trocken, und die Hitze wurde immer unerträglicher.
8 Sie hatten kein Wasser mehr [und] der Junge, halbtot vor Durst, schleppte sich mit Mühe hinterher.
9 Da ließ der Vater, wie aus Versehen, eine Erdbeere fallen;
10 der Junge hob sie so eifrig auf, als fürchtete er, sie könne verschwinden und führte sie zum Mund.
11 Dann ließ der Vater noch eine fallen, und noch eine ... die der Junge immer sofort aufhob.
12 Als sie alle waren, drehte sich der Vater zu seinem durstigen Sohn um und sagte zu ihm:
13 — Hättest du dich ein einziges Mal gebückt, um das Hufeisen aufzuheben, hättest du dich nicht mehr als dreißig Mal bücken müssen, um die Erdbeeren aufzuheben!

(8) Recuerde:
Ir + Gerundium = schrittweise Entwicklung (siehe Lektion 19, Anm. 4)

(9) *A toda prisa:* in aller Eile.
De prisa y corriendo: schleunigst, in Windeseile.

(10) *Sediento:* durstig, dürsten (auch im übertragenen Sinn).
Después del paseo estaba sediento: nach dem Spaziergang war er durstig.
Sediento de sangre: blutrünstig.
Sediento de riquezas: geldgierig.

(11) Recuerde: Bedingungssatz.
Erscheint die Erfüllung einer Bedingung unwahrscheinlich:
Pretérito Imperfecto de subjuntivo + potencial
Si pudiera, lo haría: wenn ich könnte, täte ich es (aber ich kann es nicht).
Wurde die Voraussetzung für eine Handlung nicht erfüllt:
Pretérito pluscuamperfecto de subjuntivo + potencial
Si le hubieramos invitado, vendría (oder: *habría venido*): Wenn wir ihn eingeladen hätten, käme er (wäre er gekommen).
Oft stehen im spanischen Bedingungssatz aber auch zwei Subjuntivos: wenn es sich um das Verb *querer* handelt (*quisiera* statt *querría*), und häufig mit den Verben *haber, poder* und *deber* (*hubiera, pudiera, debiera* statt *habría, podría, debería*).

¡Lógico ! (12)

14 — No sé qué daría por saber colocar los cuadros en la pared sin darme martillazos en los dedos.
15 — Muy sencillo : ¡agarre el martillo con las dos manos... ! **(13)**

EJERCICIO I. 1. ¿Mañana vas a madrugar ? **2.** Le he regalado una mochila. **3.** Agacha la cabeza, si no te harás daño. **4.** Eso no merece la pena. **5.** Voy a coger lo que se ha caído.

EJERCICIO II

1. *Er hat sich aus Unachtsamkeit verletzt.*

.. ..

2. *Wie geht es dir ? - So la la.*

¿... ... ? - ....

3. *Er lachte sich tot.*

.. ..

4. *Wenn ich gekonnt hätte, wäre ich hingegangen.*

.. .., ...

5. *Ich weiß nicht, was er dafür geben würde, hingehen zu können.*

.. ..

Logisch !

14 — Was würde ich dafür geben, wenn ich Bilder aufhängen (an die Wand hängen) könnte, ohne mir mit dem Hammer auf die Finger zu hauen !

15 — Ganz einfach : halten Sie den Hammer mit beiden Händen !

NOTAS

(12) *Lógico :* logisch ; natürlich, selbstverständlich.
Su razonamiento es lógico : seine Denkweise ist logisch.
Es lógico : das ist klar, selbstverständlich.

(13) *Agarrar :* packen, ergreifen (siehe auch Lektion 5, Anm. 3). Kommt von *garra* (Klaue, Pfote, Fänge). *Agarrar* ist ausdrucksvoller als *coger* (nehmen, mit einer Bewegung) und als *tomar* (nehmen, ohne Anstrengung).

Ejercicio I. 1. Stehst du morgen früh auf ? **2.** Ich habe ihm einen Rucksack geschenkt. **3.** Zieh' den Kopf ein, sonst tust du dir weh. **4.** Das lohnt sich nicht. **5.** Ich werde aufheben, was heruntergefallen ist.

Corrección del ejercicio II. 1. Se ha herido por descuido. **2.** ¿Qué tal ? — Tirando. **3.** Se tiraba al suelo de risa. **4.** Si hubiera podido, hubiera ido. **5.** No sé lo que (él) sería capaz de dar para poder ir.

LEKTION 43

LECCIÓN CUARENTA Y CUATRO

Baleares y Canarias : España insular

Las islas Baleares

1 Mallorca, Menorca, Ibiza, Formentera y Cabrera son las principales islas del archipiélago balear, situado en aguas del Mediterráneo, frente a las costas catalana y valenciana.

2 De los tiempos prehistóricos, en los que ya estaban habitadas, quedan hoy como huellas representativas ciertas variedades de monumentos megalíticos -« talayots », « navetas » y « taulas ». **(1)**

3 Hoy en día, se han convertido en una de las metas del turismo internacional.

4 La capital, Palma de Mallorca, registra la mayor concentración hotelera de Europa. Su aeropuerto es uno de los de mayor tráfico de España. **(2)**

5 Al otro lado de la isla, a unos 10 km. de Manacor, donde se producen las famosas perlas artificiales, se encuentran las cuevas del Drach : **(3)**

6 grutas naturales en las que se pueden recorrer en bote numerosos lagos subterráneos.

NOTAS

(1) *Talayots, navetas* und *taulas.* Diese Wörter gehören zum Dialekt, den man auf den Balearen spricht, dem « *mallorquín* », einer Variante des Katalanischen.
Alle drei bezeichnen megalithische Monumente, die den Balearen eigen sind.
Talayot (vom Arabischen « talāi », Wache — *centinela* —) : ein nicht sehr hoher Turm.
Naveta (aus dem Katalanischen « nau », Schiff — *nave* —) : eine Art Hünengrab.
Taula (aus dem Katalanischen « taula », Tisch — *mesa* —) : zwei große Steine, die im Allgemeinen in Form eines Tisches gemeißelt sind.

44. LEKTION

Die Balearen und die Kanarischen Inseln : das spanische Inselland

Die Balearen

1 Mallorca, Menorca, Ibiza, Formentera und Cabrera sind die wichtigsten Inseln des Archipels der Balearen, die im Mittelmeer vor der katalanischen und valencianischen Küste liegen.
2 Man findet heute noch repräsentative Spuren aus prähistorischen Zeiten, in denen sie bereits bewohnt waren, [in Form] bestimmter Arten megalithischer Monumente — « talayots », « navetas » und « taulas ».
3 Heutzutage sind sie zu einem der Ziele des internationalen Fremdenverkehrs geworden.
4 Die Hauptstadt Palma de Mallorca weist die größte Konzentration von Hotels in Europa auf. Ihr Flughafen hat eines der größten Verkehrsaufkommen in Spanien.
5 Auf der anderen Seite der Insel, etwa 10 km von Manacor [entfernt], wo die berühmten künstlichen Perlen hergestellt werden, findet man die Drach-Grotten :
6 Natürliche Grotten, deren zahlreiche unterirdische Seen man mit dem Boot befahren kann.

(2) *Registrar* hat mehrere Bedeutungen :
— Durchsuchen : *Registrar una casa :* ein Haus durchsuchen.
Registrarse los bolsillos : seine Taschen durchsuchen.
Registrar a fondo : etwas durchkämmen, bis ins Kleinste durchsuchen.
— Eintragen : *El ingeniero ha registrado una nueva patente :* der Ingenieur hat ein neues Patent angemeldet.
— Verzeichnen : *Se ha registrado un aumento de participación :* Es wurde eine größere Beteiligung verzeichnet.

(3) *Cueva :* Grotte (*gruta*), Höhle (*caverna*).
Las cuevas de Altamira (Lektion 37) : die Grotten von Altamira.
La cueva de Alí Baba : Ali Babas Höhle.

7 Si se va a pie, para llegar a cada uno de los lagos hay que atravesar desfiladeros, salas, bajadas, subidas y pasadizos : un vasto laberinto de decorados naturales de estalactitas y estalagmitas.

8 Mahón, en Menorca -isla menos turística pero no menos seductora- dio su nombre a la célebre salsa mayonesa -« mahonesa ».

9 Ibiza es la isla más risueña, quizá por estar mejor irrigada. La capital, la « ciudad blanca », reúne arte y hechizo natural. **(4)**

Las islas Canarias

10 Al noroeste de la costa africana, las Canarias, incorporadas a España al final de la Edad Media, constituyen un archipiélago volcánico que la antigua tradición relacionó con la mítica Atlántida.

11 Hasta el siglo XV estuvieron habitadas por los guanches. **(5)**

12 En el Puerto de la Luz, en Las Palmas -Gran Canaria-, hicieron escala las carabelas que llevaron a Colón a América.

13 Hoy, Las Palmas es una ciudad moderna y rica. Es también un puerto de primer orden.

14 El puerto franco de Santa Cruz -Tenerife- es una escala muy frecuentada. Numerosos viajeros adquieren allí los finos encajes de Tenerife.

NOTAS

(4) *Hechizar :* (be-)verzaubern, verhexen, bezirzen.
Un hechizo : Zauber (*encanto*), Bann, Verzauberung.

7 Um zu Fuß zu jedem der Seen gelangen zu können, muss man Engpässe, Säle, steile Abhänge hinauf- und hinuntergehen und schmale Gänge durchqueren: ein ausgedehntes Labyrinth natürlicher Dekoration aus Stalagmiten und Stalaktiten.

8 Mahón, auf Menorca — die am wenigsten touristische, aber nicht minder verführerische Insel — gab der berühmten Mayonnaise-Soße ihren Namen — « Mahonnaise ».

9 Ibiza ist die strahlendste Insel, vielleicht weil sie am besten bewässert ist. Die Hauptstadt, die « weiße Stadt », vereint Kunst mit natürlichem, bezauberndem Charme.

Die Kanarischen Inseln

10 Im Nordwesten der afrikanischen Küste [liegen] die Kanarischen Inseln, die am Ende des Mittelalters in das spanische Reich eingegliedert wurden und einen vulkanischen Archipel bilden, der in der Antike mit dem mythischen Atlantis in Verbindung gebracht wurde.

11 Bis zum 15. Jahrhundert wurden sie von den « Guanches » bewohnt.

12 Die Karavellen, die Christoph Kolumbus nach Amerika trugen, legten im Hafen von La Luz in Las Palmas auf Gran Canaria an.

13 Heute ist Las Palmas eine moderne und reiche Stadt. Sie besitzt auch einen der bedeutendsten Häfen.

14 Der Freihafen von Santa Cruz — Teneriffa — wird sehr häufig angelaufen. Viele Reisende kaufen dort die feinen Spitzen von Teneriffa.

(5) *Guanches* ist der Name der den Berbern verwandten, von den spanischen Einwanderern aufgesogenen Urbevölkerung der Kanarischen Inseln.

15 En el centro de la isla se encuentra el Pico de Teide, gigantesco cono que alcanza 3 718 metros de altura. **(6)**

16 En Fuerteventura, donde todavía se pueden encontrar playas solitarias, hay lugares pintorescos muy adecuados para la pesca submarina.

17 Lanzarote es la isla de belleza más extraña. En efecto, constituida por masas basálticas, gran parte del piso está configurado por infinidad de cráteres aislados o formando « cordilleras » de aspecto entre negro y verde.

18 En la isla de La Palma, en un grandioso cráter, se encuentra el Parque Nacional de Taburiente.

19 Gomera, silvestre y rocallosa, tiene ricos valles.

20 Hierro, en la punta oeste del archipiélago, marcaba, hasta el descubrimiento de América, el límite del mundo conocido.

21 Una remota literatura clásica asocia a Las Canarias, geográfica y mitológicamente, con el mito de la Atlántida. **(7)**

22 Homero, Platón y otros sabios griegos, refiriéndose a las Islas Canarias hablan del Jardín de las Hespérides. **(8)**

NOTAS

(6) *Pico :* Berggipfel, Spitzhacke, Schnabel, Spitze, Zacke, Zipfel.
Und vielleicht noch einige nützliche Ausdrücke :
— *Mil y pico euros :* *Tausend Euro und « ein paar* Zerquetschte ». *Son las tres y pico :* es ist kurz nach drei. *Dos años y pico :* etwas mehr als zwei Jahre.
— *Cerrar el pico :* den Schnabel halten.
— *Irse del pico* oder *tener mucho pico :* zu geschwätzig sein.

15 Im Zentrum der Insel liegt der Pico de Teide, ein gigantischer Zylinder, der 3718 Meter hoch ist (Höhe erreicht).

16 Auf Fuerteventura, wo man noch einsame Strände finden kann, gibt es malerische Plätze, die sich sehr gut zum Tauchen (und Fischen) eignen.

17 Lanzarote ist die Insel mit der eigenartigsten Schönheit. Tatsächlich setzt sie sich aus Basaltmassen zusammen, und ein Großteil des Bodens ist mit einer Unzahl einzelner Krater oder Ketten von grünen bis schwarzen Kratern bedeckt.

18 Auf der Insel La Palma befindet sich in einem gewaltigen Krater der Nationalpark von Taburiente.

19 Gomera, wild und geröllbedeckt, hat reiche Täler.

20 Hierro, am äußersten westlichen Zipfel des Archipels, stellte bis zur Entdeckung Amerikas die Grenze der bekannten Welt dar.

21 Die klassische Literatur der Vergangenheit bringt die Kanarischen Inseln geographisch und mythologisch in Zusammenhang mit dem geheimnisvollen Atlantis.

22 Homer, Plato und andere griechische Denker sprechen, wenn sie sich auf die Kanarischen Inseln beziehen, vom Garten der Hesperiden.

(7) Plato spricht von den Kanarischen Inseln, Madeira und den Azoren als den höchsten Punkten und einzigen Überresten eines sagenhaften Inselkontinents namens Atlantis, der nach einer gigantischen Naturkatastrophe im Meer versunken sein soll.
Auch Herodes verknüpft den Mythos des Riesen Atlas mit ihnen.

(8) Die Hesperiden : dieser Name wurde den Inseln im Atlantik gegeben, die als die westlichsten Inseln der Erde galten. In der Mythologie waren die Hesperiden umherirrende Sterne, die mit den Grenzen der bekannten Welt wanderten, je weiter diese entdeckt wurde, bis man sie eines Tages über dem Archipel der Kanarischen Inseln ansiedelte.
Für Hesiodes lag dort der Garten der Toten.
Die Hesperiden waren auch die Sagengestalten, die die goldenen Äpfel, ein Brautgeschenk für die Göttin Hera, bewachten.
Der « Garten der Hesperiden » wurde früher eigentlich als Bezeichnung für das weite und unbekannte Abendland benutzt.

23 Los romanos las llamaban Islas Afortunadas -nombre que aún conservan hoy. **(9)**

EJERCICIO I. **1.** En los tiempos prehistóricos los hombres vivían en cuevas. **2.** Veo sus huellas en la arena. **3.** Este año se ha registrado más tráfico en el aeropuerto. **4.** Tenemos intención de recorrer la costa cantábrica. **5.** ¿Irás a pie o en coche?

EJERCICIO II

1. *Alle Journalisten wurden durchsucht, als sie durch die Tür gingen.*

   Han ....

2. *Er ist eine Person mit einem heiteren Gemüt.*

   .. .. personalidad ....

3. *Die Investition wird etwas mehr als fünf Millionen betragen.*

   .. ..

4. *Ich lese gerne Geschichten aus der Mythologie.*

   .. ..

5. *Sein Eingreifen war wenig glücklich.*

   .. ..

23 Die Römer nannten sie die Glücklichen Inseln, ein Name, den sie heute noch tragen.

NOTAS

(9) *Afortunado :* glücklich, vom Glück begünstigt.
Un período afortunado : eine glückliche Zeit.
Un hombre afortunado : ein Mann, der Glück hat.
No es afortunado : er hat kein Glück.
Los afortunados por la lotería : die glücklichen Lotteriegewinner.
Poco afortunado : unglücklich. *Dijo unas palabras poco afortunadas :* er gab einige unglückliche Worte von sich.
Die Römer nannten die Kanarischen Inseln « Insulae Fortunatae » — die glücklichen Inseln — aufgrund der Fruchtbarkeit ihres Bodens und des extrem milden Klimas.

Ejercicio I. 1. In der Steinzeit lebten die Menschen in Höhlen. **2.** Ich sehe seine Spuren im Sand. **3.** Dieses Jahr hat der Flughafen ein höheres Verkehrsaufkommen zu verzeichnen. **4.** Wir haben vor, die kantabrische Küste entlangzufahren. **5.** Gehst du zu Fuß oder nimmst du das Auto ?

Corrección del ejercicio II. 1. - registrado a todos los periodistas al pasar la puerta. **2.** Es alguien que tiene una personalidad risueña. **3.** La inversión será de cinco millones y pico. **4.** Me gusta leer historias mitológicas. **5.** Su intervención fue poco afortunada.

LECCIÓN CUARENTA Y CINCO

Decir

1 ¿Decir ?
2 Sí, pero ¿qué ?
3 Ni que decir tiene que, a pesar de su sencillez, el asunto es complejo. **(1)**
4 En efecto, los hay, por ejemplo, que no dicen ni pío, **(2)**
5 los hay que siempre hallan que decir, **(3)**
6 los hay que, preocupados por el qué dirán, hablan « para que no se diga », **(4) (5)**
7 los hay que creen que todo se puede decir con « flores », **(6)**
8 los hay que se limitan a dar que decir, **(7)**
9 los hay que dicen misa, **(8)**
10 los hay que con una mirada lo pueden decir todo,
11 y los hay también -los más numerosos- que, sin decir agua va, hablan por hablar, y **(9)**
12 a decir verdad, por más que digan, nunca dicen nada. **(10)**

NOTAS

(1) *Ni que decir tiene que* oder *huelga decir que :* es erübrigt sich, zu erwähnen ; nicht erst zu sagen brauchen.

(2) *No decir ni pío* (*pío :* Vogelschrei = piep) oder *no decir esta boca es mía* (das ist mein Mund) : keinen Piep/Piepser von sich geben ; oder etwas umgangssprachlicher : die Zähne nicht auseinander kriegen.

(3) *Hallar que decir :* seinen Senf dazu geben, immer etwas zum Thema zu sagen haben (im negativen Sinn).

(4) *El qué dirán :* das Gerede.

(5) *Para que no se diga :* der Form halber. Beachten Sie hier das Wortspiel im Spanischen : Satz 6, wörtlich : solche, die um das Gerede besorgt sind [und] reden, « damit nicht gesagt wird »...

(6) *Flores :* Blumen, kann auch im Sinn von « Kompliment » gemeint sein. *Decir con flores :* ein Kompliment machen, etwas Schmeichlerisches sagen.

45. LEKTION

Sagen

1 Sagen ?
2 Ja, aber was ?
3 Es erübrigt sich zu erwähnen, dass die Angelegenheit trotz ihrer Einfachheit komplex ist.
4 Tatsächlich gibt es z.B. solche, die keinen Piepser von sich geben,
5 solche, die immer ihren Senf dazu geben müssen,
6 solche, die um das Gerede besorgt sind und nur der Form halber reden,
7 solche, die meinen, alles könne nett gesagt werden,
8 solche, die sich darauf beschränken, die Aufmerksamkeit auf sich zu ziehen,
9 solche, die Predigten halten,
10 solche, die mit einem Blick alles sagen können,
11 und es gibt auch solche — die meisten — die ohne Vorwarnung reden, nur um zu reden und,
12 erhrlich gesagt, nie etwas sagen, obwohl sie reden.

(7) *Dar que decir* (oder *dar que hablar*) hat zwei Bedeutungen :
— Im Mittelpunkt der Aufmerksamkeit (der Öffentlichkeit) stehen,
— Anlass zu Kritik oder Gerede geben.
Wir haben im Text die erste Möglichkeit gewählt.

(8) *Decir misa :* eine Messe lesen. Im Spanischen wird *como si dice misa* im Sinne von « der kann lange reden », « der redet wie ein Wasserfall » gebraucht, d.h. es interessiert niemand, was gesagt wird.

(9) Als seinerzeit in Spanien die ersten Städte entstanden, gab es natürlich kein so perfektioniertes Abwassersystem, wie wir es heute kennen. Die Häuser hatten keine Abwasserleitungen, und deshalb wurde nicht selten das Wasser direkt aus dem Fenster auf die Straße geschüttet. Der Ruf *¡Agua va !* (Achtung, Wasser !) sollte eventuelle Passanten warnen ... Der Ausdruck « *sin decir agua va* » stammt aus jener Zeit und bedeutet sowiel wie : ohne Vorwarnung.

(10) *Por más que* und *por mucho que,* jeweils mit Subjuntivo : obwohl, wie sehr auch.

13 A esos especialistas del palabreo que, dicho sea de paso, lo dice todo a su respecto, **(11) (12)**

14 lo menos que se les puede decir, si no se les dice adiós, y **(13) (14)**

15 a falta de decirles cuatro frescas, es : **(15)**

16 « Eso se dice pronto » o « Eso no me dice nada » o, **(16) (17)**

17 si se está de humor -y sonriendo de oreja a oreja- « ¡No me diga ! » ; expresiones todas que, **(18) (19)**

18 en determinadas circunstancias pueden ser reemplazadas por un seco « Pero, ¿qué me dice ? ». **(20)**

19 Sépase que, para colmo, muchos de ellos son gente capaz de soltarle luego a uno un escalofriante **(21)**

20 « ¡Haberlo dicho ! », **(22)**

21 y... eso si no tienen todavía cuerda para arrancar de nuevo diciendo : **(23)**

NOTAS

(11) *Dicho sea de paso :* nebenbei gesagt.

(12) *Decirlo todo :* vielsagend, das sagt alles.
Vergleichen Sie die Nuance der beiden Sätze 10 und 12 :
Con una mirada lo pueden decir todo : sie können alles mit einem Blick sagen.
Una mirada que lo dice todo : ein vielsagender Blick.

(13) *Lo menos que se les puede decir :* das mindeste, was man ihnen sagen kann.

(14) *Decir adiós :* auf Wiedersehen sagen. Im übertragenen Sinn bedeutet *decir adiós* auch « abschreiben », « vergessen » (den kann man abschreiben/vergessen).

(15) *Decirle a alguien cuatro frescas* (*fresca :* unangenehme Bemerkung) oder *cuántas son cinco :* jemandem gehörig die Meinung sagen.

(16) *Eso se dice pronto :* das ist leicht (schnell) gesagt.

13 Diesen Spezialisten, das sei nebenbei gesagt, [und] das ist schon sehr vielsagend,
14 kann man eigentlich nur sagen, wenn man sie nicht gleich abschreibt oder
15 ihnen kräftig die Meinung sagt :
16 « Das ist leicht gesagt » oder « das sagt mir garnichts »
17 oder, wenn man dazu aufgelegt ist — und von einem Ohr bis zum anderen grinsend — « Was Sie nicht sagen ! », alles Ausdrücke, die
18 unter bestimmten Umständen durch ein trockenes « Was erzählen Sie mir da eigentlich ? » ersetzt werden können.
19 Sie sollten wissen, dass viele dieser Leute noch dazu fähig sind, Sie nach einem schaudererregenden
20 « Hätten Sie das doch gleich gesagt », stehenzulassen,
21 um gleich danach wieder auf ihr Lieblingsthema zu kommen und loszulegen :

(17) *Eso no me dice nada :* das sagt mir nichts, das ist mir gleich ; hat aber auch die wörtliche Bedeutung : das sagt mir nichts (im Sinne von « das kenne ich nicht »). Die jeweilige Bedeutung hängt vom Kontext oder auch vom Tonfall ab.

(18) *Humor :* Humor ; Laune.
No está de oder *no tiene humor para bromas :* er ist nicht zum Scherzen aufgelegt.
Es una persona de humor : eine geistreiche Person.
Si estás de humor : wenn du Lust hast.

(19) *¡No me diga !* Was Sie nicht sagen ! Sowas ! Ohne Witz ! Nicht möglich !
Auch hier hängt der Sinn vom Tonfall ab.

(20) *¿Qué me dice ?* Wovon reden Sie überhaupt ? (Natürlich auch wörtlich : was sagt er mir ?).

(21) *Para colmo :* noch dazu, zu alledem.
Escalofriante : schaudererregend.

(22) *¡Haberlo dicho !* Hätten Sie das doch gleich gesagt !

(23) *Cuerda :* Seil, Leine, Schnur.
Dar cuerda al reloj oder *al despertador :* eine Uhr (einen Wecker) aufziehen.
Dar cuerda a uno : (ironisch) auf jemandes Lieblingsthema kommen (wohl wissend, dass er dann redet « wie aufgezogen »).

22 « No, no, donde digo digo no digo digo sino que digo Diego ». **(24)**

23 Delante de esos, y cuando a uno no le golpea en la cabeza el famoso

24 « Dime con quién andas y te diré quién eres », **(25)**

25 suele ocurrir que uno se dice para sus adentros : **(26)**

26 « ¡Dijo ! ¡Qué ocasión para cerrar el pico ! ». **(27) (28)**

27 Dicho de otra manera, a modo de resumen,

28 y por decirlo con palabras de un gran orador : **(29)**

29 « Huelga decir, y no es por decir, que "decir" es mucho decir -¡dígamelo a mí !- » añadía luego. **(30) (31)**

30 En fin, ya se sabe : del dicho al hecho hay un trecho ; **(32)**

31 pero... lo dicho, dicho está ; **(33)**

32 ¡no se lo diré dos veces ! ; **(34)**

33 en consecuencia... ¡no le digo más ! **(35)**

34 Así pues...

35 ¡Lo que usted diga ! **(36)**

NOTAS

(24) *Donde digo digo no digo digo sino que digo Diego :* (die wörtliche Übersetzung gibt im Deutschen eigentlich wenig Sinn) eine sehr bekannte spanische Alliteration, die dazu dient, sich über jemanden lustig zu machen, der sich widerspricht, der nicht zu seinem Wort steht.
(Diego = Vorname, abgeleitet von *Santiago,* Jakob).

(25) *Dime con quién andas y te diré quién eres :* sag' mir, wer deine Freunde sind und ich sage dir, wer du bist.

(26) *Decirse para su capote* oder *para sus adentros :* sich insgeheim sagen, zu sich selber sagen.

(27) *¡Digo !* ist ein Ausruf, der Erstaunen, Überraschung etc. ausdrückt. Manchmal kann er mit « Na sowas » wiedergegeben werden, aber es gibt unzählige Möglichkeiten, je nach Kontext.

22 « Nein, nein, wenn ich sage « sage », sage ich nicht « sage », sondern ich sage « Diego ».
23 Angesichts solcher [Leute], wenn Ihnen nicht das berühmte
24 « Sage mir, wer deine Freunde sind, und ich sage dir, wer du bist » im Kopf herumschwirrt,
25 geschieht es häufig, dass man sich insgeheim sagt :
26 « Sieh' an ! Welche Gelegenheit, einmal den Mund zu halten ! ».
27 Anders und zusammenfassend gesagt
28 und um mit den Worten eines großen Redners zu sprechen :
29 « Überflüssig zu sagen, und ich will ja nichts sagen, aber " sagen " ist ein bisschen viel gesagt — wem sagen Sie das ! » fügte er noch hinzu.
30 Schließlich ist es ja allgemein bekannt : Reden und Handeln sind zwei Paar Schuhe ;
31 aber ... was gesagt ist, ist gesagt ;
32 ich werde es Ihnen nicht zweimal sagen !
33 Folglich ... sage ich nichts weiter !
34 Also dann ...
35 Die Entscheidung liegt bei Ihnen !

(28) *Cerrar el pico :* den Mund/Schnabel halten.
(29) *Por decirlo con palabras de... :* um mit den Worten von ... zu sprechen.
(30) — *Huelga decir :* (siehe Anmerkung 1).
— *No es por decir :* ich will ja nicht sagen, dass ... (meistens von « aber » und etwas Negativem gefolgt).
— *Es mucho decir :* das ist ein bisschen viel gesagt (im Sinne von : aus einer Mücke einen Elefanten machen).
(31) *¡Dígamelo a mí !* Wem sagen Sie das !
(32) *Del dicho al hecho hay un trecho* (zwischen Sagen und Handeln liegt ein gutes Stück Weg) : Sagen und Handeln sind zwei Paar Schuhe.
(33) *Lo dicho, dicho está :* Gesagt ist gesagt ; man muss sein Wort halten.
(34) *No se lo diré dos veces !* Ich werde es (ihm, ihr, ihnen, Ihnen) nicht zweimal sagen !
(35) *¡No le digo más !* Ich sage nichts weiter ; Sie wissen schon, was ich sagen will.
(36) *¡Lo que usted diga !* Wie Sie wollen ! Es ist an Ihnen, zu entscheiden.

EJERCICIO (repase las expresiones -el primer número remite a la frase, el segundo a la nota.) :

Ni que decir tiene	3,1
No decir ni pío	4,2
Hallar que decir	5,3
El qué dirán	6,4
Para que no se diga	6,5
Dar que decir	8,7
Decir misa	9,8
Sin decir agua va	11,9
A decir verdad	12
Por más que digan	12,10
Dicho sea de paso	13,11
Decirlo todo	13,12
Lo menos que se puede decir	14,13
Decir adiós	14,14
Decirle a alguien cuatro frescas	15,15
Eso se dice pronto	16,16
Eso no me dice nada	16,17
¡No me diga !	17,19
¿Qué me dice ?	18,20
¡Haberlo dicho !	20,22
Dime con quién andas y te diré quién eres	24,25
Decirse para sus adentros	25,26
¡Digo !	26,27
Dicho de otra manera	27
Por decirlo con palabras de...	28,29
Huelga decir	29,1
No es por decir	29,30
Es mucho decir	29,30
¡Dígamelo a mí !	29,31
Del dicho al hecho hay un trecho	30,32
Lo dicho, dicho está	31,33
¡No se lo diré dos veces !	32,34
¡No le digo más !	33,35
¡Lo que usted diga !	35,36

Otras frases hechas con «decir» y «hablar»:

decir amén a todo – zu allem Ja und Amen sagen

decir algo/hablar con la boca chica, chiquita, o pequeña – etwas aus falscher Bescheidenheit bzw. etwas nur aus Anstand sagen; nicht alles sagen, was man denkt

hablar por los codos – wie ein Wasserfall reden

hablar por boca de ganso – (alles) nachplappern

hablar alguien para el cuello de su camisa – etwas in seinen Bart murmeln

hablando del Rey de Roma... (... por la puerta asoma) – wenn man vom Teufel spricht...

LECCIÓN CUARENTA Y SEIS

El que sabe, sabe

1 — ¡Hola! ¡Hace tiempo que no te veía! ¿Qué tal tu nuevo negocio de conservas? **(1)**
2 — ¡Viento en popa! Fue una buena idea; desde el primer día todo marcha como sobre ruedas. ¿Sabes que voy para rico? **(2) (3) (4)**
3 — Me alegro por ti, pues te lo mereces por trabajador, por listo, por honrado, por... **(5)**
4 — ¡Claro que sí! Lo que hace falta es honradez; eso digo yo: vender bueno y barato.
5 Mira, llegas a punto, aquí traigo una muestra.
6 — No tiene mala pinta; ¿qué es eso?
7 — Pues, pasta de hígado, « foie gras ». Pruébalo. **(6)**
8 — No sabe mal. ¿Y a cómo lo vendes?

NOTAS

(1) Auf die Frage « *Qué tal* » folgt in der Antwort entweder « *estar* », wenn jemand gefragt wird, wie es ihm gesundheitlich geht, oder « *andar* », wenn es sich um Geschäfte, Maschinen usw. handelt.
Los negocios andan bien : die Geschäfte gehen gut.

(2) *Viento en popa :* (wörtlich) Rückenwind, Aufwind ; im übertragenen Sinn : prächtig, großartig.

(3) *Marchar como sobre ruedas :* wie geschmiert laufen, glatt gehen.

(4) *Voy para rico :* eine abgekürzte Aussage, die selbstverständlich mit allen möglichen anderen Adjektiven funktioniert und soviel bedeutet wie « ich bin auf dem besten Wege ... zu werden ».
Beachten Sie in diesem Zusammenhang auch, dass *para* die wichtigste Präposition zur Angabe eines Zwecks (Bestimmung, Absicht) ist, während *por* zur Angabe des Grundes bzw. der Ursache dient.
Te lo mereces por trabajador : du verdienst es, weil du arbeitsam bist.

46. LEKTION

Wer weiß, der weiß

1 — Hallo! Lange her, seit wir uns das letzte Mal gesehen haben! Wie geht es mit deiner neuen Konservenfirma?
2 — Großartig! Das war eine gute Idee; seit dem ersten Tag läuft alles wie geschmiert. Weißt du, dass ich auf dem besten Weg bin, reich zu werden?
3 — Das freut mich für dich, du verdienst es, weil du arbeitsam, intelligent, ehrlich bist ...
4 — Na klar! Ehrlichkeit ist das, was zählt; ich sage: gut und billig verkaufen.
5 Schau her, du kommst gerade richtig, hier habe ich ein Muster.
6 — Das sieht nicht schlecht aus; was ist das?
7 — Tja, Leberpastete, « foie gras ». Versuch' mal.
8 — Schmeckt nicht schlecht. Und für wieviel verkaufst du sie?

(5) *Me alegro por ti:* das freut mich für dich. *Por* kann auch ein Objekt einleiten, das den Grund für ein Gefühl, ein Interesse usw. ausdrückt: *se interesa por su salud:* er interessiert sich für seine Gesundheit. *Mira por que sus amigos estén a gusto:* er achtet darauf, dass seine Freunde sich wohlfühlen.
Alegrar: erfreuen, erheitern; im übertragenen Sinn auch: verschönern, beleben.
Tu decisión me alegra: ich freue mich über deine Entscheidung.
Las luces de colores alegraban las calles: die bunten Lichter belebten die Straßen.
Me alegro de conocerle: ich freue mich, Ihre Bekanntschaft zu machen.
In der Umgangssprache heißt *me alegro* auch « um so besser »; *peor que peor* oder *tanto peor* heißt « um so (desto) schlimmer ».

(6) *Pasta de hígado:* Leberpastete. Die Spanier gebrauchen den französischen Ausdruck « foie gras » (Gänseleberpastete, eine bekannte und sehr teure Delikatesse) für alle möglichen Pasteten, ob es nun echte Gänseleberpastete ist oder nicht. Aus diesem Grunde ist also Vorsicht angebracht ...

9 — Baratísimo. A cuatrocientas la lata de doscientos cincuenta gramos. **(7)**
10 — ¿A cuatrocientas ? ¡Imposible ! A ese precio no puede ser verdadero foie gras. Habrá algo más. **(8)**
11 — ¡Palabra de honor !... ya sabes...
12 — Mira... yo no soy un cliente y no diré nada. Puedes decirme la verdad.
13 — Te juro que...
14 — Anda, ya sé lo que son los negocios. Te prometo que no diré nada ; confiesa que...
15 — Pues si, algo más hay.
16 — ¿Qué es ?
17 — Carne de cerdo, pero poca cosa.
18 — Sin duda, todo es cuestión de proporción.
19 — Sí, no quiero engañar a nadie, yo soy honrado y me gusta el equilibrio ; pongo mitad de uno y mitad de otro... así, alternando : un cerdo, una oca, un cerdo, una oca... y así sucesivamente.

EJERCICIO I. 1. ¿Qué tal el coche nuevo ? **2.** ¿Qué dices ? : ¿Tanto mejor o tanto peor ? **3.** Se interesa mucho por su trabajo. **4.** Se alegró de vernos. **5.** Lo que hace falta es que puedas venir.

9 — Spottbillig. Die 250g-Dose zu 400 Pesetas.
10 — Zu vierhundert? Nicht möglich! Zu diesem Preis kann das keine echte Gänseleberpastete sein. Da wird wohl noch etwas anderes drin sein.
11 — Ehrenwort! Du weißt doch ...
12 — Hör' zu ... ich bin kein Kunde und werde nichts weitersagen. Mir kannst du doch die Wahrheit sagen.
13 — Ich schwöre dir, dass ...
14 — Ach komm, ich weiß doch, was Geschäftemachen heißt. Ich verspreche dir, dass ich nichts sagen werde ; gib zu, dass ...
15 — Also gut, es ist noch etwas anderes dabei.
16 — Was?
17 — Schweinefleisch, aber ganz wenig.
18 — Sicher, es ist alles eine Frage der Proportionen.
19 — Ja, ich will niemand betrügen, ich bin ehrlich und ich liebe die Ausgewogenheit, ich gebe die Hälfte vom einen und die Hälfte vom anderen hinein ... also abwechselnd : ein Schwein, eine Gans, ein Schwein, eine Gans ... und immer so weiter.

NOTAS

(7) *Lata :* Weißblech, Blechbüchse, Konservendose, Kanister.
Una lata de sardinas : eine Büchse Sardinen.
Una lata de aceite : ein Ölkanister.
In der Umgangssprache :
— *Dar la lata :* jemandem auf den Wecker fallen, anöden, langweilen.
— *¡Qué lata!* So ein Quatsch!
— *Ser una lata :* (sterbens-)langweilig sein.

(8) Die Idee der Wahrscheinlichkeit kann im Spanischen auch durch das Futur des Indikativ ausgedrückt werden. Die gleiche Konstruktion gibt es im Deutschen auch, obwohl meistens ein « wohl » oder « wahrscheinlich » hinzugefügt wird :
Juan estará ahora de camino : Juan wird jetzt wohl auf dem Weg sein.
Habrá algo más : da wird wohl noch etwas anderes drin sein.
Algo más : (wörtlich) etwas mehr. Man hätte auch *otra cosa* sagen können, das hätte aber weniger zum Ausdruck gebracht, dass wohl noch « irgendetwas anderes » dabei sein muss. In diesem Zusammenhang : *nada más* : nichts weiter.

Ejercicio I. 1. Wie geht es mit dem neuen Auto? **2.** Was sagst du : umso besser oder umso schlechter? **3.** Er interessiert sich sehr für seine Arbeit. **4.** Er war erfreut, uns zu sehen. **5.** Es ist notwendig, dass du kommen kannst.

EJERCICIO II

1. *Sein Studium läuft wie geschmiert.*

... .

2. *Du kommst gerade richtig, ich wollte dich sprechen.*

....

3. *Das sieht nicht übel aus. Ich werde es probieren.*

.. ..

LECCIÓN CUARENTA Y SIETE

La carta comercial

1 Hoy en día, las cartas comerciales se redactan de una manera más libre, con un estilo más espontáneo.

2 Como el conjunto de la lengua, la correspondencia comercial se transforma y se adapta a las nuevas realidades del entorno social y económico.

3 Independientemente de la presentación misma de una carta comercial -la veremos más adelante-, se ha de tener en cuenta una serie de pautas de tipo general ;

4 he aquí las más importantes :

5 — claridad en la exposición de las ideas,

6 — sencillez de las formas,

7 — brevedad y concisión (se han de evitar las frases recargadas),

8 — corrección (no sólo gramatical sino también en la relación humana que se establece con el destinatario),

4. *Um diese Uhrzeit wird er wohl essen gegangen sein.*

. ...

5. *Möchten Sie noch etwas anderes ? — Nein danke, nichts weiter.*

¿...... .... ? -.., ... / ....

Corrección del ejercicio II. 1. Sus estudios marchan como sobre ruedas. **2.** Llegas a punto, quería hablarte. **3.** No tiene mala pinta. Voy a probarlo. **4.** A esta hora se habrá ido a comer. **5.** ¿Quiere algo más ? - No, nada más. Gracias.

47. LEKTION

Der Geschäftsbrief

1 Heutzutage werden Geschäftsbriefe auf eine freiere Art abgefasst, in einem ungezwungeneren Stil.
2 Wie die gesamte Sprache wandelt sich die Geschäftskorrespondenz und passt sich den neuen Gegebenheiten des sozialen und wirtschaftlichen Umfeldes an.
3 Unabhängig von der rein äußeren Form eines Geschäftsbriefes — diese werden wir später noch sehen — muss man einige allgemeine Regeln beachten ;
4 hier die wichtigsten :
5 — Klarheit in der Ausführung der Gedanken,
6 — Einfachheit der Formen,
7 — Kürze und Knappheit (überladene Sätze sind zu vermeiden),
8 — Korrektheit (nicht nur grammatikalisch, sondern auch in der menschlichen Beziehung, die man mit dem Empfänger aufnimmt),

9 — originalidad (el aspecto formal de la relación profesional no ha de impedir el aporte personal de quien escribe).

10 PRESENTACIÓN DE UNA CARTA COMERCIAL

11 En lo que concierne a las normas de presentación usuales, se pueden establecer las siguientes : **(1)**

12 a) El membrete : una empresa ha de escribir las cartas en papel con membrete. Éste, en general, va impreso en la parte superior del papel y varía en función del grafismo elegido por la empresa.

13 En él se encuentran la razón social, la dirección de la empresa y los números de telex y de teléfono. **(2)**

14 Si el papel utilizado no lleva membrete, la dirección del remitente se escribirá arriba, a la derecha.

15 b) La fecha : va debajo de la dirección de la empresa u otro remitente. **(3)**

16 c) La dirección del destinatario : se escribe arriba, en la parte izquierda, después de la fecha. **(4)**

NOTAS

(1) Die Angaben, die wir Ihnen in dieser und in der nächsten Lektion zur äußeren Form eines Geschäftsbriefes machen, beruhen auf allgemein gültigen Regeln. Natürlich werden Sie in der Praxis auf einige Variationen stoßen. Wenn Sie sich aber an diese Richtlinien halten, brauchen Sie keine Kritik zu fürchten, zumindest rein auf dem Präsentationsniveau.

(2) In Spanien werden Sie, anders als in Deutschland, auf dem Briefkopf nicht unbedingt die Nummer finden, unter der die Firma im Handelsregister (*registro mercantil*) eingetragen ist, obwohl man das neuerdings immer häufiger sieht.

(3) Das Datum wird gewöhnlich folgendermaßen geschrieben : *Córdoba, 17 de enero de 1989.* In den spanischsprachigen Ländern Südamerikas findet man auch folgende Schreibweisen : *Marzo 12, 1988* oder auch : *Buenos Aires a 22 de agosto de 1987.* In Spanien wird die Präposition *a* durch ein Komma ersetzt.

9 — Originalität (der formelle Aspekt der beruflichen Beziehung muss nicht den persönlichen Einfluss des Verfassers ausschließen).

10 ÄUSSERE FORM EINES GESCHÄFTSBRIEFES

11 Bezüglich der üblichen Regeln zur äußeren Form lassen sich folgende anführen:

12 a) Der Briefkopf: Eine Firma muss ihre Briefe auf Papier mit Briefkopf schreiben. Dieser ist im allgemeinen oben auf das Papier aufgedruckt und ist je nach der von der Firma ausgewählten Schriftform verschieden.

13 In ihm sind der Firmenname, die Anschrift des Unternehmens und die Telefon- und Telexnummern angegeben.

14 Wenn das benutzte Papier keinen Briefkopf hat, steht die Anschrift des Absenders oben rechts.

15 b) Das Datum: Es steht unter der Anschrift des Unternehmens oder eines anderen Absenders.

16 c) Die Adresse des Empfängers: Sie steht oben links, nach dem Datum.

(4) *La dirección* (oder *las señas*) *del destinatario.* Wenn der Brief in einem « Fensterumschlag » (*sobre de ventanilla*) verschickt wird, wird die Anschrift des Empfängers entweder auf die rechte oder linke Seite geschrieben, je nachdem auf welcher Seite sich das Fenster befindet. In Deutschland ist es allgemein nicht üblich, die Adresse auf der rechten Seite anzubringen, in Spanien kann man aber nach wie vor auf beide Varianten stoßen. Wird der Brief an eine bestimmte Person gerichtet, steht vor dem Namen *Sr. D.* — *señor don* — (*Sra. Dª.* wenn es sich um eine Frau handelt); auf diese Anrede muss der Vorname und der Familienname des Empfängers folgen:
Sr. D. José Mateos, oder einfach *Sr.* gefolgt von einem beruflichen Titel oder einer Funktionsbezeichnung:
Sr. Director General.
Sollen mehrere Personen gleichzeitig angesprochen werden, z.B. in einer Firma, steht vor den Familiennamen die Abkürzung *Sres.* — *señores* —: *Sres. García, Domínguez y Merino.*
Wenn der Brief an eine bestimmte Person gerichtet wird, vor allem innerhalb eines großen Unternehmens, sollte man nach der Anschrift den Namen und die Funktion des eigentlichen Empfängers wie folgt angeben:
Atención : Sr. ... oder *Atn. : Sr....*

17 La dirección habrá de ser exactamente la misma que la que se escriba en el sobre.
18 Debajo del nombre del destinatario se escribirá el nombre de la calle y el número ; en la línea siguiente la población y, si ha lugar, el distrito postal. **(5) (6)**
19 d) La referencia : se coloca debajo de la dirección del destinatario y suele incluir un número y unas iniciales. **(7)**
20 e) El asunto : arriba a la izquierda, debajo de las referencias, se indica o se recuerda de forma muy sucinta el tema de la carta.

(continúa en la lección 48)

NOTAS

(5) *Debajo de* (Sätze 15, 18, 19 und 20) ist eine zusammengesetzte Präposition. « Unter » wird im konkreten Sinn mit *debajo de* übersetzt, *bajo* steht, wenn es im übertragenen Sinn gemeint ist : *Debajo de la mesa :* unter dem Tisch. *Bajo las órdenes del tirano :* Unter dem Befehl des Tyrannen.

EJERCICIO I. 1. La correspondencia comercial debe adaptarse a la realidad del entorno socioeconómico. **2.** Una carta comercial no ha de estar exenta de originalidad. **3.** Ha expresado su punto de vista con concisión. **4.** ¿Quién es el remitente ? **5.** Este equipo trabajará bajo su dirección.

17 Die Adresse muss genau die gleiche sein, wie die Anschrift auf dem Umschlag.

18 Unter den Namen des Empfängers schreibt man den Straßennamen und die Hausnummer ; in die nächste Zeile den Ort und gegebenenfalls die Postleitzahl.

19 d) Der Bezug (Ihre Zeichen/Unsere Zeichen) : Man schreibt ihn unter die Anschrift des Empfängers — gewöhnlich besteht er aus einer Zahl und den Initialen.

20 e) Der Betreff : Oben links, unter dem Bezug, gibt man in sehr kurzer Form das Thema des Briefes an, oder greift es kurz wieder auf.

(6) Wenn es sich bei dem Ort nicht um die Provinzhauptstadt handelt, schreibt man üblicherweise den Namen der Provinz in Klammern hinter den Ortsnamen ; dabei sollte der Ortsname in Großbuchstaben geschrieben werden.
Sra. Dª. Pilar Gómez
María de Molina, 25
ARANDA DE DUERO (Burgos)
Vor dem Straßennamen kann auch die Abkürzung *C/* stehen (*Calle :* Straße). Anders als im Deutschen steht im Spanischen *calle* vor dem eigentlichen Namen : *Calle (C/) de Mozart :* Mozartstraße.
Beachten Sie, dass in Spanien mittlerweile auch jeder Ort mit einer fünfstelligen Postleitzahl (*código postal*) versehen ist, die selbstverständlich auch in der Anschrift angegeben werden sollte, um die Zustellung zu vereinfachen. Die Nennung der Provinz wird dadurch weniger bedeutend, wird aber häufig noch mit angegeben : *12530 BURRIANA (Castellón).*

(7) Normalerweise steht *S/ref.* (*su referencia :* Ihre Zeichen) oder *N/ref.* (*nuestra referencia :* Unsere Zeichen) oder in Kurzform einfach nur *Ref.*

Ejercicio I. 1. Die Geschäftskorrespondenz soll sich an die Wirklichkeit des sozioökonomischen Umfelds anpassen. **2.** Ein Geschäftsbrief muss nicht einer gewissen Originalität entbehren. **3.** Er hat seinen Standpunkt kurz und bündig ausgedrückt. **4.** Wer ist der Absender ? **5.** Dieses Team wird unter Ihrer Führung arbeiten.

EJERCICIO II

1. *Wir sind seit zwei Jahren im Handelsregister eingetragen.*

....

2. *Valencia, den 19. März 1992.*

Valencia, . 19 1992

3. *Wir haben keine Fensterumschläge mehr.*

.. ..

LECCIÓN CUARENTA Y OCHO

La carta comercial (continuación)

1 Después de haber indicado el asunto de que se trata se pasa al saludo.

2 f) El saludo : la fórmula se escribe a la izquierda y va seguida de dos puntos, y no de una coma. La primera letra va por supuesto, en mayúscula. **(1)**

3 g) El texto de la carta : entre las distintas maneras de presentarlo conviene destacar dos :

4 — El estilo semibloque : el principio de cada párrafo se encuentra ligeramente desplazado hacia el interior ; la fecha, la despedida y la firma se escriben a la derecha, con el mismo margen.

NOTAS

(1) Nachfolgend die gebräuchlichsten Anredefloskeln :
— *Señor(a) (es) (as)* : wörtlich — Herr... ; Frau... (in diesem Fall ist die Abkürzung *Sr.* zu vermeiden).

4. *Wir werden uns unter diesen Baum setzen.*

... . ese .....

5. *Wenn Sie uns schreiben, geben Sie bitte immer Ihre Zeichen an.*

...., ...

Corrección del ejercicio II. 1. Estamos inscritos en el Registro Mercantil desde hace dos años. **2.** -, a - de marzo de -. **3.** Ya no tenemos más sobres de ventanilla. **4.** Nos sentaremos debajo de - árbol. **5.** Cuando nos escriba, indíquenos siempre sus referencias.

48. LEKTION

Der Geschäftsbrief (Fortsetzung)

1 Nachdem man das Thema des Briefes angegeben hat, geht man zur Anrede über.

2 f) Die Anrede : Die Anredefloskel steht links und nach ihr steht ein Doppelpunkt, und kein Komma. Der erste Buchstabe wird selbstverständlich groß geschrieben.

3 g) Der Brieftext : Aus den verschiedenen Formen sind zwei hervorzuheben.

4 — Der Halbblockstil : Der Anfang eines jeden Absatzes wird leicht nach rechts eingerückt ; das Datum, die Grußformel und die Unterschrift stehen rechtsbündig.

— *Muy señores nuestros* oder *Muy Sres. nuestros* : Sehr geehrte Damen und Herren (diese Form ist unpersönlicher und sollte nur benutzt werden, wenn eine Firma sich an eine andere wendet und man den Ansprechpartner nicht persönlich kennt).
— *Estimado señor* (oder *Distinguido señor*) : Sehr geehrter Herr.
— *Estimado cliente* : Werter, sehr geehrter bzw. verehrter Kunde.

5 — El estilo bloque extremo : las diferentes partes de la carta — incluida la fecha — van alineadas, tomando como referencia el margen izquierdo ; se dejan dos interlíneas entre los párrafos.

6 Si en la carta se ha de indicar una cantidad, objeto de cargo o abono, es útil subrayarla o escribirla también en el margen.

7 Con objeto de evitar cualquier error, las cantidades se escribirán en cifras e inmediatamente después, entre paréntesis, en letras. **(2)**

8 Si la carta consta de más de una hoja, cada una de las hojas que la compongan se habrá de numerar.

9 h) La despedida : se han de evitar las fórmulas largas y retumbantes. **(3)**

10 i) La firma : si se trata de un comerciante establecido por su cuenta o de un pequeño comercio, basta con que el titular estampe su firma al pie de la carta.

11 Si se trata de comercios de importancia, y especialmente de sociedades, es necesario que el nombre y el apellido del firmante vayan precedidos del nombre de la empresa y que, después de la firma, se indique el cargo que ocupa el firmante en la sociedad. **(4)**

NOTAS

(2) ... *cuyo importe es de euros 8.650 (ocho mil seiscientas cincuenta)* : ... dessen Betrag sich auf 8.650 Euro (achttausendsechshundertfünfzig) beläuft.

(3) Schlichtheit ist immer eleganter. So sollte man Abkürzungen wie z. B. *affmo.* (*afectísimo* : sehr ergeben) usw. vermeiden. Heutzutage ist es zeitgemäßer zu sagen :
— *(Muy) Atentamente.*
— *Atentos saludos.*

5 — Der extreme Blockstil : Die einzelnen Teile des Briefes — einschließlich Datum — stehen in einer Linie, ausgerichtet am linken Rand ; zwischen den einzelnen Absätzen sind zwei freie Zeilen.
6 Wenn im Brief eine Mengenangabe gemacht wird, entweder als Belastung oder Gutschrift, sollte man diese unterstreichen oder auch an den Rand schreiben.
7 Um jeden Irrtum zu vermeiden, schreibt man die Mengen zuerst in Ziffern und direkt dahinter in Klammern in Buchstaben.
8 Besteht der Brief aus mehr als einer Seite, muss jede der Seiten, die zum Brief gehören, nummeriert werden.
9 h) Die Grußformel : Lange und hochtönende Floskeln sind zu vermeiden.
10 i) Die Unterschrift : Handelt es sich um einen Einzelunternehmer oder ein kleines Geschäft, ist es ausreichend, wenn der Inhaber seine Unterschrift unter den Brief setzt.
11 Wenn es sich um wichtige Unternehmen handelt und besonders bei [großen] Gesellschaften, ist es wichtig, dass vor dem Vor- und Nachnamen der Name des Unternehmens steht, und dass nach der Unterschrift die Funktion genannt wird, die der Unterzeichner im Unternehmen innehat.

— *Atentamente les saluda* (wenn der Namen des Unterzeichners Subjekt des Satzes ist).
— *Le(s) saludo (saludamos) muy atentamente.*
— *Quedo (quedamos) muy atentamente.*
— *Suyo(s) — suya(s) — atentamente.*
Wie bei den Formen der Anrede, wird nur der erste Buchstabe des ersten Wortes großgeschrieben.
Soll die Funktion des Unterzeichnenden herausgestellt werden, schreibt man zum Beispiel :
— *Le saluda atentamente, el Jefe de negociado* (der Dezernent).
Beachten Sie, dass nach der Grußformel immer ein Komma steht, nach der Anrede aber gewöhnlich ein Doppelpunkt.

(4) Der Unterschriftsabsatz steht unter dem Firmennamen, dann folgen der Name des Unterzeichnenden und seine Funktion.
Zum Beispiel :
Rigoberto y Cia.
Sarpullido Picazón
Director de ventas.

12 j) Los anexos : al pie de la carta, a la izquierda, se ha de indicar el número y el tipo de documentos que acompañan a la carta (facturas, listas de precios, vales de pedido, etc.). **(5) (6)**

13 k) Las copias al carbón : se habrá de escribir « C.C. » seguido del nombre de la persona a quienes serán entregadas o del uso al que se destinan. **(7)**

EJERCICIO (repase el vocabulario) :

Abonar (en una cuenta)	gutschreiben (einem Konto)
Anexo	Anlage ; auch : Anhang
Archivo	Ordner, Ablage
Asunto (de una carta)	Betreff
Cargar (en una cuenta)	belasten (einem Konto)
Carta comercial	Geschäftsbrief
Correspondencia comercial	Geschäftskorrespondenz
Derrochar (despilfarrar)	verschwenden
Despedida (en una carta)	Grußformel (am Ende eines Briefes)
Destinatario	Empfänger
Distrito postal	Postleitzahl
Grafismo	Schrifttyp
Hoja	Blatt
Lista de precios	Preisliste
Margen (el)	der Rand
Membrete	Briefkopf
Papel con membrete	Papier mit Briefkopf
Párrafo	Absatz, Paragraph
Puerto franco	Freihafen
Razón social	Firmenname
Referencia	Bezug
Registrar una patente	ein Patent anmelden
Registro mercantil	Handelsregister
Remitente	Absender

12 j) Die Anlagen : Am Briefende, auf der linken Seite, muss man die Anzahl und Art der Dokumente angeben, die mit dem Brief zusammen verschickt werden (Rechnungen, Preislisten, Bestellungen, etc.).

13 k) Die Durchschläge (Kopien) : Man schreibt « C.C. » und dann die Namen der Personen, die Kopien erhalten oder den weiteren Verwendungszweck.

NOTAS

(5) Zum Beispiel :
ANEXOS : 2 facturas
1 lista de precios

(6) **Se ha de + Infinitivo**. Um die Bedeutungsnuance, die mit dieser Konstruktion ausgedrückt wird, richtig zu verstehen, sehen Sie die nächste Grammatikwiederholungslektion, in der Ihnen diese Idee der Obligation oder Verpflichtung erklärt wird. Schauen Sie sich im Zusammenhang mit diesem wichtigen grammatikalischen Aspekt auch Satz 11 an : **es necesario que + subjuntivo.**

(7) Zum Beispiel :
C.C. archivo (Ablage).

Saludo (en una carta)	Anrede (in einem Brief)
Sobre de ventanilla	Fensterumschlag
Texto (de una carta)	(Brief-)Text
(Vale de) pedido	Bestellung

LECCIÓN CUARENTA Y NUEVE

Repaso y especificaciones

1. Der Ausdruck von Obligation, Verpflichtung

A. Die unpersönliche Verpflichtung

Die unpersönliche Verpflichtung, d. h. ohne Nennung eines Subjekts, wird im Deutschen mit « man muss » oder « man soll » gefolgt vom Infinitiv ausgedrückt. Man muss (oder man soll) anrufen : *Hay que telefonear.* Im Spanischen wird dieses mit *hay que + infinitivo* ausgedrückt, wenn es sich um die Gegenwart handelt. In den anderen Zeiten heißt es *había que, hubo que, habrá que* usw.
Diese allgemeine Verpflichtung kann auch durch folgende Wendungen ausgedrückt werden :

Es necesario
Hace falta
Es preciso + *infinitivo*
Es menester
(weniger gebräuchlich)

Hay que
Es necesario
Hace falta *practicar* : man muss üben
Es preciso
Es menester

B. Die persönliche Verpflichtung

Handelt es sich um eine persönliche Verpflichtung mit Nennung des Subjekts, so werden die folgenden Konstruktionen benutzt :

Tener que
Haber de + *infinitivo*

oder

Es necesario que
Hace falta que
Es preciso que
Es menester que
\+ *subjuntivo*

Ich muss lernen	*Tengo que estudiar*
Ich sollte lernen	*He de estudiar*
	oder
	Es necesario que estudie
	Hace falta que estudie
	Es preciso que estudie
	Es menester que estudie

Anmerkungen :

Die Konstruktion *tener que* + Infinitiv ist die geläufigste. Sie ist außerdem relativ einfach anzuwenden, da sie nicht den Gebrauch des *subjuntivo* erforderlich macht. (Dies ist natürlich keine Entschuldigung für Sie, sich nicht mit dem *subjuntivo* vertraut zu machen !)
Der richtige Gebrauch von *haber* de ist häufig schwierig. Je nach Betonung, Zeit, Person usw. ergeben sich verschiedene Bedeutungsnuancen. Im nachfolgenden Fall wird z. B. ein Futur ausgedrückt : *He de ir esta tarde* : Ich werde heute Nachmittag gehen.
Wir empfehlen Ihnen daher, diese Konstruktion nur zu benutzen, wenn Sie sich ganz sicher sind. Bitte beachten Sie auch, dass die unpersönliche Konstruktion *se ha de* der auszuführenden Handlung eher einen Aspekt von Zweckmäßigkeit, Gelegenheit, Konvention oder Wunschdenken der sprechenden Person verleiht (siehe Lektion 48), als den einer unbedingten Verpflichtung.

2. Deber

A. Wenn dem Verb *deber* ein Infinitiv folgt, drückt es die gleiche Art Verpflichtung wie *tener que* aus. Es ist allerdings anzumerken, dass dabei häufig die Nuance von « moralischer Verpflichtung » mitschwingt, die im Deutschen dann besser mit « sollen » wiederzugeben ist als mit « müssen ».

Debemos respetarnos : Wir sollten uns respektieren. (*Tenemos que respetarnos* ist auch korrekt.)

LECCIÓN CINCUENTA

Cuento

1 Un carpintero ambulante vio un día en la plaza de un pueblo, junto a una fuente, un viejo árbol. **(1)**

2 Dirigiéndose a su aprendiz que, después de haber saciado su sed, se había ensimismado contemplando el movimiento de las hojas, dijo :

3 — Mira, he ahí un árbol inútil. No da ningún fruto y si se quisiera hacer de él un barco se pudriría enseguida ; **(2)**

B. Steht nach *deber* die Präposition *de* wird damit eine bloße Vermutung ausgedrückt : *Debe de estar en su casa* : Er wird wohl bei sich zu Hause sein.

C. *Deber* dient auch zum Ausdruck von finanziellen Verpflichtungen, Schulden.
Debo 3.000 euros a Juan : Ich schulde Juan 3.000 Euro.

50. LEKTION

Märchen

1 Ein fahrender Zimmermann sah eines Tages auf dem [Markt-] Platz eines Dorfes, gleich neben einem Brunnen, einen alten Baum.
2 Er wandte sich an seinen Lehrling, der, nachdem er seinen Durst gestillt hatte, die Bewegungen der Blätter ganz in sich gekehrt betrachtete, und sagte :
3 — Schau, dort [steht] ein unnützer Baum. Er trägt keine Früchte und wollte man ein Schiff aus ihm bauen, so würde es sofort verrotten ;

NOTAS

(1) Einige Präpositionen :
Junto : nahe bei, neben : *Junto al agua* : am Wasser.
Para : Para el director es una persona competente : Für den Direktor ist er eine kompetente Person.
Ante : Se presentó ante el juez : Er wurde dem Richter vorgeführt.
Con : Vive con sus hijos : Sie lebt bei ihren Kindern.
Dirigiéndose a : Hizo lo que hacía falta dirigiéndose a Fulano : Er tat was zu tun war, indem er sich an Herrn Soundso wandte.

(2) *Podrir* oder *pudrir* : Außer beim Infinitiv (*podrir*) und beim Partizip (*podrido*) ist es angebracht, nur den Stamm *pudr-* zu verwenden. Dadurch kann das Verb fast als regelmäßiges Verb angesehen werden, und außerdem vermeidet man jegliche Verwechslung mit dem Verb *poder (podría, podrías*, usw.).

4 si se quisiera hacer de él herramientas se romperían por la mala calidad de su madera. **(3)**

5 No se puede hacer nada útil con él ; por eso ha podido hacerse tan viejo.

6 Esa misma noche, mientras dormía, el hombre que con tanto desprecio había hablado, vio al árbol en sueños y oyó que éste le decía :

7 — ¿Por qué me comparas con los árboles que los hombres cultiváis, con el peral, con el naranjo o con los otros árboles de los que sacáis un beneficio ?

8 Si, antes de que sus frutos estén maduros los hombres se desentienden de ellos e incluso a veces los maltratan.

9 Luego, cuando generosamente ofrecen sus dones, sin miramiento son desposeídos. **(4)**

10 Y con frecuencia no se les deja llevar a término su existencia natural.

11 En todas partes es así.

NOTAS

(3) Holz

Madera (Material) : Holztisch : *Mesa de madera.*
Bosque (Anpflanzung von Bäumen, Wald) : Wir gehen in den Wald : *Vamos al bosque.*
Leña (Brennholz, Holz zum Heizen) : Er ist gegangen, um Holz für den Kamin zu hacken (schneiden) : *Ha ido a cortar leña para la chimenea.*
Palo (Stück Holz, Pfahl, Ast) : Er hat ein Stück Holz genommen, um damit zu spielen : *Ha cogido un palo para jugar.*

Y... algunas expresiones :

No ser de madera : nicht aus Stein sein.
Tocar madera : auf Holz klopfen ; toi, toi, toi !
Tener madera de cantante : das Zeug zum Sänger haben.
Tener mala madera oder *ser de mala madera* : ein Taugenichts, ein Faulpelz sein.
Ser de buena madera : einen guten Charakter haben.
Las peras están como madera: die Birnen sind unreif, knüppelhart.

4 wollte man Werkzeuge aus ihm machen, so würden sie wegen der schlechten Qualität des Holzes zerbrechen.
5 Man kann aus ihm nichts Nützliches machen; darum konnte er so alt werden.
6 In der darauffolgenden Nacht sah der Mann, der so abschätzig gesprochen hatte, den Baum in seinen Träumen und dieser sprach zu ihm:
7 — Warum vergleichst du mich mit den Bäumen, die ihr Menschen anpflanzt, mit dem Birnbaum, dem Orangenbaum oder den anderen Bäumen, mit denen ihr Geschäfte macht?
8 Ja, bevor ihre Früchte nicht reif sind, kümmern sich die Menschen nicht um sie und manchmal misshandeln sie sie sogar.
9 Später dann, wenn sie großzügig ihre Gaben darbieten, werden sie schonungslos geplündert.
10 Und häufig lässt man sie ihr natürliches Dasein nicht beenden.
11 So ist es überall.

(4) *Sin miramiento*: rücksichtslos, ohne Umstände, schonungslos.
Le trataron sin miramientos: sie behandelten ihn rücksichtslos.
Tiene miramientos con sus vecinos: Er nimmt Rücksicht auf seine Nachbarn.
Obrar oder *proceder con miramiento*: umsichtig handeln oder vorgehen.
Lleno de miramientos: schonungsvoll, rücksichtsvoll.

12 Por eso, yo me he esforzado en pasar desapercibido, aun a riesgo de que se me diera por inútil. **(5) (6)**

13 ¡Pobre mortal ! ¿Te crees que si yo hubiera sido útil a vuestra manera se me hubiera dejado vivir en paz y alcanzar esta talla ?

14 Por otra parte, tanto tú como yo somos criaturas y ¿con qué derecho un ser puede erigirse en juez de otro ?

15 ¡Oh, mortal ! ¿Qué sabes tú de la inutilidad de los árboles ?

16 El día siguiente fue una jornada calurosa y mientras el aprendiz buscaba encargos para su maestro en el pueblo,

17 éste instaló sus humildes herramientas y su banco a la sombra del árbol ; y con él hablaba mientras trabajaba.

18 Viéndolo, el aprendiz, que era un duende que había tomado la forma humana y que, ¡claro está !, estaba al corriente de lo ocurrido durante la noche

19 y sabía que el árbol crecía allí a propósito, sonreía para sus adentros. **(7)**

20 Y a pesar de sus poderes no podía ocultar su regocijo.

NOTAS

(5) Recuerde :

Aún (mit Akzent) hat die gleiche Bedeutung wie *todavía* : *Aún no ha llamado* : er hat noch nicht angerufen. *Aún no* : noch nicht.

Aun (ohne Akzent) : sogar : *Te daré este disco y aun (e incluso) éste* : Ich werde dir diese Platte geben und sogar diese (dazu).

— Steht nachfolgend *cuando,* erhält es den Sinn von « selbst wenn », « wenn auch », « obwohl » : *Aun cuando lo supiera no lo diría* : Selbst wenn er es wüsste, würde er es nicht sagen.

— Steht *ni* vor *aun* hat es den Sinn von « nicht einmal » : *Ni aun eso...* : Nicht einmal das ...

(6) Dar (sehen Sie dazu Anm. 2 in Lektion 19, Anm. 6 in Lektion 5 und Anm. 6 in Lektion 9).

12 Deshalb habe ich mich bemüht, unscheinbar zu sein, selbst auf die Gefahr hin, dass man mich für unnütz hält.
13 Armer Sterblicher ! Glaubst du, dass man mich, wäre ich in euren Augen nützlich gewesen, in Ruhe gelassen hätte und dass ich diese Größe erreicht hätte ?
14 Andererseits sind sowohl du als ich Geschöpfe, und mit welchem Recht kann ein Lebewesen sich zum Richter eines anderen aufschwingen ?
15 Oh Sterblicher ! Was weißt du von der Nutzlosigkeit der Bäume ?
16 Der nächste Tag war heiß, und während der Lehrling für seinen Meister Aufträge im Dorf suchte,
17 stellte dieser seine einfachen Werkzeuge und seine Werkbank in den Schatten des Baumes ; und er sprach mit ihm, während er arbeitete.
18 Als er dies sah, lächelte der Lehrling, der in Wirklichkeit ein Kobold in Menschengestalt war, und der — natürlich ! — genau wußte, was in der Nacht vorgefallen war,
19 und auch wußte, daß der Baum absichtlich dort wuchs, im geheimen vor sich hin.
20 Und trotz seiner magischen Fähigkeiten konnte er seine Freude nicht verbergen.

Dar por : erklären (für), anerkennen, gelten lassen, halten (für), betrachten, ansehen als : *Dan por hecho su trabajo* : Sie erklären ihre Arbeit für beendet. *Le dan por muerto* : man hält ihn für tot. *Dar algo por perdido* : etwas für verloren erklären.
Dar por sentado que : als wahr annehmen, unterstellen, davon ausgehen, dass ...
Dar por tierra con algo : umwerfen, zunichte machen (z. B. eine Theorie).
Darse por : sich halten für.
Darse por aludido : sich betroffen fühlen.
Darse por contento : sich glücklich fühlen.
Dárselas de entendido : sich für schlau halten.
Darse por enterado : Bescheid wissen, (sich) auf dem Laufenden sein, halten.
No darse por enterado : sich dumm, unwissend stellen.
Darse por vencido : sich ergeben, aufgeben.

(7) *A propósito* : beiläufig (gesagt), übrigens, apropos ; absichtlich.
Lo ha hecho a propósito : Das hat er absichtlich gemacht.
A propósito de (con relación a) : bezüglich, in Bezug auf.

EJERCICIO I. 1. Un poco más allá hemos visto una fuente. **2.** Dirígete al jefe de personal. **3.** Las herramientas que quiero comprar son muy caras. **4.** Llevaré a término lo que me he propuesto. **5.** Se esforzó para obtener lo que quería.

EJERCICIO II

1. *Ich habe ihm zugehört und habe meine Meinung geändert.*

   .. ..

2. *Jedes Lebewesen hat Rechte.*

   ....

3. *Wir werden uns in den Schatten setzen.*

   ....

LECCIÓN CINCUENTA Y UNA

Los Paradores

1 Un parador — Parador Nacional de Turismo — es un tipo de establecimiento hotelero que depende de un organismo oficial.

2 La palabra « parador » se encuentra ya en algunos escritos clásicos españoles.

Ejercicio I. 1. Ein bisschen weiter dort drüben haben wir einen Brunnen gesehen. **2.** Wende dich an den Personalchef. **3.** Die Werkzeuge, die ich kaufen will, sind sehr teuer. **4.** Ich werde zu Ende bringen, was ich mir vorgenommen habe. **5.** Er strengte sich an, um zu bekommen, was er wollte.

4. *Wenn du die Zeitung liest, bringst du dich auf den neusten Stand.*

....

5. *Du kannst damit zufrieden sein.*

....

Corrección del ejercicio II. 1. Le he escuchado y he cambiado de opinión. **2.** Todo ser tiene derechos. **3.** Vamos a sentarnos a la sombra. **4.** Cuando leas el periódico te pondrás al corriente. **5.** Puedes darte por contento.

51. LEKTION

Die Paradores

1 Ein Parador — Nationaler Parador für Tourismus — ist eine Art Hotel, das einer staatlichen Einrichtung untersteht.

2 Das Wort « parador » findet sich bereits in einigen klassischen spanischen Schriften.

3 Antiguamente eran mesones a los que los viajeros de la época concurrían con sus carros y otras cabalgaduras para albergarse. **(1) (2)**

4 En general disponían de un corral y/o patio con soportales.

5 Más tarde fueron diferenciándose de las posadas — los forasteros no eran considerados en ellas como huéspedes — en la medida en que sólo se alojaban en ellos quienes estaban considerados como « gente de categoría ». **(3)**

6 Sobre la base de esta tradición, bajo el reinado de Alfonso XIII, el marqués de Vega-Inclán, Delegado real para el turismo, propuso en 1926 la creación de una serie de paradores del Estado.

7 Poco a poco, a medida que se van modificando las ideas sobre el turismo y el viaje, se van abriendo nuevos establecimientos.

NOTAS

(1) *Antiguamente* : einst, früher, in alter Zeit ...
Antigüedad :
— Altertum (Zeitalter), Antike, klassisches Altertum.
— Dienstalter : *Ha tenido un ascenso por antigüedad* : Er wurde nach dem Dienstalter befördert.
— Altertümer, Kunstaltertümer, Antiquitäten
Antiguo/a : antik (von Antiquität), alt, althergebracht, langjährig.
Es una antigua tradición : Es ist eine althergebrachte Tradition.
Vi al antiguo director : Ich habe den ehemaligen Direktor gesehen.
Tiene una camisa antigua : Er hat ein altes Hemd.

3 Früher waren es Herbergen, die Reisende in jener Zeit mit ihren Kutschen und Reittieren aufsuchten, um dort zu übernachten.
4 Im Allgemeinen verfügten sie über einen Stall und/ oder einen überdachten Innenhof.
5 Im Laufe der Zeit unterschied man sie dann von den « Posadas » — dort wurden die Fremden nicht als Gäste angesehen, da in ihnen nur diejenigen logierten, die als « Leute von Stand » angesehen wurden.
6 Auf der Basis dieser Tradition schlug der Marquis von Vega-Inclán, königlicher Beauftragter für den Fremdenverkehr zur Zeit der Herrschaft von Alfonso XIII die Einrichtung einer Reihe von staatlichen Paradores vor.
7 Nach und nach, in dem Maße wie sich auch die Vorstellungen von Tourismus und Reisen ändern, werden weitere neue Einrichtungen eröffnet.

(2) *Mesón* : Gasthaus, Herberge.
Man unterscheidet zwischen *mesones* und *posadas* (Satz 5), obwohl die Unterschiede zwischen den beiden im Hochmittelalter fließend sind. Beide Begriffe sind mit « Herberge » (*albergue*, noch eine dritte Bezeichnung !) zu übersetzen. Ohne zu tief ins Detail gehen zu wollen, kann man sagen, dass das *mesón* ein Ort war, wo hochrangige Persönlichkeiten logierten, während in den *posadas* die Maultiertreiber, Bauern und andere Reisende aus niedrigeren Klassen abstiegen.
Heutzutage ist ein *mesón* eine Gaststätte mit meist rustikaler Inneneinrichtung, in der Getränke, *« tapas »*, und Mahlzeiten serviert werden. Es gibt sie in ganz verschiedenen Kategorien, von einfach bis luxuriös.
— *Albergue* : Herberge, Obdach, Unterkunft.
Un albergue de juventud : eine Jugendherberge.
Encontrar albergue en casa de alguien : Bei jemandem eine Bleibe, Unterkunft finden.
Albergue de carretera : Rasthaus, Motel.
— *Albergar* : beherbergen, einkehren, logieren.

(3) *Huésped* : Gast (z. B. im Hotel).
Invitado : Gast (bei Einladung) *Juan y Teresa son mis invitados* : Juan und Teresa sind meine Gäste.
Anfitrión : Gastgeber.

8 La filosofía de base todavía sigue siendo la misma que a principios de siglo : el Estado favorece la creación de asentamientos hoteleros en lugares en los que la iniciativa privada no invierte por considerarlos poco rentables. **(4)**

9 Además, se respeta otro punto importante de la idea original del marqués de Vega-Inclán ;

10 en efecto, en la medida de lo posible, se trata de recuperar antiguos monumentos — palacios, conventos, castillos, etc. — que ofrecen al viajero no sólo un lugar en el que poder descansar en sus viajes por las tierras de España,

11 sino también un viaje a través de su historia ; desde la Edad Media hasta nuestros días.

12 Los paradores, como los hoteles, son de diferentes categorías en función de las comodidades y de los servicios que ofrecen. **(5)**

13 El precio de la habitación y de las comidas está en consonancia con el número de estrellas del parador. **(6)**

14 Si usted viaja por España no olvide que en cualquier Oficina de Turismo le darán cumplida información sobre la Red Nacional de Paradores y que...

15 ¡vale la pena !

NOTAS

(4) *A principios de año* : Anfang, zu Beginn des Jahres.
A mediados de mes : Mitte des Monats.
A finales de semana : Ende der Woche.

(5) Obwohl Personal und Ausstattung eines Paradors oftmals besser sind als in einem Hotel der gleichen Kategorie, ist der Preis niedriger. Der Unterschied zwischen beiden besteht darin, dass Sie in einem Parador nicht unbedingt so lange bleiben können, wie Sie gern möchten, da möglichst vielen Reisenden die Möglichkeit eines Aufenthalts gege-

8 Der Grundgedanke ist noch immer der gleiche wie zu Beginn des Jahrhunderts : Der Staat fördert die Schaffung von Hoteleinrichtungen an Orten, in denen Privatanleger infolge mangelnder Rentabilität nicht investieren.
9 Außerdem beachtet man einen anderen wichtigen Punkt des Grundgedankens des Marquis von Vega-Inclán :
10 Soweit es möglich ist, versucht man in der Tat, alte Baudenkmäler zu erhalten — Paläste, Klöster, Burgen, usw., die dem Reisenden nicht nur einen Ort bieten, an dem er von seinen Reisen durch Spanien ausruhen kann,
11 sondern auch eine Reise durch die Geschichte Spaniens, vom Mittelalter bis in unsere Tage.
12 Die Paradores sind, genau wie Hotels, je nach den Annehmlichkeiten und den Leistungen, die sie anbieten, in verschiedene Kategorien eingeteilt.
13 Der Preis für ein Zimmer und für die Mahlzeiten steht im Einklang mit der Anzahl der Sterne des Paradors.
14 Wenn Sie durch Spanien reisen, vergessen Sie nicht, dass Ihnen jedes Fremdenverkehrsbüro ausführliche Informationen über das nationale Netz der Paradores erteilt, und dass ...
15 es sich wirklich lohnt !

ben werden soll. Die maximale Aufenthaltsdauer wird oft auf drei Tage beschränkt, allerdings hängt dies davon ab, ob man in der Haupt- oder Nebensaison reist und ob es sich um einen mehr oder weniger stark besuchten Parador handelt.
Sie sollten bei Ihrer Reiseplanung daran denken und auch daran, dass es sich wirklich lohnt !

(6) Recuerde las construcciones siguientes :
Estar en consonancia con... : im Einklang mit ..., in Übereinstimmung mit ... sein (stehen).
Antiguamente... : früher (Satz 3).
Sobre la base de... : auf der Grundlage von, basierend auf (Satz 6).
A medida que... : je nachdem, in dem Maße wie, so wie (Satz 7).
A principios de... : Anfang ... , zu Beginn ... (Satz 8).
En la medida de... : soweit ..., nach ... (Satz 10).
En función de... : abhängig von ... , je nach ... , im Rahmen von ... (Satz 12).

EJERCICIO I. 1. Pasamos dos días en un parador. **2.** Antiguamente se viajaba de una manera diferente. **3.** El ministro propuso una nueva ley al Parlamento. **4.** Mi antiguo jefe de servicio ha dimitido. **5.** La reunión tuvo lugar bajo la presidencia del subdirector.

EJERCICIO II

1. *Im Laufe der Zeit ändert man seine Einstellung.*

. ...

2. *Ich werde es Ende des Monats wissen.*

.. ..

3. *Du wirst es im Rahmen deiner Möglichkeiten machen.*

.. ..

4. *Die Preise für die Mahlzeiten sind in der Speisekarte angegeben.*

... .

5. *Kommen Sie bei uns vorbei, wir werden Sie ausführlich informieren.*

...., ...

Ejercicio I. 1. Wir verbrachten zwei Tage in einem Parador. **2.** Früher reiste man auf eine andere Art. **3.** Der Minister machte im Parlament einen neuen Gesetzesvorschlag. **4.** Mein ehemaliger Abteilungsleiter hat gekündigt. **5.** Die Versammlung fand unter dem Vorsitz des stellvertretenden Direktors statt.

Corrección del ejercicio II. 1. A medida que el tiempo pasa se cambia de perspectiva. **2.** Lo sabré a finales de mes. **3.** Lo harás en función de tus posibilidades. **4.** Los precios de las comidas se indican en la carta. **5.** Pase a vernos, le daremos cumplida información.

PERSÖNLICHE NOTIZEN :

LECCIÓN CINCUENTA Y DOS

« Estadísticamente suyo »

1 — Estoy haciendo un cursillo de economía y tengo la impresión de perder el tiempo. ¡No entiendo nada !

2 — ¿Tan difícil es ? En general suelen dar al principio una serie de nociones de introducción para que luego sea más fácil comprender los conceptos más complejos.

3 Quizá no asistieras a los primeros cursos. **(1)**

4 — ¡Pues claro que fui ! ¡Y además tomé muchos apuntes ! **(2)**

5 Me acuerdo de que el primer día comenzaron hablándonos de algo así como la « renta per capita ». **(3)**

6 ¡Todas mis desgracias comenzaron ahí !

7 Al llegar a casa me puse a hacer cuentas y a partir de ese momento todo comenzó a parecerme enredado y confuso.

NOTAS

(1) Um die Idee von Zweifeln zum Ausdruck zu bringen, stehen zwei verschiedene « Grade » zur Verfügung :
Steht das Verb im Indikativ, kommt der Tatsache, um die es geht, eine gewisse Realität zu. In diesem Fall steht das Adverb, das den Zweifel ausdrückt — *quizá* (oder *quizás*), *tal vez, acaso* — hinter dem Verb.
No es eso, quizá, lo que hay que hacer : Das ist es vielleicht nicht, was man tun sollte.
Steht das Verb im *subjuntivo*, wird der Aspekt des Zweifels verstärkt. In diesem Fall steht das Adverb, das den Zweifel ausdrückt, häufig am Beginn des Satzes. Im Deutschen wird diese Konstruktion oft mit einer Frage wiedergegeben.
Quizá esté enfermo : Ist er vielleicht krank ?

(2) *Apuntar*
— Zielen auf, anvisieren : *Apuntar a alguien a la cabeza* : auf jemandes Kopf zielen.
— Zeigen auf, deuten auf : *Dicen que no está bien apuntar a alguien con el dedo* : Man sagt, dass man nicht mit dem Finger auf jemanden zeigen soll.

52. LEKTION

« Viele Grüße von der Statistik »

1 — Ich besuche einen Kursus für Wirtschaftslehre und habe den Eindruck, dass es eine Zeitverschwendung ist. Ich verstehe nichts !
2 — Ist es so schwer ? Im Allgemeinen erhält man zu Beginn eine Reihe von Grundkenntnissen, damit es später leichter ist, komplexere Zusammenhänge zu verstehen.
3 Hast du an den Anfängerkursen vielleicht nicht teilgenommen ?
4 — Natürlich bin ich hingegangen ! Und außerdem habe ich viele Notizen gemacht !
5 Ich erinnere mich, dass man uns am ersten Tag etwas vom « Pro-Kopf-Einkommen » erzählt hat.
6 Damit fing mein ganzes Unglück an !
7 Als ich nach Hause kam, habe ich mich hingesetzt und Berechnungen angestellt, und von dem Moment an kam mir alles ganz verwirrt und konfus vor.

— Aufzeigen, herausstellen, hinweisen auf : *El ponente apuntaba la importancia del asunto* : Der Referent wies auf die Wichtigkeit der Angelegenheit hin.
— Aufschreiben, notieren, Aufzeichnungen machen : *Voy a apuntar tus señas* : Ich werde deine Adresse notieren.
— Schreiben, zuschreiben, aufnehmen : *Apuntar algo en la cuenta de alguien* : Jemandem etwas zuschreiben — im Sinn von : Das geht auf deine Rechnung, auf dein Konto.
Apunte : Aufzeichnung, Notiz.
Tomar apuntes : mitschreiben, Notizen machen.
(3) *Renta* : Rente, Zins, Ertrag, Einkommen.
Vivir de las rentas : von den Zinsen (seines Kapitals) leben.
Impuesto sobre la renta : Einkommenssteuer.
Viviendas de renta limitada : Wohnung mit Mietbeschränkung, Sozialwohnung.
Renta pública : Staatsrente.
Renta (Einkommen) *per capita* (pro Kopf) — Ausdruck aus dem Lateinischen. Dieser Ausdruck ist ein fester Begriff der Wirtschaftswissenschaftler und bezieht sich auf das « Einkommen pro Einwohner » oder « Pro-Kopf-Einkommen ». In Spanien wurde dieser Ausdruck während des Wirtschaftsaufschwungs der sechziger Jahre sehr populär.

8 — ¡Vayamos por partes ! Explícamelo todo, despacio y con detalle. **(4)**
9 — Mira, mi razonamiento es el siguiente : si la « renta per capita » es de cuatro mil dólares y nuestro hogar alberga cinco « capitas », **(5)**
10 a saber : la « capita » de mi mujer, las dos « capitas » de mis dos hijos, la « capita » de mi suegra y la mía ; cinco, pues, en total ;
11 y, si el dólar está, digamos redondeando, a cien pesetas, a cada « capita » le corresponden cuatrocientas mil pesetas ;
12 o sea que a todos juntos nos corresponden alrededor de dos millones de pesetas.
13 Te aseguro sin embargo que nuestros ingresos son muy inferiores a esa cifra. **(6)**
14 Por mi parte sólo veo dos soluciones posibles : o bien me están robando o bien me están engañando. **(7)**
15 — ¿Has pensado que es muy probable que lo uno no quite lo otro ?
16 Yo siempre te he dicho que eres un buenazo. En lo que a mí me concierne, te puedo jurar que yo no soy el ladrón e incluso si quieres te acompaño a la comisaría. **(8)**

NOTAS

(4) *Vayamos por puntos* ! : (wörtlich : gehen wir nach Punkten) immer der Reihe nach ; wir gehen Punkt für Punkt (*punto por punto*) vor.

(5) « Capita » (aus dem Lateinischen : Kopf). Genauso im nachfolgenden Satz. Verlieren Sie bitte nicht den Kopf beim Lernen !

(6) *Ingresar* : eintreten, eingeliefert werden (Krankenhaus), zugelassen werden (Schule), erfasst werden (als Wehrpflichtiger), einzahlen (Geld auf ein Konto), einreichen (Scheck oder Dokumente bei einer Bank).

8 — Immer der Reihe nach ! Erklär' mir alles, langsam und ausführlich.

9 — Schau, meine Überlegung lautet wie folgt : wenn das « Pro-Kopf-Einkommen » viertausend Dollar beträgt und unser Haushalt fünf « Köpfe » beherbergt,

10 also : den « Kopf » meiner Frau, zwei « Köpfe » meiner Kinder, den « Kopf » meiner Schwiegermutter und meinen eigenen, macht insgesamt fünf ;

11 und, wenn der Dollar rund hundert Peseten wert ist, stehen jedem « Kopf » vierhunderttausend Peseten zu ;

12 das heißt, uns zusammen stehen ungefähr zwei Millionen Peseten zu.

13 Ich versichere dir jedoch, dass unsere Einkünfte weit unter dieser Ziffer liegen.

14 Ich für meinen Teil sehe nur zwei mögliche Lösungen : entweder man bestiehlt mich oder man betrügt mich.

15 — Hast du darüber nachgedacht, dass das eine das andere vielleicht nicht ausschließt ?

16 Ich habe dir schon immer gesagt, dass du ein kreuzbraver Kerl bist. Was mich betrifft, schwöre ich dir, dass ich nicht der Dieb bin und wenn du willst, begleite ich dich sogar auf die Polizeiwache.

Ingreso : Eintritt, Zulassung, Einzahlung, Einnahme.
Mis ingresos (im Plural) *anuales son...* : Mein Jahreseinkommen beträgt ...
Gastos e ingresos : Ausgaben und Einnahmen.
Los ingresos tienen que cubrir los gastos : die Einnahmen müssen die Kosten decken.
Examen de ingreso : Aufnahmeprüfung.

(7) *Engañar a alguien* : jemanden betrügen, in die Irre führen.
Me han engañado : man hat mich betrogen, man hat mir nicht die Wahrheit gesagt.
Engañarse bedeutet auch sich selbst betrügen, indem man sich die Wahrheit oder seine Gefühle nicht eingesteht.
Einige Ausdrücke und Redewendungen :
Un engañabobos : ein Bauernfänger, Betrüger.
Engañar el hambre : nur einen Happen essen.
Las apariencias engañan oder *la vista engaña* : der Schein trügt.

(8) *Ser un buenazo* : ein herzensguter Mensch, ein kreuzbraver Kerl sein.

17 — ¿Sabes ? Cuando lo he explicado en casa mi suegra me ha dicho que siempre había pensado que yo era un inútil, mi mujer ha decidido pedir el divorcio,
18 y mis hijos me señalan con el dedo y se retuercen de risa en los rincones de la casa.

EJERCICIO I. 1. Ayer comencé un nuevo cursillo. **2.** ¿Tan difícil es ? **3.** Cuando se habla de « renta per capita » se habla en dólares y por año. **4.** El yen está a noventa pesetas. **5.** Se retorcía de dolor.

EJERCICIO II

1. *Wir werden alle zusammen zu meiner Schwiegermutter gehen.*

   ....

2. *Ich kann dir versichern, dass er ganz durcheinander war.*

   ....

3. *Möglicherweise kommt er nicht.*

   ....

4. *Er wurde gestern ins Krankenhaus eingeliefert.*

   ....

5. *Er hat sich bei seinen Berechnungen geirrt.*

   .. ..

17 — Weißt du was? Als ich es zu Hause erklärt habe, hat meine Schwiegermutter mir gesagt, dass sie mich schon immer für unfähig gehalten habe, meine Frau hat beschlossen, die Scheidung einzureichen,

18 und meine Kinder zeigen mit dem Finger auf mich und biegen sich zu Hause in den Ecken vor Lachen.

Ejercicio I. 1. Gestern habe ich mit einem neuen Kurs begonnen. **2.** Ist es so schwierig? **3.** Wenn man vom « Pro-Kopf-Einkommen » spricht, spricht man in Dollar und pro Jahr. **4.** Der Yen ist 90 Peseten wert. **5.** Er krümmte sich vor Schmerzen.

Corrección del ejercicio II. 1. Iremos todos juntos a casa de mi suegra. **2.** Puedo asegurarte que se ha quedado confuso. **3.** Quizá no venga. **4.** Ingresó ayer en el hospital. **5.** Se ha equivocado al hacer las cuentas.

LECCIÓN CINCUENTA Y TRES

Dar

1 No hay que darle vueltas, dar es un verbo que da mucho de sí y... que da que hacer. **(1) (2) (3)**

2 ¡Hay para dar y tomar! Y si en la conversación se quiere dar en el clavo, no se puede dar largas al asunto con un **(4) (5) (6)**

3 « ahí me las den todas » o con un « ¿qué más da ? » **(7) (8)**

4 Eso sólo lo dicen quienes, olvidando que « a Dios rogando y con el mazo dando »,

5 se las quieren dar de listillos para dársela a los demás con queso. **(9) (10)**

6 Pero aunque den la lata, e incluso a veces el día, no siempre consiguen dar gato por liebre. **(11) (12)**

NOTAS

(1) *No hay que darle vueltas :* es gibt keinen Zweifel, zweifellos.

(2) *Dar de sí :* je nach Kontext bedeutet diese Wendung entweder « weiter werden, sich dehnen » (Stoff usw.) oder « hergeben, einbringen ». *El día no me da de sí :* dieser Tag bringt mir nichts (der Tag reicht mir nicht aus). Wir hätten in diesem Satz auch sagen können : « ... ist " geben " ein ergiebiges Verb », was ebenfalls dem Sinn entsprochen hätte.

(3) *Dar que hacer :* zu schaffen machen, Schwierigkeiten bereiten.

(4) *Haber para dar y tomar :* mehr als ausreichend von etwas haben ; auch : zu Diskussionen Anlass geben.
Carmen tiene medias para dar y tomar : Carmen hat mehr als genügend Strümpfe.
En ese tema hay para dar y tomar : Über dieses Thema kann man diskutieren (es gibt Für und Wider).

(5) *Dar en el clavo :* den Nagel auf den Kopf treffen, ins Schwarze treffen *(acertar).*

53. LEKTION

Geben

1 Zweifellos ist « geben » ein Verb, das viel hergibt und ... mit dem man zu schaffen hat.
2 Es ist genügend da ! Und wenn man in einer Unterhaltung den Nagel auf den Kopf treffen will, kann man sich nicht aus der Affäre ziehen mit einem
3 « das ist mir wurst » oder einem « was macht das schon ».
4 Das sagen nur diejenigen, die vergessen, dass es heißt : Hilf'dir selbst, so hilft dir Gott,
5 und die den Schlauberger spielen, um die anderen tüchtig an der Nase herumzuführen.
6 Aber auch wenn sie einem auf den Wecker gehen, einem manchmal den Tag verderben, können sie einem nicht immer ein « x » für ein « u » vormachen.

(6) *Dar largas en un asunto :* etwas in die Länge ziehen, sich langwierig über etwas auslassen.
(7) *Ahí me las den todas :* das ist mir völlig egal, das ist mir wurst, darauf gebe ich nichts. Merken Sie sich auch : *Dar lo mismo, lo mismo da* oder *da igual :* das kommt/läuft auf dasselbe hinaus.
(8) *¿Qué más da ?* Was macht das schon ? Was liegt schon daran ?
(9) *Dárselas de* : sich aufspielen als, sich hinstellen als, jdn. spielen.
Se las da de rico : er spielt sich als den reichen Mann auf.
(10) *Dársela de uno con queso :* jdn. (tüchtig) an der Nase herumführen, übers Ohr hauen, reinlegen. *Me la ha dado con queso :* er hat mich reingelegt.
(11) — *Dar la lata :* jdn. langweilen, auf den Wecker gehen.
— *... e incluso a veces den* (im Satz weggelassen, weil es sich von selbst versteht) *el día. Dar el día/la noche :* den Tag / die Nacht verderben. *El dolor de muelas me ha dado el día :* die Zahnschmerzen haben mir den Tag verdorben.
(12) *Dar gato por liebre* : wörtlich eine Katze für einen Hasen geben, d. h. jemandem ein « x » für ein « u » vormachen (reinlegen).

7 Les ocurre, empero, que habiendo dado pie a que se desenvaine el famoso « donde las dan las toman » **(13) (14)**

8 terminan ellos mismos dando con los huesos en tierra. **(15)**

9 Y... ¡claro ! ¡dando que reír !

10 Si se da por sentado que es justo dar a César lo que es de César no hay más que una solución : darle duro al trabajo. **(16)**

11 En efecto, sólo dándose por entero a la tarea que se realiza puede uno llegar a experimentar que algo se le da bien, **(17)**

12 y en consecuencia, darse por contento ; que es lo mejor que darse pueda.

NOTAS

(13) — *Dar pie a :* Anlass geben zu. *Su actitud da pie a que sus compañeros se interroguen :* seine Haltung gibt seinen Kameraden Anlass, sich Fragen zu stellen.
— *Desenvainar :* ziehen, zücken (Degen) ; im übertragenen Sinn : herausrücken.
El samurai desenvainó el sable : der Samurai zog den Säbel.

(14) *Donde las dan las toman :* (Sprichwort) Wie du mir, so ich dir.

(15) *Dar con los huesos en tierra :* (mit den Knochen auf die Erde fallen) auf die Nase fallen.

(16) *Dar por sentado que :* davon ausgehen, dass.
Los doy por sentado : Ich gehe davon aus.

(17) *Dársele bien* oder *mal algo a uno :* für etwas begabt sein (nicht begabt sein), liegen, gelingen.
Se te da muy bien cocinar : du bist sehr begabt fürs Kochen.
Las lenguas se me dan mejor que las ciencias naturales : Sprachen liegen mir mehr als Naturwissenschaften.
Se le da muy bien pintar (oder : *tiene maña para pintar*) : er hat Begabung zur Malerei.
Se nos ha dado bien la reunión : die Sitzung ist uns gut gelungen.

7 Dagegen kommt es vor, dass sie dazu Anlass geben, dass man ihnen gegenüber das berühmte « wie du mir, so ich dir » zückt,

8 und sie dann am Ende selber auf die Nase fallen.

9 Und ... das gibt natürlich Anlass zu Gelächter !

10 Geht man davon aus, dass man dem Kaiser geben muss, was dem Kaiser gebührt, gibt es nur eine Lösung : harte Arbeit.

11 Denn nur wenn man sich ganz der Aufgabe widmet, die man ausführt, kann man erfahren, dass man für etwas Begabung hat,

12 und folglich zufrieden sein ; und das ist das Beste, was man sich vorstellen kann.

EJERCICIO (repase las expresiones -el primer número remite a la frase, el segundo a la nota) :

No hay que darle vueltas 1,1
Dar de sí 1,2
Dar que hacer 1,3
Haber para dar y tomar 2,4
Dar en el clavo 2,5
Dar largas a un asunto 2,6
Ahí me las den todas 3,7
Da lo mismo ; lo mismo da ; da igual -,7
¿Qué más da ? 3,8
A Dios rogando y con el mazo dando 4
Dárselas de 5,9
Dársela a uno con queso 5,10
Dar la lata 6,11
Dar el día, la noche 6,11
Dar gato por liebre 6,12
Dar pie 7,13
Donde las dan las toman 7,14
Dar con los huesos en tierra 8,15
Dar que reír 9
Dar por sentado 10,16
Dar a César lo que es de César 10
Darle duro al trabajo 10
Darse por entero 11
Dársele bien/mal algo a uno 11,17
Darse por contento 12
Que darse pueda 12

LECCIÓN CINCUENTA Y CUATRO

América hispanohablante : población

1 En el umbral del siglo XXI, cinco siglos después del descubrimiento de América, la comunidad hispanohablante sobrepasa los 300 millones de personas.
2 La mayor parte de esta población vive en América Latina, continente en el que está teniendo lugar una explosión demográfica sin precedentes.
3 A título de ejemplo señalemos, según los datos publicados por las Naciones Unidas, el caso de la ciudad de México :
4 1950 : tres millones doscientos mil habitantes ; decimoséptima ciudad más poblada del mundo ;
5 1970 : seis millones más de habitantes que veinte años atrás ; sexta ciudad más poblada del mundo ;
6 1980 : quince millones de habitantes ; tercera ciudad más poblada del mundo ;
7 1990 : veintiún millones trescientos mil habitantes ; primera ciudad más poblada del mundo.
8 En el año 2000, México seguirá siendo, según las fuentes citadas, la ciudad en la que se registrará la mayor concentración urbana del planeta ; **(1)**
9 pero... ¡el número de habitantes rondará los veintiséis millones ! **(2)**

NOTAS

(1) **Recuerde :**
Seguir + Gerundium = fortfahren zu + Infinitiv ; (immer) noch, weiter.
Sigue estudiando : er fährt mit seinem Studium fort.
Dos días después, seguía estando cansado : zwei Tage später war er immer noch müde.

54. LEKTION

Das spanischsprechende Amerika : Bevölkerung

1 An der Schwelle des 21. Jahrhunderts, fünf Jahrhunderte nach der Entdeckung Amerikas, zählt die spanischsprechende Gemeinschaft mehr als 300 Millionen Menschen.
2 Der größte Teil dieser Bevölkerung lebt in Lateinamerika, einem Kontinent, auf dem zur Zeit eine Bevölkerungsexplosion ohnegleichen stattfindet.
3 Als Beispiel können wir, gemäß den Daten der Vereinten Nationen, den Fall von Mexico City anführen :
4 1950 : drei Millionen zweihunderttausend Einwohner ; siebzehntgrößte Stadt der Welt nach ihrer Einwohnerzahl ;
5 1970 : sechs Millionen mehr Einwohner als zwanzig Jahre zuvor ; sechstgrößte Stadt der Welt nach ihrer Einwohnerzahl ;
6 1980 : fünfzehn Millionen Einwohner, drittgrößte Stadt der Welt nach ihrer Einwohnerzahl ;
7 1990 : einundzwanzig Millionen dreihunderttausend Einwohner ; weltgrößte Stadt nach ihrer Einwohnerzahl.
8 Im Jahre 2000 wird, laut oben genannter Quelle, Mexico auch weiterhin die größte städtische Konzentration der Welt darstellen ;
9 aber ... die Einwohnerzahl wird bei sechsundzwanzig Millionen liegen !

(2) *Rondar :* die Runde machen, umherstreifen.
El vigilante ronda la fábrica : der Wächter macht die Runde in der Fabrik.
Las ratas rondaban por el sótano : die Ratten liefen im Keller umher.
Auch : schwärmen (scharwenzeln), bummeln, umkreisen, um ... herum.
Los niños rondan a tu alrededor para que juegues con ellos : die Kinder scharwenzeln um dich herum, damit du mit ihnen spielst.
Rondar la treintena : um die dreißig herum.
Un rondacalles : Nachtschwärmer, Bummler.

10 Evidentemente, no todas las ciudades de la América hispanohablante experimentarán un aumento semejante. **(3)**

11 Sí se prevé, empero, que de los más de 300 millones de personas de habla hispana en la actualidad se pase, en los albores del siglo XXI, a los más de 500 millones. **(4) (5)**

12 Por otra parte, se constata ya, al igual que en los otros continentes, un fuerte desequilibrio en el reparto de la población ;

13 en efecto, la evolución hacia el gigantismo es sobre todo un proceso de crecimiento de la población urbana, en detrimento de las zonas rurales.

14 Y al margen del debate sobre el carácter beneficioso o patológico del desarrollo urbano,

15 el encaprichamiento por el « nuevo modo de vida » — ¿mito o realidad ? — de las ciudades plantea interrogantes cuya resolución parece ardua.

16 Tema específico de preocupación en América Latina es que se acaben formando enormes aglomeraciones — situadas sobre todo en las zonas costeras — totalmente aisladas con relación al interior de cada país, ya que se carece de una red de ciudades intermedias. **(6)**

NOTAS

(3) *Semejante :* ähnlich, solch, so ein.
Dos pisos semejantes : zwei ähnliche Wohnungen.
En semejantes circunstancias yo no sé que hubiera hecho : ich weiß nicht, was ich unter solchen Umständen getan hätte.
Nunca había oído semejante burrada : ich habe (hatte) noch nie so eine Dummheit gehört.

10 Natürlich werden nicht alle lateinamerikanischen Städte ein solches Wachstum zu verzeichnen haben.

11 Man sagt jedoch voraus, dass zu Beginn des 21. Jahrhunderts die Zahl der heute etwas mehr als 300 Millionen spanischsprechender Menschen auf über 500 Millionen angewachsen sein wird.

12 Im Übrigen stellt man jetzt schon fest, wie auch auf den anderen Kontinenten, dass die Bevölkerung ungleichmäßig verteilt ist.

13 Es ist tatsächlich so, dass die Entwicklung dazu führt, dass hauptsächlich die Städte gigantisch anwachsen und zwar auf Kosten der ländlichen Regionen.

14 Abgesehen von der Diskussion über die vorteilhafte oder krankhafte Entwicklung der Städte,

15 wirft diese Laune der « neuen Lebensart » der Städte — Mythos oder Realität ? — Fragestellungen auf, die schwer zu beantworten sind.

16 Ein besonders besorgniserregendes Thema in Lateinamerika ist die Bildung von enormen städtischen Ansiedlungen, insbesondere in Küstennähe, die vollkommen isoliert sind vom Landesinneren, da ein dazwischenliegendes Städtenetz fehlt.

(4) *Sí* oder *sí que* + Verb
Das Adverb *sí* (ja, jawohl, gewiss usw.) wird nicht nur in Antworten benutzt, sondern auch oft dazu, einer Aussage Nachdruck zu verleihen.
A Juan sí que lo he visto : Gewiss habe ich Juan gesehen.

(5) *Albor :* Morgendämmerung *(alba),* (poetisch) Weiße *(blancura).*
Im übertragenen Sinn : Beginn, Anbruch. *En los albores de nuestro siglo :* zu Beginn/bei Anbruch dieses Jahrhunderts.
Los albores de la vida : die Jugendjahre.

(6) *Carecer :* fehlen, entbehren, ermangeln.
Los países del Tercer Mundo no carecen de recursos : den Ländern der Dritten Welt fehlt es nicht an Ressourcen.
Carece de imaginación : er hat keine Fantasie.
En este momento carecemos de ese producto : Im Augenblick haben wir dieses Produkt nicht auf Lager.
Muchos presumen de lo que carecen : Viele geben vor, etwas zu besitzen, das sie nicht haben.

17 El mundo hispanohablante en tanto que comunidad lingüística de primer orden está llamado a responder a estos interrogantes con responsabilidad solidaria, con la conciencia de que no sólo son suyos sino que son planetarios.

EJERCICIO I. 1. No entró, se quedó en el umbral de la puerta. **2.** La mayor parte no sobrepasaban los veinte años. **3.** A título de ejemplo, te diré que diez minutos después ya se habían ido más de quince personas. **4.** Diez años atrás las condiciones no eran las mismas. **5.** Me parece que ronda la cuarentena.

EJERCICIO II

1. *Einen Monat nach der Operation aß er immer noch Brei.*

.. .., ...

2. *Wie ist er in einen solchen Schlamassel geraten ?*

¿.... se ha metido .. .. embrollo ?

3. *Von seinen Manien abgesehen ist er großzügig.*

.. .., ...

4. *Ich verstehe fast alles, aber mir fehlt die Praxis.*

...., ...

5. *Die spanischsprechende Bevölkerung stellt eine der größten Sprachgemeinschaften dar.*

... .

17 Die spanischsprechende Welt als erstrangige linguistische Gemeinschaft ist dazu aufgerufen, diese Fragen solidarisch und verantwortungsbewusst zu lösen, im Bewusstsein dessen, dass nicht nur sie, sondern die ganze Welt von ihnen betroffen ist.

Ejercicio I. 1. Er kam nicht herein, er blieb auf der Türschwelle stehen. **2.** Die meisten waren nicht älter als zwanzig. **3.** Um ein Beispiel zu nennen, könnte ich dir sagen, dass zehn Minuten später schon mehr als fünfzehn Personen gegangen waren. **4.** Zehn Jahre zuvor waren die Bedingungen nicht die gleichen. **5.** Mir scheint, er ist so um die vierzig.

Corrección del ejercicio II. 1. Un mes después de la operación, seguía comiendo puré. **2.** ¿Cómo - - - en semejante - ? **3.** Al margen de sus manías, es generoso. **4.** Entiendo casi todo, pero carezco de práctica. **5.** Los hispanohablantes constituyen una de las comunidades lingüísticas más importantes.

LECCIÓN CINCUENTA Y CINCO

La Bolsa o la Vida (1)

1 En la Bolsa de valores las cotizaciones varían también — por no decir sobre todo — en función de la coyuntura. **(2)**

2 Y siendo lo que es la coyuntura (y habida cuenta de que los valores mobiliarios se refieren a los bienes muebles — que se pueden mover) **(3)**

3 la « movida » puede ser de « agárrate que hay curva ». **(4) (5)**

NOTAS

(1) *La bolsa o la vida : bolsa* bedeutet « Geldbörse » und auch « Börse ». Das Wortspiel, das hier in der spanischen Überschrift gemacht wird, funktioniert im Deutschen nicht, denn der geläufige Ausdruck wäre « Geld oder Leben ». Da im Text aber von der Börse selbst die Rede ist, haben wir die Überschrift wörtlich übernommen.

(2) *Cotización :* Kurs, (Börsen-)Notierung ; Beitrag *(cuota).*
La cotización inicial era de... : der Eröffnungskurs lag bei ...
Pagué mi cotización ayer : ich habe meinen Beitrag gestern entrichtet.
Estar cotizado : an der Börse notiert werden, im Kurs stehen.

(3) *Habida cuenta* oder *teniendo en cuenta :* im Hinblick auf, in Anbetracht.
Tener en cuenta : berücksichtigen, beachten, in Betracht ziehen.
Ten en cuenta lo que te he dicho : Vergiss nicht (beachte), was ich dir gesagt habe.
Teniendo en cuenta lo ocurrido... : in Anbetracht dessen, was geschehen ist ...

(4) *« Movida »* ist ein neuer Begriff, der in den letzten Jahren in Spanien aufgekommen ist. Er spielt auf die neue Kultur an, die sich zu Beginn der 80er Jahre zuerst in Madrid entwickelt hat und die eine « Oppositionskultur » ist, die sich als eine Art Gegengewicht zur herkömmlichen Kultur versteht.
Movida kommt von *mover* (bewegen) und ist in diesem Satz als Wortspiel mit bewegen, Bewegung, plötzliches Fallen und Steigen usw. zu verstehen.

55. LEKTION

Börse oder Leben

1 Die Kurse an der Effektenbörse schwanken auch — um nicht zu sagen vor allem — je nach der Konjunktur.
2 Und so wie es mit der Konjunktur nun einmal ist (und in Anbetracht dessen, dass Wertpapiere sich auf Mobilien beziehen, die bewegt werden können),
3 kann die « movida » « Halte dich fest, es kommt eine rasante Wende » sein.

Und vielleicht noch einige Bemerkungen zu *mover* :
Mover wird wie *volver* konjugiert (s. Seite 364) und bedeutet bewegen, antreiben, anregen, rühren.
Mover las piernas : sich die Füße/Beine vertreten.
Estaba movido por la curiosidad : er wurde von der Neugier getrieben, dazu angetrieben.
Mover las masas : die Massen bewegen.
Mover a compasión : Mitleid erwecken.
Und eine Redewendung : *Mover los hilos* : die Fäden ziehen.
Mover wird auch oft im Sinne von sich bewegen, etwas tun, handeln gebraucht :
No te muevas, ahora voy : bleib' sitzen, ich gehe schon.
Ha pasado toda la noche moviéndose : er hat sich die ganze Nacht herumgewälzt.
Si quieres encontrar trabajo, tienes que moverte : wenn du Arbeit finden willst, musst du schon etwas unternehmen.
Es muy mayor, se mueve difícilmente : er ist sehr alt, er kann sich nur schlecht fortbewegen.
¡Muévete ! : Na los ! Mach' schon !
Und ein letzter Ausdruck : *Moverse más que el rabo de una lagartija* : (wörtlich : sich mehr als ein Eidechsenschwanz bewegen) keine Ruhe haben, immer in Bewegung sein.
Sehen Sie nun, was *« movida »* alles beinhaltet ? Natürlich muss man seine grauen Zellen « bewegen », um all diesen Bewegungen zu folgen ...

(5) *Agarrarse* : sich festhalten, festklammern.
Im übertragenen Sinn bedeutet *« agárrate que vienen curvas* (halte dich fest, es geht in die Kurve), dass eine überraschende und unvorhergesehene Änderung bevorsteht. Man sagt auch kurz *¡Agárrate !*
¡Agárrate ! wird auch zum Ausdruck von Überraschung gebraucht, wie z. B. « Na sieh mal einer an » o. Ä.

4 Máxime cuando se dice que el principal accionista de la Bolsa se llama doctor Folamour y que a su corredor más importante se le apoda « don Terremoto ». **(6)**

5 No es de extrañar que los escalofríos estén en alza y que en consecuencia la fiebre suba. **(7)**

6 ¡Lógico cuando se piensa en la liquidación !

7 El índice general de Bolsa señala la inconsciencia como el « valor refugio » por excelencia ;

8 y aunque invertir en ella es una operación corriente, los expertos constatan que eso acarrea despertares sobresaltados ;

9 en efecto, el « valor » miedo puede dispararse de la manera más inesperada y las consecuencias de su súbito aumento son imprevisibles.

10 De este principio de fluctuación de los valores, deriva el propio mecanismo de la especulación en Bolsa.

11 Pero... especular no es solamente traficar sino sobre todo mirar con atención una cosa para reconocerla y examinarla, meditar, considerar, reflexionar.

12 ¡Lástima que el « valor » idiotez siga siendo tan cruelmente estable !

NOTAS

(6) *Apodar :* taufen (einen Spitznamen geben).
Un apodo, un mote : Spitzname.
Un terremoto : Erdbeben. *Este niño es un « terremoto » :* dieses Kind ist ein Unruhegeist (gibt keine fünf Minuten Ruhe).

4 Besonders wenn man sagt, dass der Hauptaktionär der Börse Dr. Folamour ist und sein wichtigster Makler « Don Terremoto » genannt wird.
5 Man darf sich nicht wundern, dass die Kälteschauer eine Hausse haben, und dass folglich das Fieber steigt.
6 Ganz logisch, wenn man an die Liquidation denkt !
7 Der Börsenindex gibt die Ahnungslosigkeit als « Zufluchtswert » ersten Ranges an ;
8 und obwohl es eine durchaus geläufige Handlung ist, in sie zu investieren, stellen die Experten fest, dass dies ein böses Erwachen nach sich ziehen kann ;
9 tatsächlich kann der « Wert » Angst ganz unerwartet in die Höhe schießen, und die Folgen dieses plötzlichen Anstiegs sind nicht vorherzusehen.
10 Aus diesem Prinzip der Kursschwankungen leitet sich der Mechanismus der Börsenspekulation ab.
11 Aber ... spekulieren heißt nicht nur handeln, sondern vor allem eine Sache aufmerksam beobachten, um sie zu erkennen und zu untersuchen, zu meditieren, zu erwägen und nachzudenken.
12 Wie schade, dass der « Wert » Dummheit auch weiterhin so grausam stabil ist !

(7) *El alza* (fem.) : Hausse (Börse) ; Erhöhung, Steigerung.
Jugar al alza : auf Hausse spekulieren.
La baja : Baisse (Börse) ; Fallen, Sinken.
Recuerde :
Denken Sie daran, dass immer vor einem weiblichen Substantiv, das mit betontem *a* (oder *ha*) beginnt, *la* zu *el* wird. Vergessen Sie nicht, dass das Adjektiv dem Geschlecht des Substantivs (also weiblich) angepasst werden muss :
El agua estaba fresca : das Wasser war kühl.
El hacha era pesada : die Axt war schwer.
El África negra : Schwarzafrika.
Dies gilt natürlich auch für den zusammengesetzten Artikel *(de + el)* :
Los misterios del alma humana : die Geheimnisse der menschlichen Seele.
Ist das *a* (oder *ha*) nicht betont, bleibt *la* erhalten :
La animación era grande : es herrschte ein geschäftiges Treiben.

EJERCICIO (repase el vocabulario):

Accionista	Aktionär
Aglomeración	Siedlung, Ortschaft
El Alza/la Baja	Hausse/Baisse
Aprendiz	Lehrling
Aumento súbito	plötzlicher Anstieg
Asentamiento hotelero	Hotelansiedlung
Bienes muebles	bewegliche Güter, Mobilien
La Bolsa	Börse
Carpintero	Schreiner, Zimmermann
Corredor	Makler
Cotización	Kurs, Notierung, Beitrag
Cotización inicial	Eröffnungskurs
Coyuntura	Konjunktur
Cursillo de economía	Kurs in Wirtschaft
Desarrollo urbano	städtische Entwicklung, Erschließung
Dispararse	in die Höhe schießen; plötzlich losgehen
Especulación	Spekulation
Establecimiento hotelero	Hoteleinrichtung, Hotelbetrieb
Fluctuación	Schwankung, Fluktuation
Herramienta	Werkzeug
Indice general de Bolsa	Börsenindex
Iniciativa privada	Privatinitiative
Impuesto sobre la renta	Einkommenssteuer
Liquidación	Liquidation
Oficina de Turismo	Fremdenverkehrsbüro
Organismo oficial	staatliche Einrichtung, staatliche Stelle
Proceso de crecimiento	Wachstumsprozess
« Renta per capita »	Pro-Kopf-Einkommen
Renta pública	Staatsrente
Sacar beneficio	Gewinn erzielen
Tomar apuntes	Notizen machen
Traficar	handeln
Valor estable	stabiler Wert
Valor mobiliario	Mobiliarwert
Valor refugio	« Zufluchtswert »

PERSÖNLICHE NOTIZEN :

Madrider Börse

Die größte Wertpapierbörse Spaniens befindet sich in der Hauptstadt. Gegründet wurde *La Bolsa de Madrid* 1831 von König Fernando VII.. In der zweiten Hälfte des 19. Jahrhunderts entstand die Bank von Spanien (*Banco de España*) und die Peseta wurde eingeführt. Als Spanien 1898 seine letzten Kolonien Kuba, Puerto Rico und die Philippinen verlor, brach der Aktienhandel vorübergehend ein. Der Ausbruch des Spanischen Bürgerkrieges in 1936 führte letztlich zur Schließung der Börse. Neue Investitionen fanden erst nach Ende der langjährigen Diktatur im Zuge einer neuen spanischen Verfassung und dem EU-Beitritt statt.

LECCIÓN CINCUENTA Y SEIS

Die Konjunktion

Die Konjunktion ist ein Bindeglied zwischen Wörtern, Wortgruppen oder Sätzen. Sie kann eingliedrig (z. B. *pero*), mehrgliedrig *(a fin que)* oder gepaart *(ni... ni)* sein.
Beachten Sie auch, dass bestimmte Konjunktionen den Subjuntivo erfordern — einige davon nennen wir Ihnen in dieser Lektion.

1. Die eingliedrigen und gepaarten Konjunktionen

A. Nebengeordnete Konjunktionen

Sie verbinden Worte oder Satzteile, indem sie einen Gegensatz, eine Gleichsetzung, Folge, Schlussfolgerung, Alternative oder Verneinung ausdrücken. Hier einige der wichtigsten :

y/e : *Fresas y cerezas :* Erdbeeren und Kirschen. *Grecia e Italia :* Griechenland und Italien.
o/u : *¿Agua o vino ?* Wein oder Wasser ? *Bélgica u Holanda ?* Belgien oder Holland ?
pero, mas : *Cansado pero contento :* Müde aber zufrieden.
sino : *No viene hoy sino mañana :* er kommt nicht heute, sondern morgen.
pues : *No vino pues estaba de viaje :* er kam nicht, denn er war auf Reisen.
luego : *Pienso, luego existo :* Ich denke, also bin ich.
como : *Cabello rubio como oro :* Goldblondes Haar.
sea...sea, ya...ya : *Ya en casa, ya en un restaurante, comemos juntos :* Wir essen gemeinsam, sei es zu Hause oder im Restaurant.
ni... ni : *Ni tú ni yo :* Weder du noch ich.

B. Untergeordnete Konjunktionen

Sie stellen einen Zusammenhang (temporal, kausal, konsekutiv usw.) zwischen Haupt- und Nebensatz her. Hier einige der wichtigsten :

que : *Quiero que vengas :* Ich möchte, dass du kommst.

como: *Lo pintará como quieras:* Er wird es malen, wie du willst.
cuando: *Cuando lo sepa te lo diré:* Sobald ich es weiß, werde ich es dir sagen.
como: *Como nada dijiste, nada puedo hacer yo:* Da du nichts sagtest, kann ich nichts tun.
si: *Si vas, cómpralo:* Wenn du hingehst, kauf' es.
Comía mientras leía: Er aß während er las.

2. Die mehrgliedrigen Konjunktionen

Sie bestehen aus Adverb + *que (siempre que),* Präposition + *que (desde que)* oder Präposition + Substantiv + *que (a fin de que).* Sie werden entweder mit Indikativ (siehe A) oder mit Subjuntivo (siehe B) gebraucht. Wie bereits in den vorhergehenden Lektionen erwähnt, gibt es auch solche, die sowohl mit Indikativ als auch mit Subjuntivo stehen können (siehe C).

A. Mit Indikativ

así que	sodass, daher
así como	so wie, sobald
en cuanto	sobald
tan pronto como	sobald
desde que	seit
después de que	nachdem
luego que	nachdem
excepto que	außer, dass
salvo que	außer, dass
mientras que	während, wohingegen
porque	weil
ya que	da (ja)
pues que	da
lo mismo que	ebenso wie
a medida que	je nachdem

u. a.

B. Mit Subjuntivo

a no ser que	es sei denn
a menos que	es sei denn
antes que	bevor
a fin de que	damit
para que	damit
con tal que	vorausgesetzt, dass ; wenn
como quiera que	obwohl, wenn auch
hasta que	bis

u.a.

C. Mit Indikativ oder Subjuntivo

mientras que	während (= Indikativ, wenn zwei Handlungen gleichzeitig ablaufen) (= Subjuntivo, wenn etwas in der Zukunft liegendes bezeichnet wird).
aunque	obwohl (= Indikativ) selbst wenn (= Subjuntivo)
si bien	wenn auch (= Subjuntivo, wenn die Aussage nicht sicher ist)
por más que	auch wenn (= Indikativ) wie sehr auch (= Subj.)
de manera que **de modo que** **de forma que**	sodass (= Subjuntivo, wenn die im Nebensatz bezeichnete Handlung oder Tatsache die Folge einer Absicht ist)
siempre que	immer wenn (= Indikativ) falls, unter der Voraussetzung, dass (= Subjuntivo)

Und jetzt sollten Sie versuchen, Ihre Kenntnisse in die Praxis umzusetzen ! Sie sind nun fast am Ende von « Spanisch in der Praxis » angelangt — also noch eine letzte Anstrengung !

3. Traduzca (die Lösungen finden Sie am Ende der Übungen)

1. Er kam nicht mit uns an den Strand, sondern zog es vor, im Haus unserer Freunde zu bleiben und zu lesen.
....
....
2. Da wir Hunger hatten und müde waren, beschlossen wir, in einem kleinen Restaurant anzuhalten, um zu essen.
....
....
3. Wenn du es mir drei Tage vorher sagst, genügt mir das.
....
....
4. Selbst wenn es morgen regnen sollte, werde ich ihn besuchen.
....
....
5. Obwohl er sehr beschäftigt ist, wird er versuchen zu kommen.
....
....

4. Corrección

1. No venía con nosotros a la playa, sino que prefería quedarse a leer en casa de nuestros amigos.
2. Como teníamos hambre y estábamos cansados, decidimos pararnos a comer en un pequeño restaurante.
3. Con tal que me lo digas tres dias antes me basta.
4. Aunque llueva iré a verle mañana.
5. Aunque está muy ocupado, tratará de venir.

LECCIÓN CINCUENTA Y SIETE

Refranes y otros aforismos

1 Quien sirve al común, sirve a ningún. **(1)**
2 Quien no arrisca no aprisca. **(2)**
3 El comer y el rascar, todo es empezar. **(3)**
4 El bobo si es callado por sesudo es reputado. **(4)**
5 El callar es cosa muy virtuosa, entre las virtudes muy preciosa. **(5)**
6 A menudo belleza y tontería van formando compañía.
7 El bien no es conocido hasta que es perdido. **(6)**
8 Barba de tres colores, no la traen sino traidores. **(7)**

NOTAS

(1) *Servir* (unregelmäßiges Verb der 6. Gruppe) ist ein häufig gebrauchtes Verb.
Verben mit den nachfolgend angegebenen Endungen werden wie *servir* konjugiert :
-ebir
-edir : ¡pedir ! (verlangen)
-egir
-emir
-enchir
-endir
-estir : ¡vestir ! (anziehen - Kleidung)
-etir
(Siehe die unregelmäßigen Formen auf Seite 371)

(2) Wörtlich : Wer nichts riskiert, bringt nichts in den Stall.
Das Verb *apriscar* (einpferchen, in den Stall bringen) ist nicht mehr gebräuchlich, und statt *arriscar* sagt man *arriesgar. Voy a arriesgarme :* ich wage es, ich gehe das Risiko ein *(correr el riesgo).*
Es gibt andere Sprichwörter, die dasselbe ausdrücken : *Quien no se aventuró, ni perdió, ni ganó (wer keine Abenteuer wagte, hat weder verloren noch gewonnen) oder Quien no se aventura no pasa la mar* (wer kein Abenteuer wagt, überquert kein Meer).

57. LEKTION

Sprichwörter und andere Redewendungen

1 Wer es allen recht machen will, macht es keinem recht.
2 Wer nicht wagt, der nicht gewinnt.
3 Der Appetit kommt beim Essen.
4 Der Dumme, der schweigt, wird für gescheit gehalten.
5 Reden ist Silber, Schweigen ist Gold.
6 Schön und dumm gesellt sich gern.
7 Das Gute weiß man nicht zu schätzen, bis man es verliert.
8 Dreifarbige Bärte tragen nur Betrüger.

(3) Wörtlich : Essen und Kratzen, alles ist (eine Frage) des Anfangs.
Rascarse los bolsillos : das letzte Geld zusammenkratzen.
A quien le pique que se arrasque : wörtlich : wen es juckt, der soll sich kratzen ; wer sich angesprochen fühlt, ...

(4) Im selben Sinn : *El necio, si es callado, por sabio es reputado :* Der Narr, wenn er schweigt, gilt als weiser Mann.
Callado (Partizip Perfekt von *callar* — schweigen, den Mund halten, verschweigen) geschwiegen.
Callado, a (Adjektiv) : schweigsam, ruhig.
Después se ha callado : hinterher war er ruhig.
Es una mujer muy callada : sie ist eine ruhige Frau, sie sagt nicht viel.

(5) Wörtlich : Das Schweigen ist eine große Kunst, eine wertvolle Sache unter allen Tugenden.

(6) Wörtlich : Das Gute kennt man nicht, bis es verloren ist.

(7) Ein anderes, ähnliches Sprichwort lautet : *Falso por natura, cabello negro, la barba rubia.* Wörtlich : Der ist falsch von Natur, der schwarzes Haar und einen blonden Bart hat.

9 A las veces, do cazar pensamos, cazados quedamos. **(8)**
10 Quien compra lo que no puede, vende lo que le duele. **(9)**
11 Quien todo lo quiere, todo lo pierde.
12 Do van antojos van los ojos. **(10)**
13 El que a otro quiere engañar, el engaño en él se puede tornar. **(11)**
14 Cuando el hierro está encendido, entonces ha de ser batido.
15 La experiencia es la madre de la ciencia. **(12)**

NOTAS

(8) *Do* ist eine Kurzform des Adverbs *donde,* wird aber in der heutigen Zeit eigentlich nur noch in der Poesie verwendet. Do : C (musikalische Note).

(9) **Recuerde :** *Doler :* Schmerzen haben, wehtun, schlecht gehen, leiden.
Me duele el estómago : Mir tut der Magen weh.
Me duele por él : ich leide für ihn, mit ihm ; es tut mir leid für ihn.
Doler steht auch im Sinn von bedauern : *Me duele anunciarte que...* ich bedauere, dir mitteilen zu müssen, dass ...

EJERCICIO I. 1. Eso no sirve, puedes tirarlo. **2.** Aunque es difícil, me arriesgaré. **3.** Si te rascas te dolerá más. **4.** Me callé porque pensé que era más prudente. **5.** Es una persona de carácter callado.

9 Manchmal glauben wir zu jagen und werden dabei selbst gejagt.
10 Wer kauft, was er sich nicht leisten kann, verkauft später, was ihm weh tut.
11 Wer alles will, verliert alles.
12 Die Blicke gehen automatisch dorthin, wonach es einem gelüstet.
13 Wer anderen eine Grube gräbt, fällt selbst hinein.
14 Das Eisen muss man schmieden solange es heiß ist.
15 Probieren geht über studieren.

(10) *Antojo :* Laune (*capricho*), Grille, Gelüst (von Schwangeren), Lust (*gana*).
No estoy dispuesto a satisfacer todo sus antojos : ich bin nicht bereit, allen seinen Launen nachzugeben.
Tiene antojos de embarazada : sie hat die Gelüste einer Schwangeren.
¡Eso es otro antojo ! : das ist eine andere Grille, Laune.
Und hier zwei geläufige Ausdrücke :
Cada uno a su antojo : jeder wie es ihm beliebt.
No obra sino a su antojo : er tut nur, was er will.

(11) Wörtlich : Der, der einen anderen betrügen will, kann sich in seinem eigenen Betrug verstricken.
Engaño : Betrug, Täuschung, Irrtum.
Con lo que le han dicho, ha salido de engaño: Dank dessen, was man ihm gesagt hat, hat er seinen Irrtum erkannt.
Está en un engaño : er täuscht sich.
Hemos sido víctimas de un engaño : wir sind einem Betrug zum Opfer gefallen.
Es un engaño : das ist ein Schwindel, ein Betrug.

(12) Wörtlich : Die Erfahrung ist die Mutter der Wissenschaft.

Ejercicio I. 1. Das ist zu nichts nutze, du kannst es wegwerfen. **2.** Auch wenn es schwer ist, werde ich es wagen. **3.** Wenn du dich kratzt, tut es dir mehr weh. **4.** Ich schwieg, weil ich dachte es sei klüger. **5.** Es ist ein Mensch mit ruhigem Charakter.

EJERCICIO II

1. *Seid ruhig ! Ich verstehe (höre) nichts.*

   ¡....... ! .. ..

2. *Sag mir, wo es dir weh tut.*

   ... .

3. *Das Überflüssige stört.*

   .. .. estorba

4. *Seine Launen scheinen mir überzogen.*

   ... .

5. *Die Annonce hat mich irregeführt.*

   .. .. me llevó . ...

LECCIÓN CINCUENTA Y OCHO

La otra América Latina

1 Se olvida con frecuencia — e incluso para muchos se trata de algo completamente desconocido —

2 que bajo la enorme masa de población de América Latina, y en países cada vez más integrados a todos los niveles — cultural, político, económico, etc. — en el concierto de naciones,

Corrección del ejercicio II. 1. ¡Callaos (cállese) ! No oigo nada. **2.** Dime dónde te duele **3.** Lo superfluo. **4.** Sus antojos me parecen exesivos. **5.** El anuncio - - a engaño.

58. LEKTION

Das andere Lateinamerika

1 Man vergisst häufig — und manchen ist es sogar gänzlich unbekannt —,

2 dass hinter der gewaltigen Völkermasse und der stetig zunehmenden Integration — kulturell, politisch, wirtschaftlich usw. — der Länder in die Nationenordnung

3 subyace una Iberoamérica indígena. **(1) (2) (3)**

4 Pobre — materialmente — y tradicional, pero que pese a todos los avatares de la Historia ha tenido suficiente fuerza para sobrevivir.

NOTAS

(1) *Iberoamérica* : Lateinamerika (*América Latina*).
Iberoamérica : bezieht sich auf die Völker und Länder Amerikas, die in der Vergangenheit Teile der alten Königreiche der Iberischen Halbinsel waren (Spanien und Portugal).
Indem man *Iberoamérica* sagt, bezieht man Brasilien mit ein, wohingegen *Hispanoamérica* sich auf den spanischsprachigen Teil der Länder dieses Kontinents bezieht.

(2) *Subyacer* (unter etwas liegen) wird wie *yacer* konjugiert (liegen, begraben sein, sich befinden), das zu den unregelmäßigen Verben gehört, die nicht klassifiziert sind (siehe Seite 389). Bitte denken Sie daran, dass zusammengesetzte Verben wie die Grundform des Verbes konjugiert werden ; *disponer* (verfügen) wird konjugiert wie *poner* ; *distraer* (zerstreuen, ablenken) wie *traer* usw.
Es ist allerdings zu beachten, dass die Zusammensetzungen mit *decir* hiervon etwas abweichen :
— im Futur sind sie regelmäßig : *maldecir* (ver-, fluchen) wird zu *maldeciré ; bendecir* (segnen) wird zu *bendeciré* usw.
— der Imperativ wird mit *dice* gebildet : *predice* (sag es voraus) ; *bendice* (segne) usw.
— im Partizip Perfekt werden *predecir* und *desdecir* (widersprechen) nach dem Modell von *decir* gebildet (*predicho* oder *desdicho*) ; *contradecir* (widersprechen, bestreiten) ist hingegen regelmäßig, *contradicho*. Im Falle von *bendecir* und *maldecir* gibt es zwei Partizipien : *bendecido* und *maldecido* dienen zur Bildung der zusammengesetzten Zeiten und *bendito* und *maldito* stehen mit den Verben *estar* oder *tener* mit adjektivischer Bedeutung.

(3) Eine Liste aller lateinamerikanischen Länder und der dazugehörigen Adjektive finden Sie im Anhang auf Seite 341.

3 ein eingeborenes Lateinamerika liegt.
4 Arm — in materieller Hinsicht — und traditionsreich hat es trotz der geschichtlichen Erschütterungen genug Kraft besessen, um zu überleben.

PERSÖNLICHE NOTIZEN :

5 Para superar la miseria y el hambre históricos, los más jóvenes « huyen » hacia las ciudades,

6 atraídos — ¿engañados ? — por la perspectiva de poder encontrar trabajo — en general en relación con el turismo o los servicios.

7 Pero en la medida en que la marginación no depende sobre todo de dónde está uno sino, ante todo, de cómo está uno donde se encuentra, las dificultades se multiplican.

8 En efecto, la exclusión es mayor si además se sitúa en el campo lingüístico : el de la comunicación.

9 Algunos organismos nacionales e internacionales trabajan en la elaboración y desarrollo de programas que tienen por objetivo facilitar, a los componentes de diferentes etnias latinoamericanas,

10 el aprendizaje de la lectura y de la escritura autóctonas, así como del español (o del portugués en Brasil).

11 Pero, aunque dignos de encomio, esos esfuerzos no son aún más que una voz solitaria en medio del océano.

12 ¡Aún hay mucho que hacer !

13 El reconocimiento de esta realidad puede ayudar también al viajero — turista, hombre de negocios, etc. — a comprender mejor ese « otro mundo ».

14 Tan rico y variado en hombres, en acogidas calurosas, en historia, en paisajes, en frutos, en colores... ¡tan rico en riquezas !

5 Um die historische Not und den Hunger zu überwinden, « fliehen » die Jüngeren in die Städte,

6 angezogen — geblendet ? — von der Aussicht auf eine Arbeit — im Allgemeinen in Verbindung mit dem Tourismus oder Dienstleistungen.

7 Die Schwierigkeiten vervielfältigen sich umso mehr als die Außenseiter der Gesellschaft nicht durch das *wo* sondern durch das *wie* gebildet werden.

8 Tatsache ist, dass der Ausschluss noch größer wird durch das sprachliche Problem : das der Verständigung.

9 Verschiedene nationale und internationale Organisationen beschäftigen sich mit der Ausarbeitung und Entwicklung von Programmen, deren Ziel es ist, den Angehörigen verschiedener lateinamerikanischer ethnischer Gruppen

10 das Erlernen von Lesen und Schreiben der eingeborenen Sprachen sowie des Spanischen (oder des Portugiesischen in Brasilien) zu ermöglichen.

11 Aber obwohl diese Bemühungen sicher lobenswert sind, sind sie bisher nicht mehr als ein Tropfen auf den heißen Stein.

12 Es gibt noch viel zu tun !

13 Die Kenntnis dieser Tatsache wird auch dem Reisenden — Touristen, Geschäftsmann usw. — helfen, dieser « anderen Welt » mehr Verständnis entgegen zu bringen.

14 So reich an Menschen verschiedener Art, an Geschichte, an Landschaften, an Früchten, an Farben ... so reich an Reichtümern !

EJERCICIO I. 1. Ese pintor no es un desconocido. **2.** Lo hará bajo su responsabilidad. **3.** Pese a todas las dificultades ha conseguido realizar su proyecto. **4.** Me atrae trabajar en el mismo servicio que tú. **5.** Iremos en la medida en que podamos.

EJERCICIO II

1. *Er ist ein Fachmann auf dem Gebiet der Sprachforschung.*

.. ..

2. *Ich arbeite bei einer Organisation, deren Ziel die (Fort)entwicklung der wissenschaftlichen Forschung ist.*

....

3. *Es gibt noch viel zu tun.*

... ...

LECCIÓN CINCUENTA Y NUEVE

Expresarse con « el cuerpo »

1 El cuerpo del ser humano se compone de tres partes : la cabeza, el tronco y las extremidades. **(1)**

2 En castellano, como en otras lenguas, numerosas palabras con las que se denomina una parte o un órgano del cuerpo aparecen en expresiones idiomáticas

Ejercicio I. 1. Dieser Maler ist kein Unbekannter. **2.** Er wird es unter seiner Verantwortung machen. **3.** Trotz allen Schwierigkeiten ist es ihm gelungen, sein Projekt zu realisieren. **4.** Mir gefällt die Idee, in der gleichen Abteilung wie du zu arbeiten. **5.** Wir werden gehen insofern es uns möglich ist.

4. *Reisen ermöglicht es, andere Kulturen kennenzulernen.*

....

5. *Die Landschaft half mir, seinen Charakter zu verstehen.*

.. ..

Corrección del ejercicio II. 1. Es un especialista en el campo de la investigación lingüística. **2.** Trabajo en un organismo cuyo objetivo es el desarrollo de la investigación científica. **3.** Aún hay mucho que hacer. **4.** Viajar permite conocer otras culturas. **5.** El paisaje me ayudó a comprender su carácter.

59. LEKTION

Sich mit « dem Körper » ausdrücken

1 Der menschliche Körper setzt sich aus drei Teilen zusammen : dem Kopf, dem Rumpf und den Gliedmaßen.

2 Im Spanischen wie in anderen Sprachen erscheinen in Redewendungen viele Wörter, die ein Körperteil oder ein Organ bezeichnen,

NOTAS

(1) *Extremidad* : Extremität, Gliedmaßen. Wenn man von den drei Teilen des Körpers spricht, sagt man eher *extremidades* als *miembros*, was aber auch korrekt wäre.

3 que, en la mayoría de los casos, no pueden traducirse literalmente a las otras lenguas. **(2)**
4 Veamos algunas de ellas que son de uso corriente. **(3)**
5 Con la palabra **cabeza** :
6 — Ando de cabeza, tengo demasiado trabajo. **(4)**
7 — Ese razonamiento no tiene ni pies ni cabeza. **(5)**
8 — Tras haberle nombrado director se le subieron los humos a la cabeza. **(6)**
9 — No se le pasó por la cabeza que telefoneándonos hubiéramos podido llegar a un acuerdo. **(7)**
10 — La ayuda que se le proporcionó le hizo levantar cabeza. **(8)**
11 Con la palabra **mano** (¡manos a la obra !) :

NOTAS

(2) Wir haben auf wörtliche Übersetzungen soweit wie möglich verzichtet, und uns bemüht, dem Sinn des Spanischen entsprechende deutsche Ausdrücke einzusetzen. Auch im Deutschen gibt es viele Redewendungen, die sich auf Körperteile beziehen, allerdings nicht immer analog zum Spanischen.

(3) *Uso* : Gebrauch — auch im Sinne von Brauchtum (*costumbre*) —, Benutzung, Anwendung, Mode, Gewohnheit.
Hacer buen uso de las propias capacidades : seine eigenen Fähigkeiten geschickt einsetzen.
Es un uso del país : es ist ein landesüblicher Brauch.
Lea las instrucciones para el uso : Lesen Sie die Gebrauchsanweisung.
El uso del sombrero es ahora menos corriente : das Tragen eines Hutes ist derzeit weniger üblich.
Observe también :
— *Al uso* : nach ... Sitte oder nach ... Art (Kochrezepte) : *Al uso vasco* : auf Baskische Art, nach baskischer Sitte.
— *Con el uso* : bei Gebrauch, bei Benutzung. *El calzado se da de sí con el uso* : die Schuhe geben beim Tragen nach.
— *De uso corriente* : gebräuchlich sein.
— *En buen uso* : in gutem Zustand sein (gebrauchte Sachen).

3 die in den meisten Fällen nicht wörtlich in andere Sprachen übersetzt werden können.
4 Lassen Sie uns einige anschauen, die sehr gebräuchlich sind.
5 Mit dem Wort « Kopf » :
6 — Ich weiß nicht, wo mir der Kopf steht, ich habe zuviel Arbeit.
7 — Diese Argumentation hat weder Hand noch Fuß.
8 — Seine Ernennung zum Direktor stieg ihm [danach] zu Kopf.
9 — Es kam ihm nicht in den Sinn, dass wir mit einem Telefongespräch zu einer Vereinbarung hätten kommen können.
10 — Die Hilfe, die ihm zuteil wurde, brachte ihn wieder auf die Beine.
11 Mit dem Wort « Hand » (nun aber Hand anlegen !) :

— *Fuera de uso* : außer Betrieb sein.
— *Hacer uso de la palabra* : das Wort ergreifen (*tomar la palabra*).
— *Tener uso de razón* : vernünftig sein, Vernunft gebrauchen.

(4) *Andar* (oder *ir*) *de cabeza* : nicht wissen, wo einem der Kopf steht ; viel um die Ohren haben. Achtung ! Nicht zu verwechseln mit *Andar mal de la cabeza* : ein Schwachkopf sein ; nicht ganz bei Trost sein.
Sehen Sie andererseits folgendes Beispiel : *No levantar cabeza* : a) nicht von der Arbeit aufsehen, viel arbeiten ; b) sehr krank sein ; c) ganz niedergeschlagen sein ; d) nicht mehr hochkommen können (geschäftlich).

(5) *No tiene ni pies ni cabeza* : weder Hand noch Fuß haben. Auch im Deutschen setzen wir Körperteile ein, allerdings statt den Kopf den Fuß ! (s. Anm. 2).

(6) *Subírsele a uno humos por la cabeza* : (wörtlich — jemandem steigt der Rauch zu Kopf), zu Kopf steigen, eingebildet werden.
Beachten Sie auch : *Se le bajaron los humos* : Er wurde gedemütigt oder er bekam einen Dämpfer (weil er hochmütig ist).

(7) *Pasarle a uno por la cabeza* : jdm. in den Sinn kommen ; eine Sache schießt jdm. durch den Kopf.

(8) *Hacer a alguien levantar cabeza* : jdn. ermutigen, auf die Beine bringen.
Auch : *Levantar cabeza* : wieder hochkommen, Mut fassen. *Tuvo una depresión y ahora comienza a levantar cabeza* : er hatte eine Depression, aber jetzt kommt er langsam wieder hoch.

12 — Si no quieres perder tiempo puedo ir yo, esa tienda me coge a mano. **(9)**

13 — Le hablé con el corazón en la mano.

14 — Le sometí mi proyecto y ahora está en su mano aceptarlo. **(10)**

15 — « De la mano a la boca se pierde la sopa » (refrán). **(11)**

16 — Por descuidarme, la ocasión se me fue de las manos. **(12)**

17 Con la palabra **pie** :

18 — Cuando se puede hacer daño hay que andar con pies de plomo. **(13)**

19 — Puso pies en pared y no se pudo seguir hablando. **(14)**

20 — Daba la impresión de pensar con los pies ; hubo que pararle los pies. **(15)**

21 — No hay que buscar cinco pies al gato, las cosas son más sencillas de lo que se dice ; enseguida se ve de qué pie cojea uno. **(16) (17)**

22 — Si te complicas no darás pie con bola. **(18)**

NOTAS

(9) *Tener* (manchmal *coger*) *a mano* : etw. bei der Hand haben, in der Nähe haben, nahe bei sein oder auch : an etw. vorbeikommen.

(10) *Estar en mano de uno* : etwas in der Hand haben (Entscheidungen zu treffen), in jemandes Händen liegen, von jdm. abhängen.

(11) *De la mano a la boca se pierde la sopa* : (wörtlich : Von der Hand bis zum Mund verliert man die Suppe) im Sinne von : bevor etwas nicht ganz sicher ist, kann noch viel schiefgehen.

(12) *Irse(le) de las manos* : aus den Händen gleiten, die Kontrolle über etwas verlieren.

(13) *Andar con pies de plomo* : (wörtlich : mit Bleifüßen gehen), aufpassen, wo man die Füße hinsetzt, mit Vorsicht handeln (*obrar con prudencia*), jdn. oder eine Sache mit Samthandschuhen anfassen.

(14) *Poner pies en pared* : (wörtlich : die Füße gegen die Wand stellen) sich stur stellen, sich gegen etwas stemmen.

(15) *Pararle a uno los pies* : (wörtlich : jemandem die Füße festhalten) jdn. auf den Teppich zurückholen, jdm. zeigen, wo er hingehört (*poner a alguien en su sitio*).

12 — Wenn du keine Zeit verlieren willst, kann ich gehen, dieses Geschäft liegt auf meinem Weg.
13 — Ich sprach zu ihm mit dem Herz auf der Zunge.
14 — Ich habe ihm mein Projekt vorgelegt, und jetzt hat er es in der Hand, es zu akzeptieren.
15 — « Von der Hand bis zum Mund verliert man die Suppe » (Sprichwort).
16 — Weil ich nicht aufgepasst habe, glitt mir die Gelegenheit aus den Händen.
17 Mit dem Wort « Fuß » :
18 — Wenn man Schaden anrichten kann, sollte man mit Samthandschuhen vorgehen.
19 — Er stellte sich stur und man konnte nicht mehr darüber reden.
20 — Er machte den Eindruck, dass er abgehoben war ; man musste ihn wieder auf den Teppich holen.
21 Man sollte sich nicht in Spitzfindigkeiten verlieren, die Sachen sind einfacher als man [gemeinhin] sagt ; man sieht sofort, welches der schwache Punkt von jemandem ist.
22 Wenn du es so kompliziert machst, wird dir immer alles schiefgehen.

(16) *Buscar cinco* (oder *tres*) *pies al gato* : (wörtlich : fünf [oder drei] Füße bei einer Katze suchen) sich in Spitzfindigkeiten verlieren, etwas komplizierter machen als es in Wirklichkeit ist, Haarspaltereien.
(17) *Ver* (oder *saber*) *de qué pie cojea uno* : (wörtlich : sehen, oder wissen, mit welchem Fuß jemand hinkt) den schwachen Punkt von jdm. kennen.
(18) *No dar pie con bola* : (wörtlich : den Ball nicht mit dem Fuß treffen) ständig danebenhauen, schiefgehen, nicht gelingen.

EJERCICIO (repase las expresiones) :

Andar (ir) de cabeza	6,4
Andar mal de cabeza	-,4
No levantar cabeza	-,4
No tener pies ni cabeza	7,5
Subírsele a uno los humos a la cabeza	8,6
Bajársele a uno los humos	-,6
Pasarle a uno por la cabeza	9,7
Hacer a alguien levantar cabeza	10,8

Levantar cabeza	-,8
¡Manos a la obra!	11
Coger a mano	12,9
Tener a mano	-,9
Estar en mano de uno	14,10
De la mano a la boca se pierde la sopa	15,11
Irse(le) de las manos	16,12

LECCIÓN SESENTA

Carta abierta al lector (1)

Querido lector :

Al llegar al término de su andadura a través de estas páginas, que no de su marcha por el sendero que lleva a la maestría en el campo del conocimiento de la lengua castellana, queremos expresarle nuestro sincero reconocimiento por la tarea realizada.
Sabemos que todo aprendizaje, por conllevar lucha, supone dificultad ; y no se nos escapa la aridez que en algunos tramos del camino ha habido de vencer para coronar con éxito su quehacer.
¡Enhorabuena, pues !
Al mismo tiempo, le invitamos a recordar que « no hay camino, se hace camino al andar ». Sí, como le decíamos más arriba : « su marcha por el sendero... » no toca aquí a su fin.
Esta llegada no representa sino una etapa.

NOTAS

(1) Wir hielten es für angebracht, diese letzte Lektion in Form eines Briefes an Sie, unsere Leser, abzufassen. Einerseits wollten wir uns bei Ihnen für Ihre Bemühungen bedanken und Sie in etwas persönlicherer Weise ansprechen, um Sie weiterhin zu ermutigen ; andererseits wollten wir Ihnen

Andar con pies de plomo	18,13
Poner pies en pared	19,14
Pensar con los pies	20
Pararle a uno los pies	20,15
Buscar cinco (tres) pies al gato	21,16
Ver (saber) de qué pie cojea uno	21,17
No dar pie con bola	22,18

60. LEKTION

Offener Brief an den Leser

Lieber Leser!

Nun, wo Sie am Ende Ihres Weges durch diese Seiten angelangt sind, aber noch nicht am Ende des Pfades, der Sie zur Meisterschaft auf dem Gebiet der Beherrschung der spanischen Sprache führt, möchten wir Ihnen unsere aufrichtige Anerkennung für die geleistete Arbeit aussprechen.
Wir wissen, dass alles Lernen, da es auch immer mit Kampf verbunden ist, Schwierigkeiten mit sich bringt; es ist uns nicht entgangen, dass Sie einige trockene Wegstrecken hinter sich bringen mussten, damit Sie Ihre Anstrengungen dann endlich mit Erfolg krönen konnten.
Herzlichen Glückwunsch also!
Gleichzeitig bitten wir Sie daran zu denken, dass « es keinen Weg an sich gibt, denn der Weg entsteht erst durchs Gehen. »
Ja, und wie wir Ihnen schon weiter oben gesagt haben: « Ihr Marsch auf dem Pfad ... » ist hier noch nicht zu Ende.
Dieses Ziel markiert lediglich eine Etappe.

eine Hilfestellung geben, damit Sie nun auch Texte ohne Anmerkungen lesen. Wir empfehlen Ihnen, Artikel in Zeitschriften oder Zeitungen zu lesen, da Sie nun genug Kenntnisse haben, um dies ohne Schwierigkeiten zu tun. Sicher, einige Wörter werden Sie nicht kennen, aber ist das nicht auch in Ihrer eigenen Sprache so? Nehmen Sie ein Wörterbuch zu Hilfe und ... setzen Sie Ihren Weg fort!
Viel Erfolg!

Esperamos que el ensanche de su horizonte constituya un aliciente para abordar y profundizar con entusiasmo renovado los diferentes mundos que subyacen detrás de los que se presenta como una única lengua ; y que, más allá, salvando nuevos desafíos vaya solidificando su propia capacidad de ir estableciendo puentes con la suya ; ahí es donde reside el secreto de la comunicación.
¡Gracias !
Y... ¡Buen viaje !
Burgos, 20 de marzo de 198... Primavera.

EJERCICIO I. **1.** Al terminar su trabajo, decidió ir a dar una vuelta. **2.** Le escribí una carta para expresarle mi reconocimiento. **3.** Trabajo en el campo de la investigación científica. **4.** Coronó con éxito su aprendizaje. 5. ¡Enhorabuena!

EJERCICIO II

1. *Dieses Detail ist mir nicht entgangen.*

... .

2. *Hier ist der Weg zu Ende.*

...., ...

3. *Lesen erweitert den Horizont.*

.. ..

4. *Der neue Reiseplan begeisterte ihn.*

.. ..

Wir hoffen, dass die Erweiterung Ihres Horizontes einen Anreiz für Sie darstellt, um mit frischer Begeisterung die verschiedenen Welten, die sich hinter dem verbergen, was sich als eine gemeinsame Sprache präsentiert, in Angriff zu nehmen und zu vertiefen ; und dass Sie darüber hinaus, indem Sie neue Herausforderungen annehmen, Ihre Fähigkeit ausbauen, Brücken zu Ihrer eigenen Sprache zu schlagen : denn das ist das Geheimnis der Kommunikation.
Vielen Dank !
Und ... Gute Reise !
Burgos, 20. März 198..., Frühling.

Ejercicio I. 1. Als er seine Arbeit beendet hatte, entschloss er sich, eine Runde zu drehen. **2.** Ich schrieb ihm einen Brief, um ihm meine Erkenntlichkeit mitzuteilen. **3.** Ich arbeite auf dem Gebiet der wissenschaftlichen Forschung. **4.** Er krönte seine Ausbildung mit Erfolg. **5.** Herzlichen Glückwunsch !

5. *Gute Reise !*

¡.... ..... !

Corrección del ejercicio II. 1. Ese detalle no se me escapó. **2.** Aquí, el camino toca a su fin. **3.** La lectura ensancha el horizonte. **4.** El nuevo proyecto de viaje le entusiasmó. **5.** ¡Buen viaje !

ANHANG A. GRAMMATIKALISCHER INDEX

Dieser grammatikalische Index enthält alle in den Wiederholungslektionen dieses Buches und in Anhang C. behandelten Grammatikthemen. Mit seiner Hilfe können Sie sich gezielt und auf die Schnelle Informationen über ein bestimmtes Thema heraussuchen.

A

H

K

P

R

Ü

V

Z

ANHANG B. DAS SPANISCHE IN DER WELT

Die spanische oder manchmal auch als Kastilisch bezeichnete Sprache wird außerhalb von Spanien noch in folgenden Ländern als offizielle Sprache verwendet:

Land	span. Bezeichnung	Adjektiv
Argentinien	Argentina	argentino, -a
Äquatorialguinea (mit Französisch)	Guinea Ecuatorial	ecuatoguineano, -a
Bolivien	Bolivia	boliviano, -a
Chile	=	chileno, -a
Costa Rica	=	costarricense
Dominikanische Republik	República Dominicana	dominicano, -a
Ecuador	=	ecuatoriano, -a
Guatemala	=	guatemalteco, -a
Honduras	=	hondureño, -a
Kolumbien	Colombia	colombiano, -a
Kuba	Cuba	cubano, -a
Mexiko	México	mexicano, -a; mejicano, -a
Nicaragua	=	nicaragüense
Panama	Panamá	panameño, -a
Paraguay	=	paraguayo, -a
Peru	Perú	peruano, -a
Puerto Rico (mit Englisch)	=	puertorriqueño, -a / portorriqueño, -a
El Salvador	=	salvadoreño, -a
Uruguay	=	uruguayo, -a
Venezuela	=	venezolano, -a

Über 45 Millionen Spanischsprechende leben heute in den Vereinigten Staaten, vor allem in New Mexico (**Nuevo México**), **Arizona**, **Texas**, **Florida** und Kalifornien (**California**).

Auf zahlreichen Inseln der Antillen (**Antillas**) wird ebenfalls Spanisch gesprochen. Auch auf den Philippinen, die lange Zeit spanische Kolonie waren, sind viele Menschen der Sprache mächtig.

Heute sprechen knapp 550 Millionen Menschen Spanisch als Mutter- und Zweitsprache.

In diesem Kapitel möchten wir Sie über die Besonderheiten des Spanischen, wie es in Lateinamerika gesprochen wird, informieren. Zunächst ein paar Worte zur Ursache von Differenzen innerhalb einer Sprache.

Eine Sprache ist lebendig; sie verbleibt nicht in einem bestimmten Zustand, sondern verändert sich ständig aufgrund von äußeren Einflüssen. Hierzu zählen Kontakte mit anderssprachigen Gemeinschaften und anderen soziokulturellen Einrichtungen. Eine Sprache übernimmt Eigenheiten einer Nachbarsprache, erweitert ihren Wortschatz nach den jeweiligen Gegebenheiten, gleicht sprachliche Strukturen an neue Lebensstrukturen an. Die Sprache ist eben ein wesentlicher Bestandteil des Lebens und wird daher auch immer eine Lebensform widerspiegeln.

Wir wollen nicht allzu sehr ins Detail gehen; die Untersuchung von Einzelphänomenen ist sicherlich Sache der Linguisten. Vorab sei jedenfalls gesagt, dass Sie mit dem Spanisch, das Sie bisher gelernt haben, in Lateinamerika ohne Schwierigkeiten verstanden werden.

Die sprachlichen Besonderheiten, die Sie nachfolgend sehen werden, betreffen:

- die **Aussprache**
- den **Satzbau**
- den **Wortschatz**.

Wir geben Ihnen auf den folgenden Seiten einige Erläuterungen zu diesen Gesichtspunkten und zeigen Ihnen anhand von Beispielen den spezifischen Gebrauch von einzelnen Wörtern und Ausdrücken in verschiedenen Gebieten. Hierbei soll auch die Verwendung von alten oder neu erfundenen Begriffen zur Sprache kommen.

Und nun noch einige Hinweise zu den Vokabeln, die wir am Ende dieses Kapitels für Sie zusammengestellt haben:

- Die Kenntnis der Wörter und Ausdrücke ist eine Hilfe, nicht aber eine Notwendigkeit, um sich im spanischsprechenden Amerika zu verständigen.

- Die Vokabeln sind fast ausschließlich der Umgangssprache entnommen, weil sich in erster Linie hierin eine Weiterentwicklung widerspiegelt.

- Nicht so sehr, damit Sie diese Wörter aktiv verwenden, sondern mehr, damit Sie sie verstehen, haben wir diese Listen erstellt. Sie werden selbst beurteilen können, inwieweit ihr Gebrauch angebracht sein wird.

- Wir haben die Listen für die einzelnen Länder getrennt aufgestellt, aber einige von den Wörtern des einen Landes sind durchaus auch in anderen Ländern gebräuchlich. Sie werden also verstanden, wenn Sie eines der Wörter anderswo verwenden.

Wir haben nicht für jedes Land eine solche Aufstellung gemacht, weil viele Wörter auch über die Grenze eines Landes hinaus gebräuchlich sind. Die Vokabeln, die Sie für **Chile** angegeben finden, gelten beispielsweise ebenso für **Uruguay**, jene von **Venezuela** beziehen sich auch auf **Kolumbien**. In erster Linie besteht eine sprachliche Abgrenzung zwischen Nord und Süd.

Es gibt sicherlich abweichende Auffassungen bezüglich der Anwendung dieser Wörter, die der **Umgangssprache** entnommen sind. Aus diesem Grund können sie mit einiger Berechtigung als typisch angesehen werden, auch wenn dies von manchen Grammatiken nicht vertreten wird.

A. Besonderheiten in der lateinamerikanischen Aussprache

Mit Ausnahme von Brasilien, wo Portugiesisch gesprochen wird, findet man in Lateinamerika ein „andalusisches Spanisch“ vor.

Die ***charakteristischen Merkmale*** sind folgende:

1. *Der „**Seseo**“: **c** und **z** werden wie **s** ausgesprochen*
   Sie sprechen **s** also gleichermaßen in **sí** („ja“) wie in **cine** – **sine** („Kino“) oder in **corazón** – **corasón** („Herz“).

2. *Der „**Yeísmo**“: Aussprache des **ll** wie **y***
   Calle – **caye** („Straße“); **pollo** – **poyo** („Huhn“), usw.

3. *Verwechslung von **r** und **l***
   Carne – **calne** („Fleisch“); **pierna** – **pielna** („Bein“); **izquierda** – **izquielda** („links“).

4. *Anhauchen oder Verlust des* ***s*** *als Silben- oder Wortende*
Los hombres – lojombre („die Männer“);
las moscas – lamohca („die Fliegen“);
las ocho – lajocho („acht Uhr“).

5. *Verlust von einigen Vokalen*
Un cafecito – un cafsito („ein kleiner Kaffee“);
muchísimas gracias – muchísmas gracias („vielen Dank“).

6. *Verlust des Endungs-**r***
Voy a comer – voy a come („ich gehe essen“);
sí señor – sí señó („ja, mein Herr“).

7. *Verlust des* ***d*** *zwischen zwei Vokalen*
Pescado – pejcao („Fisch“);
el dedo – el deo („der Finger“).

8. *Anhauchen des Anfangs-**h***
Hilo – h'ilo („Faden“);
hora – h'ora („Stunde“).

B. Besonderheiten des Satzbaus

1. *Ausweitung des Plurals*
¿Qué hora es? – ¿Qué horas son? („Wie viel Uhr ist es?“);
el tiempo está lluvioso – los tiempos están lluviosos („das Wetter ist regnerisch“).

2. *Verwendung des Pronomens* ***yo*** *nach einer Präposition*
A mí – a yo („zu mir“); **conmigo – con yo** („mit mir“).

3. *Verwendung des Indefinido anstelle des Perfekts*
Hoy he estado – hoy estuve („heute bin ich gewesen“);
hoy he ido – hoy fui („heute bin ich gegangen“).

4. *Verwendung des Reflexivpronomens mit Verben der Fortbewegung*
Subió – subióse („er ist hinaufgegangen“);
entró – entróse („er ist eingetreten“).

5. *Verwendung von Präsensformen zur Bezeichnung des Futurs*
Querrán – han querrer („sie werden wollen“);
yo iré – he de ir yo („ich werde gehen“).

6. *Gebrauch des Adverbs* ***recién*** *mit anderer Bedeutung:*

a) **hace un momento** („vor einem Moment"):
acaba de llegar – **llegó recién** („er ist gerade angekommen");

b) **sólo** („erst");
sólo hoy – **recién hoy** („erst heute");
no llegará hasta mañana – **recién mañana llegará** („er wird erst morgen ankommen");

c) **apenas** („kaum"):
lo vio apenas llegó – **lo vio recién llegó** („kaum angekommen, sah er es").

7. *Bevorzugte Verwendung der Diminutive*
Pronto – **prontito** („bald"); **entero** – **enterito** („vollständig"); **ahora** – **ahorita** („jetzt"); **enseguida** – **enseguidita** („sofort").

8. *Der „**Voseo**"*
Das wichtigste und am meisten verbreitete Merkmal aber ist der „**Voseo**". „**Voseo**" nennt man die Verwendung des **vos** anstelle von **tú** und **ti**. Man sagt z. B. vielerorts **vos tenés** anstelle **von tú tienes** („du hast"); **a vos** anstelle von **a ti** („an dich"); **con vos** anstelle von **contigo** („mit dir").

Vorsicht: Der „**Voseo**" besteht nicht nur in einem Austausch der Pronomina **tú** und **ti** durch **vos**, sondern er geht auch mit einer vom europäischen Spanisch abweichenden Verbform einher! Verwendet wird überwiegend **tenés** statt **tienes**, **querés** statt **quieres**, etc …

Was das Pronomen für die 2. Person Plural, **vosotros**, betrifft, so kann man generell sagen, dass es in ganz Lateinamerika durch **ustedes** ersetzt worden ist, welches in Spanien nur als Höflichkeitsform für die 2. Person Plural („Sie") verwendet wird.

Nichtsdestoweniger findet man in manchen Gebieten Lateinamerikas auch ein Nebeneinander des „**Voseo**" und des „**Tuteo**".

Wir haben die Verwendung dieser Pronomina hier dargestellt:

Spanien	Singular	Plural
Duzen	**tú, te, ti**	**vosotros, os, vuestro**
Siezen	**usted**	**ustedes**
Lateinamerika		
Duzen	**vos, te, vos**	**ustedes**
Siezen	**usted**	**ustedes**

Der „**Voseo**" ist wegen seiner Ausbreitung ein sehr wichtiges Phänomen, auch wenn er manchmal als vulgärsprachlich angesehen und von den Grammatiken nicht akzeptiert wird. Aber: Eine Sprache entwickelt sich nicht (nur) in den Bibliotheken!

C. Besonderheiten des Wortschatzes

Im Allgemeinen entspricht der Wortschatz Spaniens dem in Lateinamerika. Einige regional begrenzte Unterschiede sind trotzdem zu verzeichnen. Allerdings lassen sich solche Differenzen auch innerhalb Spaniens feststellen.

Um Sie mit dem Problem ein wenig vertraut zu machen, finden Sie nachfolgend eine Aufstellung von zehn in bestimmten Teilen Lateinamerikas häufig gebrauchten Wörtern:

Lateinamerika	Spanien	
bolillo	**panecillo**	Brötchen
camión	**autobús**	Autobus
chancleta	**acelerador**	Gaspedal
droga	**deuda**	Schuld
exigir	**rogar**	bitten
luego	**al instante**	sofort
palo	**trago**	Schluck
parquear	**aparcar**	parken
ruletero	**taxista**	Taxifahrer
tinto	**café negro**	schwarzer Kaffee usw.

Nehmen Sie beispielsweise das Wort **camión**, das in Spanien einen LKW bezeichnet, in einigen Teilen Südamerikas aber einen Autobus meint. Der Autobus heißt in Kolumbien **guagua**, dieses Wort bedeutet aber in Chile „Säugling".

Wenn Sie den **camión** in Mexiko nehmen, um einige Tage in Kolumbien zu verbringen, von wo aus Sie per **guagua** nach Argentinien reisen wollen, raten wir Ihnen, der Person, die Sie in Buenos Aires erwartet und für die Sie übrigens mit dem **ómnibus** oder dem **colectivo** ankommen, nicht zu erzählen:
el camión que cogí en México y la guagua que tomé en Colombia eran... („der Autobus, den ich in Mexiko genommen habe und der Autobus, den ich in Kolumbien genommen habe, waren ...").

Die Verwendung von **tomar** und **coger** ist in Argentinien „nicht ganz ohne". **Coger** bedeutet dort – wenn auch eher vulgär formuliert – „Geschlechtsverkehr haben" / „miteinander schlafen". **Tomar** meint in dem Fall **beber**, aber eher das Trinken von alkoholischen Getränken ...

Es ist ratsam, die jeweils für ein Land typischen Wörter und Ausdrücke nicht unbedingt zu verwenden. Es soll vor allem darum gehen, dass Sie die Ausdrücke verstehen. Sie können, wie gesagt, auf jeden Fall mit den Spanischkenntnissen, die Sie haben, verstanden werden. Feinheiten erlangen Sie im Umgang mit der Sprache.

Übrigens können Sie sich mit dem falschen Gebrauch eines in Lateinamerika gebräuchlichen Wortes, das Sie in Spanien verwenden, auch in Schwierigkeiten bringen. Wenn z. B. jemand in Gefahr ist zu ertrinken und um Hilfe ruft und Sie „**luego**" antworten und nicht sofort handeln, laufen Sie Gefahr, wegen unterlassener Hilfeleistung angeklagt zu werden. Denn in Spanien bedeutet **luego** „später", während man in Lateinamerika darunter „sofort" versteht.

Wir wollen Sie aber nicht einschüchtern. Man wird Sie sicherlich rücksichtsvoll und tolerant behandeln und Ihnen bei Sprachproblemen gerne Hilfe anbieten.

Alte Sprachformen und Wortneuschöpfungen

Häufig sind Unterschiede innerhalb des Wortschatzes darauf zurückzuführen, dass sich in Lateinamerika Wörter erhalten haben, die in Spanien bereits als ungebräuchlich und veraltet gelten. Sehen Sie hier einige Beispiele:

Lateinamerika	Spanien	
amargoso	**amargo**	bitter
fatiga	**agonía**	Todeskampf, Agonie
despacharse	**darse prisa**	sich beeilen
recordarse	**despertarse**	aufwachen
saber	**soler**	die Gewohnheit haben zu ...
taita	**padre**	Vater
candela	**fuego**	Feuer
catar	**mirar**	betrachten
bregar	**trabajar**	arbeiten
mercar	**comprar**	kaufen usw.

Was die sprachlichen Neuschöpfungen (Neologismen) betrifft, so sind verschiedene Ursprünge nachzuweisen. So finden wir Wörter italienischer, französischer und englischer sowie über das Französische auch deutscher Abstammung:

Lateinamerika	Spanien	
usina	**fábrica**	Fabrik (frz. ***usine***)
eclair	**cremallera**	Reißverschluss (aus dem Frz.)
placar	**armario**	Schrank (frz. ***placard***)
rentar	**alquilar**	mieten (engl. ***to rent***)
monis	**dinero**	Geld (engl. ***money***)
traficar	**trajinar**	geschäftig sein (engl. ***traffic***)
auto	**coche**	Auto (dt. ***Automobil***)
kiosko	**quiosco**	Kiosk (dt. ***Kiosk***)

In ganz Lateinamerika gebräuchliche Wörter

Lateinamerika	Spanien	
arrancarse	**despedirse**	sich verabschieden
balaceo	**tiroteo**	schießen
bestia	**caballo**	Pferd
diarismo	**periodismo**	Journalismus
eleccionario	**electivo/elector**	Wahl ..., Wähler ...
esportivo	**deportivo**	sportlich
estampilla	**sello**	Briefmarke
expeditar	**despachar / hacer algo con prontitud**	sich beeilen
expendio	**(local de) venta al por menor**	Einzelhandel
foja	**hoja de papel**	Blatt Papier
frazada	**manta**	Decke
lindo	**bonito**	schön/hübsch
manejar	**conducir un coche**	fahren
memorias	**recuerdos / saludos**	Erinnerungen/Grüße
pararse	**ponerse en pie**	sich hinstellen
plata	**dinero**	Geld
quedadizo	**lento/indolente/ quedado**	träge/langsam
sabana	**llanura**	Savanne/Ebene
saco	**chaqueta**	Jacke
ubicar	**colocar en un sitio preciso**	unterbringen/aufstellen

MITTELAMERIKA

Mittelamerika	Spanien	
abreviarse	apresurarse	sich beeilen
acogencía	acogida / aceptación	Empfang/Aufnahme
acuerpar	defender	verteidigen
afanar	ganar dinero	Geld verdienen
cobija	manta	Decke
de juro	sin remedio	rettungslos
	a la fuerza	gewaltsam
de pie	constantemente	ständig/stetig
estacón	pinchazo	Reifenpanne
festinar	festejar	feiern
marfil	peine	Kamm
mercar	comprar	kaufen
¿qué tanto?	¿cuánto?	wie viel?
rajar	gastar mucho dinero	viel Geld ausgeben
rango	lujo	Luxus
sentirse	resentirse	beleidigt sein,
	estar dolido	sich ärgern
tajarrazo	herida	Verletzung
vallunco	rústico/burdo	plump/grob
venduta	venta pública	öffentlicher Verkauf
zipote	muchacho	Bursche/junger Mann

ARGENTINIEN

Argentinien	Spanien	
apolillar	dormir	schlafen
auto	coche	Auto
ómnibus/	autobús	Autobus
colectivo*		*in der Stadt gebräuchlicher
con fantasía	con ganas / mucho	gern, sehr
correo	correos	Post
desilo/desíselo	díselo	sag es ihm
escobilla	cepillo	Bürste
exprés/expreso	café exprés	Espresso
fósforos	cerillas	Streichhölzer
laburo	trabajo	Arbeit

Die Ausdrücke in der folgenden Tabelle stammen aus dem **lunfardo**, einem Jargon, der ursprünglich auf die Unterschicht von Buenos Aires zurückgeht. Manche Ausdrücke des **lunfardo** sind inzwischen jedoch Bestandteil der Umgangssprache Argentiniens und Uruguays.

Argentinien / Uruguay (*lunfardo*)	Spanien	
morfar	**comer**	essen
pollera	**falda**	Rock
puchos	**cigarrillos**	Zigaretten
tomar	**beber**	trinken (Alkohol)
viejo/vieja	**padre/madre**	Vater/Mutter
¿viste?	**¿entiendes?/¿ves?**	Verstehst/Siehst du?

BOLIVIEN

Bolivien	Spanien	
anque	**aunque**	obwohl
aplicarle	**comer o beber algo con gusto**	etwas gern essen oder trinken
corre, haz corre	**deprisa/haz deprisa**	beeil dich
desecho	**atajo**	Abkürzung
¿diande?	**¿cómo?**	Wie?
fachada	**cara / rostro**	Gesicht
futre	**elegante**	elegant
¿hay?	**¿cómo dice usted? ¿qué?**	Wie bitte? / Was haben Sie gesagt?
guagua	**niño pequeño, bebé**	Baby, kleines Kind
guija	**hambre, apetito**	Hunger, Appetit
limpio	**vacío**	leer
monis	**dinero**	Geld
mi negocio camina bien	**mi negocio marcha bien**	mein Geschäft läuft/geht gut
no más	**solamente**	nur
no le hace	**no importa**	das ist egal, nicht wichtig
pajuela	**cerilla**	Streichholz
peyor / más ~	**peor**	schlechter
pulmón	**espalda**	Rücken
he trabajado tanto que me duele el pulmón	**he trabajado tanto que me duele la espalda**	ich habe so viel gearbeitet, dass mir der Rücken wehtut

Bolivien	Spanien	
sobre	cama	Bett
suplementero	persona que vende periódicos y revistas	Zeitungsverkäufer
tata	señor	Herr
trabajo	difícil, penoso	schwer, mühsam

KOLUMBIEN

Kolumbien	Spanien	
agente viajero	viajante	Reisender, Handelsvertreter
antier	anteayer	vorgestern
china	mujer indígena en general bella y simpática	Einheimische elegante junge Dame (die männliche Form ist auch gebräuchlich)
emañarse	estar a gusto en un sitio	sich irgendwo wohlfühlen
finir	acabar, terminar	beenden
parquear	aparcar, estacionar	parken
pase	permiso de conducir	Führerschein
patilla	sandía	Wassermelone
peluquear	cortar el pelo	sich die Haare schneiden
querido	persona simpática amable	liebe, nette Person
saco	chaqueta	Jacke
sesionar	reunirse para celebrar una sesión	sich zu einer Arbeitssitzung versammeln
sifón	cerveza de barril	Bier vom Fass
taita	padre	Vater
tanque	depósito de gasolina del coche	Tank
teatro	sala de cine	Kino
televidente	telespectador	Fernsehzuschauer
tener afán	tener prisa	eilig, in Eile sein
trastearse	mudarse	umziehen

CHILE

Chile	Spanien	
al tiro	**inmediatamente**	sofort
arrancarse	**irse**	weggehen, -fahren
botar	**tirar**	werfen
bus	**autobús**	Autobus
cierro	**sobre**	Umschlag
farsear	**bromear**	scherzen, spaßen
finir	**acabar**	beenden
fundo	**finca rústica**	Landgut
garson	**camarero**	Kellner
guagua	**niño pequeño/bebé**	Säugling, Baby
harto	**mucho**	viel
individual	**idéntico**	identisch
¡oye che!	**¡oye tú!**	hör mal!
regana	**gana muy grande**	große Lust
¿tenis tabaco?	**¿tienes cigarrillos?**	hast du Zigaretten?
zoquetes	**calcetines**	Socken

MEXIKO

Mexiko	Spanien	
abarrotes	**alimentos, comestibles**	Lebensmittel
abrirse	**retirarse**	sich zurückziehen, Platz machen
adición	**cuenta**	Rechnung
banqueta	**acera**	Bürgersteig
carro	**coche**	Auto
cerillos	**cerillas**	Streichhölzer
chequeo	**examen, revisión**	(Über-)Prüfung
destanteado	**confundido, indeciso, desorientado**	verwirrt, unschlüssig, desorientiert
¡esquina! (Ausruf von Busfahrgästen, die an einer Haltestelle aussteigen wollen)		
gringo	**norteamericano**	Nordamerikaner
hallarse	**acostumbrarse, estar a gusto**	sich gewöhnen, sich wohlfühlen

Mexiko	Spanien	
ni modo	**imposible a pesar del esfuerzo**	unmöglich trotz Bemühung
palabr(e)ar	**hablar por teléfono**	telefonieren
pendejo	**torpe**	ungeschickt
petrolero	**petrolífero, persona que trabaja en ese dominio**	Erdöl ..., Person, die in dieser Sparte arbeitet
ruletero	**taxista**	Taxifahrer
rutero	**conductor de autobús**	Busfahrer
tener leche	**tener suerte**	Glück haben
trabajoso	**difícil, complicado**	schwierig, kompliziert

PERU

Peru	Spanien	
agarrar	**coger, tomar**	nehmen
asomarse	**acercarse**	sich nähern
botar	**arrojar, echar fuera con violencia**	mit Wucht hinauswerfen
cachete	**carrillo, mejilla**	Wange, Backe
candela	**fuego, llama**	Feuer, Flamme
cigarrería	**estanco**	Tabakladen
cubierta	**sobre**	Briefumschlag
díceselo	**díselo**	sag es ihm
donde fulano	**a casa de fulano**	bei Herrn Sowieso
de donde fulano	**de casa de fulano**	von Herrn Sowieso
dulcería	**confitería**	Süßwarengeschäft
palo	**madera**	Holz
pellejo	**piel**	Haut
pitar	**fumar**	rauchen
tener moneda sencilla	**tener dinero suelto**	Kleingeld haben
vereda	**acera**	Bürgersteig
voltear	**volver**	umkehren, umwerfen, umstürzen
vuelto (el)	**vuelta (la)**	Wechselgeld

PUERTO RICO

Puerto Rico	Spanien	
azuquita	**diminutivo familiar de azúcar**	Diminutiv von Zucker: „Zückerchen“
cada vez más	**cada día más**	jeden Tag mehr
camarero	**delegado elegido a la cámara de representantes (diputado)**	Abgeordneter, der ins Abgeordnetenhaus gewählt wurde
carro, máquina, auto	**coche**	Auto
en un bendito	**en un santiamén**	im Nu
explicotear	**explicar**	erklären
faculto	**entendido, experto**	Sachverständiger, Experte
¡gana!	**es imposible, es inútil empeñarse en ello**	das ist unmöglich, zwecklos
llorarle a uno/una cosa	**sentarle a uno mal una cosa, irle mal**	schlecht ergehen
maduro	**plátano**	Banane
mandar	**dar, tirar**	geben, werfen
mantequero	**dueño de una pequeña tienda de comestibles**	Lebensmittelhändler
pluma	**grifo**	Wasserhahn
pollería	**edad de la niñez o grupo de niños**	Backfischalter
regar	**dar**	geben
remojar	**dar una propina**	ein Trinkgeld geben
rosario	**cuento, chisme, historia**	Geschichte, Klatsch
tertuliar	**estar en reunión, conversando, hablando**	plaudern
traficar	**trajinar**	geschäftig sein

VENEZUELA

Venezuela	Spanien	
banqueta	**cuneta**	Straßengraben
boleto	**billete**	Fahrkarte
botar	**tirar**	werfen
chancleta	**acelerador**	Gaspedal
comida	**cena**	Abendessen
escaparate	**ropero**	Kleiderschrank
estupendoso	**estupendo**	hervorragend
exigencia	**ruego cortés**	höfliche Bitte
exigir	**rogar**	bitten
flux	**traje**	Anzug
galleta	**atasco**	Verkehrsstau
guindar	**colgar**	(auf)hängen
musiú, a todo	**extranjero, a**	völlig fremd
palo	**trago**	Schluck
pegar	**empezar a hacer algo**	etwas beginnen, in Angriff nehmen
remojo	**propina**	Trinkgeld
tripa	**neumático (del coche)**	Autoreifen

ANHANG C. GRAMMATIKALISCHER ANHANG MIT KONJUGATIONSLISTEN

ALLGEMEINE BEMERKUNGEN ZUR KONJUGATION

1. Bei der *Bildung der einfachen Zeiten* geht man aus vom:

A. Verbstamm	Präsens & Imperfekt Indikativ **Subjuntivo & Indefinido** Gerundium, Imperativ & Partizip Perfekt
B. Infinitiv	Futur Indikativ & Konditional
C. Indefinido	Imperfekt (2 Formen) & Futur Subjuntivo

2. *Die unregelmäßigen Verben*
Ein einfaches Mittel, um festzustellen, ob ein Verb regelmäßig oder unregelmäßig ist: Man vergleicht folgende Formen mit den Modellkonjugationen für Verben auf **-ar**, **-er** und **-ir**:

– vom Präsens Indikativ	die erste Person Singular
– vom Indefinido	die dritte Person Singular
– vom Futur	die erste Person Singular

Stimmt ein Verb in diesen Formen mit der betreffenden Modellkonjugation überein, ist es in allen Formen regelmäßig. Aber:

- Wenn das Verb in der ersten Person Singular Präsens Indikativ unregelmäßig ist, ist es auch im Imperativ und im Präsens Subjuntivo unregelmäßig.
- Ist ein Verb in der dritten Person Singular Indefinido unregelmäßig, trifft dies auch für Imperfekt und Futur Subjuntivo zu.
- Wenn das Verb in der ersten Person Singular Futur Indikativ unregelmäßig ist, ist es das ebenfalls im Konditional.

Es lassen sich somit *drei Zeitstufen* feststellen, die bei der Beurteilung der Unregelmäßigkeit von Verben die wesentliche Rolle spielen: Präsens, Vergangenheit und Futur.

Das Imperfekt Indikativ bildet eine eigene Gruppe; jedoch erscheinen Unregelmäßigkeiten in dieser Zeit nur bei drei Verben:

ir „gehen“; **ser** „sein“; **ver** „sehen“

sowie bei allen mit diesem Verb zusammengesetzten Verben.

3. *Die zusammengesetzten Verben*
Zusammengesetzte Verben werden konjugiert wie die entsprechenden einfachen Verben. Zum Beispiel:

disponer „verfügen“ wird konjugiert wie **poner**; usw.

Zusammensetzungen mit **decir** weisen Abweichungen auf:

- Im Futur sind regelmäßig:
  maldecir „verfluchen“ - **maldeciré** „ich werde verfluchen“;
  bendecir „segnen“ - **bendeciré** „ich werde segnen“;
  aber: **diré** „ich werde sagen“;
- Im Imperativ enden sie auf -**dice**:
  predice „sag voraus“; **bendice** „segne“; usw. aber **di** „sag“;

– Für das Partizip Perfekt ist zu beachten:
predecir, **desdecir** „abweichen" und **contradecir** „widersprechen" folgen dem Beispiel von **decir**; ihre Partizipien lauten **predicho**, **desdicho** und **contradicho**.

Was die Verben **bendecir** und **maldecir** betrifft, so haben sie zwei Partizipialformen: **bendecido** und **maldecido** zur Bildung der zusammengesetzten Zeiten und **bendito** und **maldito** als Adjektive oder in Begleitung der Verben **estar** oder **tener**.

Beachten Sie: Im gesamten grammatikalischen Anhang finden Sie jeweils höchstens zwei Formen des Imperativs in schwarzer Schrift angegeben – die zweite Person Singular und eventuell die zweite Person Plural. Wie Sie bereits wissen, werden die Höflichkeitsformen und die verneinten Imperativformen dem Präsens Subjuntivo entnommen. Somit sind, wenn die Präsensstufe eines Verbs von einer Unregelmäßigkeit betroffen ist, auch die letztgenannten Imperativformen betroffen, ohne dass wir dies ausdrücklich in den Tabellen kenntlich machen.

Wir haben in den Konjugationstabellen der regelmäßigen Verben eine Zeitform aufgeführt, über die wir noch nicht gesprochen haben und die Ihnen vom Deutschen her nicht so bekannt ist: das **Pretérito anterior**, eine Form, die heute fast gar nicht mehr verwendet wird und nur noch gelegentlich in literarischen Texten vorkommt. Das **Pretérito anterior** wird benutzt um auszudrücken, was unmittelbar vor einer anderen Handlung in der Vergangenheit stattfand. Sie übersetzen diese Form am besten mit dem ***Plusquamperfekt***.

ORTHOGRAFISCHE VERÄNDERUNGEN

Die orthografischen Veränderungen sollten nicht als Unregelmäßigkeiten angesehen werden. Sie dienen dazu, Laute zu erhalten, die sich sonst aufgrund des Aufeinandertreffens von bestimmten Vokalen und bestimmten Konsonanten verändern würden. So lautet dann die 1. Person Singular des Verbs **vencer** „besiegen" *nicht* **venco** „ich besiege", sondern **venzo**.

Beachten Sie die Gleichheit der gesprochenen Konsonanten:

ca – co	>>>	**que – qui**;	**ga – go**	>>>	**gue – gui**;
ja – jo	>>>	**ge – gi**;	**gua – guo**	>>>	**güe – güi**;
za – zo	>>>	**ce – ci**.			

A. *Veränderungen in der ersten Konjugation*

Verben auf **-car**, **-gar**, **-guar**, **-zar**			
Endung >>> Umformung		**Indefinido**	**Subjuntivo**
Infinitiv / Übersetzung			**Präsens**
-car	**c** wird zu **qu**		
indicar	„(an)zeigen, angeben"	indi**qué**	indi**que**, indi**que**s, usw.
-gar	**g** wird zu **gu**		
pagar	„bezahlen"	pa**gué**	pa**gue**, pa**gue**s, usw.
-guar	**gu** wird zu **gü**		
averiguar	„prüfen"	averi**gü**é	averi**gü**e, averi**gü**es,usw.
-zar	**z** wird zu **c**		
izar	„(Segel) setzen"	i**c**é	i**c**e, i**c**es, usw.

Von der Umformung sind alle Formen betroffen, deren Endung mit **e** beginnt, also die erste Person Singular des Indefinido und das gesamte Präsens Subjuntivo.

B. *Veränderungen in der zweiten und dritten Konjugation*

Verben auf **-cer**, **-cir**, **-ger**, **-gir**, **-guir**, **-quir**			
Endung >>> Umformung		**Indikativ**	**Subjuntivo**
Infinitiv / Übersetzung		**Präsens**	**Präsens**
-cer / **-cir**	**c** wird zu **z**		
ejercer	„ausüben"	ejer**z**o	ejer**z**a, ejer**z**as, usw.
esparcir	„verstreuen"	espar**z**o	espar**z**a, espar**z**as, usw.
-ger / **-gir**	**g** wird zu **j**		
coger	„nehmen"	co**j**o	co**j**a, co**j**as, usw.
dirigir	„lenken"	diri**j**o	diri**j**a, diri**j**as, usw.
-guir	**gu** wird zu **g**		
distinguir	„unterscheiden"	distin**g**o	distin**g**a, distin**g**as, usw.
-quir	**qu** wird zu **c**		
delinquir	„(Straftat) begehen"	delin**c**o	delin**c**a, delin**c**as, usw.

HABER Hilfsverb „haben“

Dieses Verb kommt NUR ALS HILFSVERB vor. Mit dessen Hilfe werden die zusammengesetzten Verbformen gebildet. Formen, die auf Deutsch mit „haben“ (z. B. im Sinne von „besitzen“) verwendet werden, sind immer mit dem Verb **tener** zu übersetzen.

Unpersönliche Formen				
einfach			zusammengesetzt	
Infinitiv	**Gerundium**	**Partizip Perfekt**	**Infinitiv**	**Gerundium**
haber	habiendo	habido	haber habido	habiendo habido

Persönliche Formen			
Indikativ		Subjuntivo	
Präsens	**Perfekt**	**Präsens**	**Perfekt**
he has ha hemos habéis han	he + habido has + habido *usw.*	haya hayas haya hayamos hayáis hayan	haya + habido hayas + habido *usw.*
Imperfekt	**Plusquamperfekt**	**Imperfekt**	**Plusquamperfekt**
había habías había habíamos habíais habían	había + habido habías + habido *usw.*	hubiera hubieras hubiera hubiéramos hubierais hubieran	hubiera + habido hubieras + habido *usw.*
Indefinido	**Pret. anterior**	oder ...	oder ...
hube hubiste hubo hubimos hubisteis hubieron	hube + habido hubiste + habido *usw.*	hubiese hubieses hubiese hubiésemos hubieseis hubiesen	hubiese + habido hubieses + habido *usw.*
Futur I	**Futur II**	**Futur I**	**Futur II**
habré habrás habrá habremos habréis habrán	habré + habido habrás + habido *usw.*	hubiere hubieres hubiere hubiéremos hubiereis hubieren	hubiere + habido hubieres + habido *usw.*
Konditional		Imperativ	
Kond. I	**Kond. II**		
habría habrías habría habríamos habríais habrían	habría + habido habrías + habido *usw.*	- he haya hayamos habed hayan	

TENER „haben“ (im Sinne von „besitzen“)

Unpersönliche Formen				
einfach			zusammengesetzt	
Infinitiv	**Gerundium**	**Partizip Perfekt**	**Infinitiv**	**Gerundium**
tener	teniendo	tenido	haber habido	habiendo habido

Persönliche Formen			
Indikativ		Subjuntivo	
Präsens	**Perfekt**	**Präsens**	**Perfekt**
tengo	he tenido	tenga	haya tenido
tienes	has tenido	tengas	hayas tenido
tiene	ha *usw.*	tenga	haya *usw.*
tenemos	hemos	tengamos	hayamos
tenéis	habéis	tengáis	hayáis
tienen	han	tengan	hayan
Imperfekt	**Plusquamperfekt**	**Imperfekt**	**Plusquamperfekt**
tenía	había tenido	tuviera	hubiera tenido
tenías	habías tenido	tuvieras	hubieras tenido
tenía	había *usw.*	tuviera	hubiera *usw.*
teníamos	habíamos	tuviéramos	hubiéramos
teníais	habíais	tuvierais	hubierais
tenían	habían	tuvieran	hubieran
Indefinido	**Pret. anterior**	oder ...	oder ...
tuve	hube tenido	tuviese	hubiese tenido
tuviste	hubiste tenido	tuvieses	hubieses tenido
tuvo	hubo *usw.*	tuviese	hubiese *usw.*
tuvimos	hubimos	tuviésemos	hubiésemos
tuvisteis	hubisteis	tuvieseis	hubieseis
tuvieron	hubieron	tuviesen	hubiesen
Futur I	**Futur II**	**Futur I**	**Futur II**
tendré	habré tenido	tuviere	hubiere tenido
tendrás	habrás tenido	tuvieres	hubieres tenido
tendrá	habrá *usw.*	tuviere	hubiere *usw.*
tendremos	habremos	tuviéremos	hubiéremos
tendréis	habréis	tuviereis	hubiereis
tendrán	habrán	tuvieren	hubieren
Konditional		Imperativ	
Kond. I	**Kond. II**		
tendría	habría tenido	-	
tendrías	habrías tenido	ten	
tendría	habría *usw.*	tenga	
tendríamos	habríamos	tengamos	
tendríais	habríais	tened	
tendrían	habrían	tengan	

SER „sein“

Dieses Verb kommt als Vollverb und als Hilfsverb vor. Als Vollverb wird es vor allem im Zusammenhang mit unveränderlichen Zuständen und Eigenschaften verwendet. Als Hilfsverb dient es zur Bildung der zusammengesetzten passiven Verbformen.

Unpersönliche Formen				
einfach			zusammengesetzt	
Infinitiv	**Gerundium**	**Partizip Perfekt**	**Infinitiv**	**Gerundium**
ser	siendo	sido	haber sido	habiendo sido

Persönliche Formen			
Indikativ		Subjuntivo	
Präsens	**Perfekt**	**Präsens**	**Perfekt**
soy	he sido	sea	haya sido
eres	has sido	seas	hayas sido
es	ha *usw.*	sea	haya *usw.*
somos	hemos	seamos	hayamos
sois	habéis	seáis	hayáis
son	han	sean	hayan
Imperfekt	**Plusquamperfekt**	**Imperfekt**	**Plusquamperfekt**
era	había sido	fuera	hubiera sido
eras	habías sido	fueras	hubieras sido
era	había *usw.*	fuera	hubiera *usw.*
éramos	habíamos	fuéramos	hubiéramos
erais	habíais	fuerais	hubierais
eran	habían	fueran	hubieran
Indefinido	**Pret. anterior**	oder ...	oder ...
fui	hube sido	fuese	hubiese sido
fuiste	hubiste sido	fueses	hubieses sido
fue	hubo *usw.*	fuese	hubiese *usw.*
fuimos	hubimos	fuésemos	hubiésemos
fuisteis	hubisteis	fueseis	hubieseis
fueron	hubieron	fuesen	hubiesen
Futur I	**Futur II**	**Futur I**	**Futur II**
seré	habré sido	fuere	hubiere sido
serás	habrás sido	fueres	hubieres sido
será	habrá *usw.*	fuere	hubiere *usw.*
seremos	habremos	fuéremos	hubiéremos
seréis	habréis	fuereis	hubiereis
serán	habrán	fueren	hubieren
Konditional		Imperativ	
Kond. I	**Kond. II**		
sería	habría sido	-	
serías	habrías sido	sé	
sería	habría *usw.*	sea	
seríamos	habríamos	seamos	
seríais	habríais	sed	
serían	habrían	sean	

ESTAR „sein“ (u. a. im Sinne von „sich befinden“)

Unpersönliche Formen				
einfach			zusammengesetzt	
Infinitiv	**Gerundium**	**Partizip Perfekt**	**Infinitiv**	**Gerundium**
estar	estando	estado	haber estado	habiendo estado

Persönliche Formen			
Indikativ		Subjuntivo	
Präsens	**Perfekt**	**Präsens**	**Perfekt**
estoy	he estado	esté	haya estado
estás	has estado	estés	hayas estado
está	ha *usw.*	esté	haya *usw.*
estamos	hemos	estemos	hayamos
estáis	habéis	estéis	hayáis
están	han	estén	hayan
Imperfekt	**Plusquamperfekt**	**Imperfekt**	**Plusquamperfekt**
estaba	había estado	estuviera	hubiera estado
estabas	habías estado	estuvieras	hubieras estado
estaba	había *usw.*	estuviera	hubiera *usw.*
estábamos	habíamos	estuviéramos	hubiéramos
estabais	habíais	estuvierais	hubierais
estaban	habían	estuvieran	hubieran
Indefinido	**Pret. anterior**	oder ...	oder ...
estuve	hube estado	estuviese	hubiese estado
estuviste	hubiste estado	estuvieses	hubieses estado
estuvo	hubo *usw.*	estuviese	hubiese *usw.*
estuvimos	hubimos	estuviésemos	hubiésemos
estuvisteis	hubisteis	estuvieseis	hubieseis
estuvieron	hubieron	estuviesen	hubiesen
Futur I	**Futur II**	**Futur I**	**Futur II**
estaré	habré estado	estuviere	hubiere estado
estarás	habrás estado	estuvieres	hubieres estado
estará	habrá *usw.*	estuviere	hubiere *usw.*
estaremos	habremos	estuviéremos	hubiéremos
estaréis	habréis	estuviereis	hubiereis
estarán	habrán	estuvieren	hubieren
Konditional		Imperativ	
Kond. I	**Kond. II**		
estaría	habría estado	-	
estarías	habrías estado	está	
estaría	habría *usw.*	esté	
estaríamos	habríamos	estemos	
estaríais	habríais	estad	
estarían	habrían	estén	

ERSTE KONJUGATION: INFINITIV AUF -**AR**

CANTAR „singen“

Unpersönliche Formen				
einfach			zusammengesetzt	
Infinitiv	**Gerundium**	**Partizip Perfekt**	**Infinitiv**	**Gerundium**
cantar	cantando	cantado	haber cantado	habiendo cantado

Persönliche Formen			
Indikativ		Subjuntivo	
Präsens	**Perfekt**	**Präsens**	**Perfekt**
canto	he cantado	cante	haya cantado
cantás	has cantado	cantes	hayas cantado
canta	ha *usw.*	cante	haya *usw.*
cantamos	hemos	cantemos	hayamos
cantáis	habéis	cantéis	hayáis
cantan	han	canten	hayan
Imperfekt	**Plusquamperfekt**	**Imperfekt**	**Plusquamperfekt**
cantaba	había cantado	cantara	hubiera cantado
cantabas	habías cantado	cantaras	hubieras cantado
cantaba	había *usw.*	cantara	hubiera *usw.*
cantábamos	habíamos	cantáramos	hubiéramos
cantabais	habíais	cantarais	hubierais
cantaban	habían	cantaran	hubieran
Indefinido	**Pret. anterior**	oder ...	oder ...
canté	hube cantado	cantase	hubiese cantado
cantaste	hubiste cantado	cantases	hubieses cantado
cantó	hubo *usw.*	cantase	hubiese *usw.*
cantamos	hubimos	cantásemos	hubiésemos
cantasteis	hubisteis	cantaseis	hubieseis
cantaron	hubieron	cantasen	hubiesen
Futur I	**Futur II**	**Futur I**	**Futur II**
cantaré	habré cantado	cantaré	hubiere cantado
cantarás	habrás cantado	cantarás	hubieres cantado
cantará	habrá *usw.*	cantará	hubiere *usw.*
cantaremos	habremos	cantaremos	hubiéremos
cantaréis	habréis	cantaréis	hubiereis
cantarán	habrán	cantarán	hubieren
Konditional		Imperativ	
Kond. I	**Kond. II**		
cantaría	habría cantado	cante	
cantarías	habrías cantado	canta	
cantaría	habría *usw.*	cante	
cantaríamos	habríamos	cantemos	
cantaríais	habríais	cantad	
cantarían	habrían	canten	

ZWEITE KONJUGATION: INFINITIV AUF -**ER**

COMER „essen"

Unpersönliche Formen				
einfach			zusammengesetzt	
Infinitiv	**Gerundium**	**Partizip Perfekt**	**Infinitiv**	**Gerundium**
comer	comiendo	comido	haber comido	habiendo comido

Persönliche Formen			
Indikativ		Subjuntivo	
Präsens	**Perfekt**	**Präsens**	**Perfekt**
como	he comido	coma	haya comido
comes	has comido	comas	hayas comido
come	ha *usw.*	coma	haya *usw.*
comemos	hemos	comamos	hayamos
coméis	habéis	comáis	hayáis
comen	han	coman	hayan
Imperfekt	**Plusquamperfekt**	**Imperfekt**	**Plusquamperfekt**
comía	había comido	comiera	hubiera comido
comías	habías comido	comieras	hubieras comido
comía	había *usw.*	comiera	hubiera *usw.*
comíamos	habíamos	comiéramos	hubiéramos
comíais	habíais	comierais	hubierais
comían	habían	comieran	hubieran
Indefinido	**Pret. anterior**	oder ...	oder ...
comí	hube comido	comiese	hubiese comido
comiste	hubiste comido	comieses	hubieses comido
comió	hubo *usw.*	comiese	hubiese *usw.*
comimos	hubimos	comiésemos	hubiésemos
comisteis	hubisteis	comieseis	hubieseis
comieron	hubieron	comiesen	hubiesen
Futur I	**Futur II**	**Futur I**	**Futur II**
comeré	habré comido	comiere	hubiere comido
comerás	habrás comido	comieres	hubieres comido
comerá	habrá *usw.*	comiere	hubiere *usw.*
comerémos	habremos	comiéremos	hubiéremos
comeréis	habréis	comieréis	hubiereis
comerán	habrán	comieren	hubieren
Konditional		Imperativ	
Kond. I	**Kond. II**		
comería	habría comido	coma	
comerías	habrías comido	come	
comería	habría *usw.*	coma	
comeríamos	habríamos	comamos	
comeríais	habríais	comed	
comerían	habrían	coman	

DRITTE KONJUGATION: INFINITIV AUF -**IR**

VIVIR „leben“

Unpersönliche Formen				
einfach			zusammengesetzt	
Infinitiv	**Gerundium**	**Partizip Perfekt**	**Infinitiv**	**Gerundium**
vivir	viviendo	vivido	haber vivido	habiendo vivido

Persönliche Formen			
Indikativ		Subjuntivo	
Präsens	**Perfekt**	**Präsens**	**Perfekt**
vivo	he vivido	viva	haya vivido
vives	has vivido	vivas	hayas vivido
vive	ha *usw.*	viva	haya *usw.*
vivimos	hemos	vivamos	hayamos
vivís	habéis	viváis	hayáis
viven	han	vivan	hayan
Imperfekt	**Plusquamperfekt**	**Imperfekt**	**Plusquamperfekt**
vivía	había vivido	viviera	hubiera vivido
vivías	habías vivido	vivieras	hubieras vivido
vivía	había *usw.*	viviera	hubiera *usw.*
vivíamos	habíamos	viviéramos	hubiéramos
vivíais	habíais	vivierais	hubierais
vivían	habían	vivieran	hubieran
Indefinido	**Pret. anterior**	oder ...	oder ...
viví	hube vivido	viviese	hubiese vivido
viviste	hubiste vivido	vivieses	hubieses vivido
vivió	hubo *usw.*	viviese	hubiese *usw.*
vivimos	hubimos	viviésemos	hubiésemos
vivisteis	hubisteis	vivieseis	hubieseis
vivieron	hubieron	viviesen	hubiesen
Futur I	**Futur II**	**Futur I**	**Futur II**
viviré	habré vivido	viviere	hubiere vivido
vivirás	habrás vivido	vivieres	hubieres vivido
vivirá	habrá *usw.*	viviere	hubiere *usw.*
vivirémos	habremos	viviéremos	hubiéremos
viviréis	habréis	viviereis	hubiereis
vivirán	habrán	vivieren	hubieren
Konditional		Imperativ	
Kond. I	**Kond. II**		
viviría	habría vivido	viva	
vivirías	habrías vivido	vive	
viviría	habría *usw.*	viva	
viviríamos	habríamos	vivamos	
viviríais	habríais	vivid	
vivirían	habrían	vivan	

UNREGELMÄSSIGE VERBEN
DIE 12 VERBGRUPPEN

Erste Gruppe **E-IE**-Verben

Diese Verben diphthongieren das **e** des Stammes in **ie**, wenn die Betonung auf diesen Laut fällt.

Hiervon betroffen sind die 1. bis 3. Person Singular und die 3. Person Plural: des Präsens Indikativ
des Präsens Subjuntivo
des Imperativs.

PENSAR „denken"		PERDER „verlieren"	
Indikativ	Subjuntivo	Indikativ	Subjuntivo
Präsens	**Präsens**	**Präsens**	**Präsens**
pienso	**pie**nse	**pie**rdo	**pie**rda
piensas	**pie**nses	**pie**rdes	**pie**rdas
piensa	**pie**nse	**pie**rde	**pie**rda
pensamos	pensemos	perdemos	perdamos
pensáis	penséis	perdéis	perdáis
piensan	**pie**nsen	**pie**rden	**pie**rdan
Imperativ 2. Person Sing. & Plural		Imperativ 2. Person Sing. & Plural	
piensa	pensad	**pie**rde	perded
Alle anderen Verbformen dieser Gruppe sind regelmäßig und werden nach dem Beispiel von **cantar** konjugiert.		Alle anderen Verbformen dieser Gruppe sind regelmäßig und werden nach dem Beispiel von **comer** konjugiert.	

Discernir „unterscheiden" und **concernir** „betreffen" sind die einzigen Verben der dritten Konjugation, die diese Unregelmäßigkeit aufweisen:

discierno „ich unterscheide";
disciernes „du unterscheidest"; usw.

concierno „ich betreffe";
conciernes „du betriffst"; usw.

Zweite Gruppe **O-UE**-Verben

Diese Verben diphthongieren das **o** des Stammes in **ue**, wenn die Betonung auf diesen Laut fällt.

Hiervon betroffen sind:
… die 1. bis 3. Person Singular
… die 3. Person Plural
des Präsens Indikativ und Subjuntivo und der Imperativ.

In dieser Gruppe finden sich nur Verben der ersten und zweiten Konjugation (auf -**ar** und auf -**er**):

CONTAR „zählen, erzählen"		VOLVER „zurückkehren"	
Indikativ	Subjuntivo	Indikativ	Subjuntivo
Präsens	**Präsens**	**Präsens**	**Präsens**
c**ue**nto	c**ue**nte	v**ue**lvo	v**ue**lva
c**ue**ntas	c**ue**ntes	v**ue**lves	v**ue**lvas
c**ue**nta	c**ue**nte	v**ue**lve	v**ue**lva
contamos	contemos	volvemos	volvamos
contáis	contéis	volvéis	volváis
c**ue**ntan	c**ue**nten	v**ue**lven	v**ue**lvan
Imperativ 2. Person Sing. & Plural		Imperativ 2. Person Sing. & Plural	
c**ue**nta	contad	v**ue**lve	volved
Alle anderen Verbformen dieser Gruppe sind regelmäßig und werden nach dem Beispiel von **cantar** konjugiert.		Alle anderen Verbformen dieser Gruppe sind regelmäßig und werden nach dem Beispiel von **comer** konjugiert.	

Dritte Gruppe **C-ZC**-Verben

Die Verben dieser Gruppe erhalten vor dem **c** ein **z**, wenn nach dem **c** ein **a** oder ein **o** folgt, sodass das **c** wie [*k*] ausgesprochen wird.

Hiervon sind betroffen:

… die 1. Person Präsens Indikativ
… alle Formen des Präsens Subjuntivo
… der Imperativ (nur Formen, die dem Subjuntivo gleichen).

Zu dieser Gruppe gehören die Verben mit den Endungen -**acer**, -**ecer**, -**ocer**, -**ucir**.

CONOCER „kennen(lernen)“		LUCIR „leuchten/glänzen“	
Indikativ	Subjuntivo	Indikativ	Subjuntivo
Präsens	**Präsens**	**Präsens**	**Präsens**
cono**z**co	cono**z**ca	lu**z**co	lu**z**ca
conoces	cono**z**cas	luces	lu**z**cas
conoce	cono**z**ca	luce	lu**z**ca
conocemos	cono**z**camos	lucemos	lu**z**camos
conocéis	cono**z**cáis	lucís	lu**z**cáis
conocen	cono**z**can	lucen	lu**z**can
Imperativ 2. Person Sing. & Plural		Imperativ 2. Person Sing. & Plural	
conoce	conoced	luce	lucid
Alle anderen Verbformen dieser Gruppe sind regelmäßig und werden nach dem Beispiel von **comer** konjugiert.		Alle anderen Verbformen dieser Gruppe sind regelmäßig und werden nach dem Beispiel von **vivir** konjugiert.	

In dieser Gruppe finden sich nur Verben der 2. & 3. Konjugation.

Ausnahmen:
mecer „schaukeln“; **cocer** „kochen“; **escocer** „jucken“ werden regelmäßig konjugiert.
hacer „machen“, **placer** „gefallen“ und **yacer** „liegen“ gehören zur Gruppe der 24 nicht klassifizierbaren Verben, die weitere Unregelmäßigkeiten aufweisen.
Abgesehen von diesen sechs Verben schließt die **Real Academia** von dieser Gruppe noch die Verben mit der Endung -**ducir** aus; diese Verben weisen eine weitere Unregelmäßigkeit auf und bilden eine eigene Gruppe, nämlich die vierte.

Vierte Gruppe **C-ZC** (Präsensstufe) / **C-J** (Vergangenheitsstufe)

Zu dieser Gruppe gehören die Verben mit der Endung -**ducir**. Sie weisen in der Präsensstufe dieselbe Unregelmäßigkeit auf wie die Verben der dritten Gruppe.

Darüber hinaus bilden sie einen unregelmäßigen Indefinido – mit der Endung auf -**uje** – und folglich auch ein unregelmäßiges Imperfekt und Futur des Subjuntivo (-**dujera**, -**dujese**, -**dujere**).

CONDUCIR „fahren/führen“			
Indikativ	Subjuntivo		
Präsens	**Präsens**		
condu**zc**o	condu**zc**a		
conduces	condu**zc**as		
conduce	condu**zc**a		
conducemos	condu**zc**amos		
conducís	condu**zc**áis		
conducen	condu**zc**an		
Indefinido	**Futur I**	**Imperfekt**	*oder…*
cond**uj**e	cond**uj**ere	cond**uj**era	cond**uj**ese
cond**uj**iste	cond**uj**eres	cond**uj**ras	cond**uj**eses
cond**uj**o	cond**uj**ere	cond**uj**era	cond**uj**ese
cond**uj**imos	cond**uj**éremos	cond**uj**éramos	cond**uj**ésemos
cond**uj**isteis	cond**uj**ereis	cond**uj**erais	cond**uj**eseis
cond**uj**eron	cond**uj**eren	cond**uj**eran	cond**uj**esan
Imperativ 2. Person Sing. & Plural			
conduce	conducid		
Alle anderen Verbformen dieser Gruppe sind regelmäßig und werden nach dem Beispiel von **vivir** konjugiert.			

Mit der Endung -**ducir** werden viele Verben zusammengesetzt:
seducir „verführen“;
traducir „übersetzen“;
producir „herstellen“;
introducir „einführen“; usw.

Fünfte Gruppe Verlust des **i**
(Vergangenheitsstufe & Gerundium)

Die Verben dieser Gruppe verlieren den Vokal **i** in der Vergangenheit im Imperfekt Subjuntivo, im Futur I Subjuntivo und im Gerundium.

Zu dieser Gruppe gehören die Verben mit den Endungen:
-añer, **-añir**, **-iñir**, **-uñir**, **-eller** und **-ullir**.

MULLIR „aufschütteln/auflockern"			
Indikativ	**Subjuntivo**		
Indefinido	**Imperfekt**	*oder...*	**Futur I**
mullí	mullera	mullese	mullere
mulliste	mulleras	mulleses	mulleres
mulló	mullera	mullese	mullere
mullimos	mulléramos	mullésemos	mulléremos
mullisteis	mullerais	mulleseis	mullereis
mulleron	mulleran	mullesen	mulleren
Gerundium			
mullendo			

Abgesehen von den aufgeführten Formen des Imperfekts, des Futur Subjuntivo und des Gerundiums sind alle anderen Verbformen dieser Gruppe regelmäßig: Sie werden nach dem Beispiel von **vivir** bzw. **comer** konjugiert.

Sechste Gruppe E-I-Verben

Die Verben dieser Gruppe verwandeln den Stammvokal **e** in **i**, wenn dieser betont wird oder wenn die Verb-Endung mit **a** oder einem Diphthong beginnt.

Dies betrifft: das Präsens
die Vergangenheit
das Gerundium.

Zu dieser Gruppe gehören außer **servir** „bedienen" die Verben mit den Endungen -**ebir**, -**edir**, -**egir**, -**eguir**, -**emir**, -**enchir**, -**endir**, -**estir** und -**etir**.

PEDIR „bitten/verlangen"			
Indikativ	Subjuntivo		
Präsens	**Präsens**		
pido	pida		
pides	pidas		
pide	pida		
pedimos	pidamos		
pedís	pidáis		
piden	pidan		
Indefinido	**Futur I**	**Imperfekt**	*oder…*
pedí	pidiere	pidiera	pidiese
pediste	pidieres	pidieras	pidieses
pidió	pidiere	pidiera	pidiese
pedimos	pidiéremos	pidiéramos	pidiésemos
pedisteis	pidiereis	pidierais	pidieseis
pedieron	pidieren	pidieran	pidiesen
Imperativ 2. Person Sing. & Plural		Gerundium	
pide	pedid	pidiendo	
Alle anderen Verbformen dieser Gruppe sind regelmäßig und werden nach dem Beispiel von **vivir** konjugiert.			

Siebte Gruppe **E-I**-Verben mit Verwandlung des Stammvokals **e** durch **i**

Die Verben dieser Gruppe weisen die Unregelmäßigkeiten der sechsten Gruppe auf, d. h.:

Sie verwandeln den Stammvokal **e** in **i**, wenn dieser betont wird oder wenn die Verb-Endung mit **a** oder einem Diphthong beginnt. Dies betrifft:

das Präsens
die Vergangenheit
das Gerundium.

Zu dieser Gruppe gehören die Verben auf **-eir** und **-eñir**.

REÍR „lachen"			
Indikativ	**Subjuntivo**		
Präsens	**Präsens**		
río	ría		
ríes	rías		
ríe	ría		
reímos	riamos		
reís	riáis		
ríen	rían		
Indefinido	**Futur I**	**Imperfekt**	*oder…*
reí	riere	riera	riese
reíste	rieres	rieras	rieses
rio	riere	riera	riese
reímos	riéremos	riéramos	riésemos
reísteis	riereis	rierais	rieseis
rieron	rieren	rieran	riesen
Imperativ 2. Person Sing. & Plural		**Gerundium**	
ríe	reid	riendo	
Alle anderen Verbformen dieser Gruppe sind regelmäßig und werden nach dem Beispiel von **vivir** konjugiert.			

Achte Gruppe **E-IE** – **E-I**-Verben

Diese Verben haben einerseits im Präsens (Indikativ, Subjuntivo und Imperativ) dieselbe Unregelmäßigkeit **wie die Verben der ersten Gruppe**, d. h., sie diphthongieren den Vokal **e** in **ie**, wenn dieser betont wird. Andererseits haben sie im Präsens, in der Vergangenheit und im Gerundium **auch die Unregelmäßigkeit der sechsten Gruppe**, d. h., sie verwandeln den Vokal **e** in **i**, wenn die Verb-Endung mit betontem **a** oder einem Diphthong beginnt.

Zu dieser Gruppe zählen Verben auf -**entir**, wie **sentir** „fühlen“, auf -**erir**, wie **proferir** „äußern“, und auf -**ertir**, wie **divertir** „ablenken“, bzw. alle Verben, die nach dem Stammvokal **e** ein **r** oder **nt** haben.

SENTIR „fühlen“			
Indikativ	Subjuntivo		
Präsens	**Präsens**		
siento	sienta		
sientes	sientas		
siente	sienta		
sentimos	sintamos		
sentís	sintáis		
sienten	sientan		
Indefinido	**Futur I**	**Imperfekt**	*oder...*
sentí	sintiere	sintiera	sintiese
sentiste	sintieres	sintieras	sintieses
sintió	sintiere	sintiera	sintiese
sentimos	sintiéremos	sintiéramos	sintiésemos
sentisteis	sintiereis	sintierais	sintieseis
sintieron	sintieren	sintieran	sintiesen
Imperativ 2. Person Sing. & Plural		**Gerundium**	
siente	sentid	sintiendo	

Alle anderen Verbformen dieser Gruppe sind regelmäßig und werden nach dem Beispiel von **pedir** konjugiert.

Beachten Sie, dass Verben auf **ir**, die als Stammvokal ein **e** haben, entweder so wie hier oder nach dem Beispiel der sechsten Gruppe **pedir** „bitten“ konjugiert werden.

servir bildet die einzige Ausnahme und zählt zur sechsten Gruppe.

Neunte Gruppe **I-IE** – **U-UE**-Verben

Es handelt sich bei dieser Gruppe um Verben, die ein **i** in **ie** bzw. ein **u** in **ue** diphthongieren, unter den Bedingungen, die für die erste bzw. zweite Gruppe gelten.

Zu dieser Gruppe zählen **jugar** „spielen“ und die Verben mit der Endung -**irir**, wie z. B. **adquirir** „erlangen“.

JUGAR „spielen“		ADQUIRIR „erwerben“	
Indikativ	Subjuntivo	Indikativ	Subjuntivo
Präsens	**Präsens**	**Präsens**	**Präsens**
juego	**jue**gue	adqu**ier**o	adqu**ier**a
juegas	**jue**gues	adqu**ier**es	adqu**ier**as
juega	**jue**gue	adqu**ier**e	adqu**ier**a
jugamos	juguemos	adquirimos	adquiramos
jugáis	juguéis	adquirís	adqu**ir**áis
juegan	**jue**guen	adqu**ier**en	adqu**ier**an
Imperativ 2. Person Sing. & Plural		Imperativ 2. Person Sing. & Plural	
juega	jugad	adqu**ier**e	adquirid
Alle anderen Verbformen dieser Gruppe sind regelmäßig und werden nach dem Beispiel von **cantar** konjugiert.		Alle anderen Verbformen dieser Gruppe sind regelmäßig und werden nach dem Beispiel von **vivir** konjugiert.	

Zehnte Gruppe -UIR + Y-Verben
(Einschub von **y** vor den Vokalen **a**, **e**, **o**)

In dieser Gruppe sind ausschließlich Verben mit der Endung -**uir** zu finden. Ein **y** wird nach dem Stammvokal **u** eingeschoben, wenn danach **a**, **e** oder **o** folgt, d. h. immer dann, wenn die Endung nicht mit **i** beginnt.

Von dieser Unregelmäßigkeit ist die Präsensstufe betroffen.

CONSTRUIR „bauen"			
Indikativ	Subjuntivo		
Präsens	**Präsens**		
constru**y**o	constru**y**a		
constru**y**es	constru**y**as		
constru**y**e	constru**y**a		
construimos	constru**y**amos		
construís	constru**y**áis		
constru**y**en	constru**y**an		
Indefinido	**Futur I**	**Imperfekt**	*oder…*
construí	constru**y**ere	constru**y**era	constru**y**ese
construiste	constru**y**eres	constru**y**eras	constru**y**eses
constru**y**ó	constru**y**ere	constru**y**era	constru**y**ese
construimos	constru**y**éremos	constru**y**éramos	constru**y**ésemos
construisteis	constru**y**ereis	constru**y**erais	constru**y**eseis
construyeron	constru**y**eren	constru**y**eran	construyesen
Imperativ 2. Person Sing. & Plural		Gerundium	
constru**y**e	construid	constru**y**endo	

Alle anderen Formen dieser Gruppe sind regelmäßig.
Es ist jedoch zu beachten, dass im Gerundium, in der dritten Person Singular und im Plural Indefinido und in allen daraus abgeleiteten Formen das unbetonte **i** durch **y** ersetzt wird.

Es handelt sich hierbei jedoch nicht um eine Unregelmäßigkeit, sondern um eine orthografische Veränderung.

Dieselbe orthografische Veränderung weisen auch Verben auf -**aer** (**caer** „fallen"), auf -**eer** (**leer** „lesen"), auf -**oer** (**roer** „nagen") und auf -**oir** (**oír** „hören") auf. Das unbetonte **i** wird in der Vergangenheitsstufe und im Gerundium durch **y** ersetzt.

Caer „fallen" und **oír** „hören" zählen übrigens zur Gruppe der 24 nicht klassifizierbaren unregelmäßigen Verben.

Elfte Gruppe **dormir** & **morir**

Dormir „schlafen“ und **morir** „sterben“ haben dieselbe Unregelmäßigkeit **wie die Verben der zweiten Gruppe**; sie diphthongieren den Stammvokal **o** in **ue** (**duermo** „ich schlafe“; **muere** „er stirbt“). Darüber hinaus verwandeln sie das **o** zu **u** in denselben Fällen **wie die Verben der achten Gruppe** **e** zu **i** verwandeln.

DORMIR „schlafen“			
Indikativ	Subjuntivo		
Präsens	**Präsens**		
d**ue**rmo	d**ue**rma		
d**ue**rmes	d**ue**rmas		
d**ue**rme	d**ue**rma		
dormimos	d**u**rmamos		
dormís	d**u**rmáis		
d**ue**rmen	d**ue**rman		
Indefinido	**Futur I**	**Imperfekt**	*oder…*
dormí	d**u**rmiere	d**u**rmiera	d**u**rmiese
dormiste	d**u**rmieres	d**u**rmieras	d**u**rmieses
d**u**rmió	d**u**rmiere	d**u**rmiera	d**u**rmiese
dormimos	d**u**rmiéremos	d**u**rmiéramos	d**u**rmiésemos
dormisteis	d**u**rmiereis	d**u**rmierais	d**u**rmieseis
durmieron	d**u**rmieren	d**u**rmieran	d**u**rmiesen
Imperativ 2. Person Sing. & Plural		Gerundium	
d**ue**rme	dormid	d**u**rmiendo	
Alle anderen Formen dieser Gruppe sind regelmäßig.			

Achtung: Das Partizip von **morir** ist unregelmäßig und lautet **muerto**!

Zwölfte Gruppe **valer** & **salir**

Die Verben **valer** („wert sein“) und **salir** („weggehen“) erhalten in der Präsensstufe ein **g** vor der Endung, wenn diese mit **a** oder **o** beginnt.

In der Futurstufe und im Konditional erhalten sie ein **d**.

Der Imperativ für die 2. Person Singular weist zwei Formen auf.

VALER „wert sein“			
Indikativ		Subjuntivo	Konditional
Präsens	**Futur I**	**Präsens**	
val**g**o	val**d**ré	val**g**a	val**d**ría
vales	val**d**rás	val**g**as	val**d**rías
vale	val**d**rá	val**g**a	val**d**ría
valemos	val**d**remos	val**g**amos	val**d**ríamos
valéis	val**d**réis	val**g**áis	val**d**ríais
valen	val**d**rán	val**g**an	val**d**rían
Imperativ 2. Person Sing. & Plural			
vale *oder* val	valed		
Alle anderen Verbformen dieser Gruppe sind regelmäßig.			

ÜBERSICHT DER ZWÖLF VERBGRUPPEN			
Gruppe	betroffen sind …	Unregel-mäßigkeit	Betroffene Zeitform
1	zahlreiche Verben mit **e** als Stammvokal z. B. **pensar**, **perder**	Wandel **e-ie**	**Präsens**
2	zahlreiche Verben mit **o** als Stammvokal z. B. **contar**, **volver**	Wandel **o-ue**	**Präsens**
3	Verben auf -**acer**, -**ecer**, **ocer**, -**ucir** z. B. **conocer**, **lucir**	Wandel **c-zc**	**Präsens**
4	Verben auf -**ducir** z. B. **conducir**	Wandel **c-zc** Indefinido auf -**duje**	**Präsens Vergangenheit**
5	Verben auf -**añer**, -**añir**, -**iñir**, -**uñir**, -**eller**, -**ullir** z. B. **mullir**	Verlust des **i**	**Vergangenheit Gerundium**
6	**servir** und Verben auf -**ebir**, -**edir**, -**egir**, -**eguir**, -**emir**, -**enchir**, -**endir**, -**estir**, -**etir** z. B. **pedir**	Wandel **e-i**	**Präsens Gerundium**
7	Verben auf -**eir** und -**eñir** z. B. **reír**	Wandel **e-i**	**Präsens Vergangenheit**
8	Verben auf -**entir**, -**erir**, -**ertir** z. B. **sentir**	Wandel **e-ie** Wandel **e-i**	**Präsens Vergangenheit Gerundium**
9	Verben auf -**irir** und **jugar** z. B. **adquirir**, **jugar**	Wandel **i-ie** Wandel **u-ue**	**Präsens**
10	Verben auf -**uir** z. B. **construir**	Einschub von **y** vor **a**, **e**, **o**	**Präsens Vergangenheit Gerundium**
11	**dormir**, **morir**	Wandel **o-ue** Wandel **o-u**	**Präsens Vergangenheit Gerundium**
12	**valer**, **salir**	Einschub von **g** vor **a** und **o** Einschub von **d**	**Präsens Futur Konditional**

DAS PARTIZIP PERFEKT

Das Partizip Perfekt endet im Allgemeinen für die Verben auf

-**ar**	auf -**ado**,
-**er** und -**ir**	auf -**ido**.

Die unregelmäßigen Partizipien haben im Allgemeinen die Endungen -**to**, -**so** oder -**cho**:

abrir - **abierto**: „geöffnet";
imprimir - **impreso**: „gedruckt";
hacer - **hecho**: „gemacht".

Das Partizip Perfekt wird mit dem Hilfsverb **haber** kombiniert, um die zusammengesetzten Zeiten zu bilden.

Wenn es mit dem Verb **ser** verwendet wird, dient es zur Bildung des Passivs.

Einige Verben haben zwei Formen des Partizips, eine regelmäßige und eine unregelmäßige Form (siehe nächste Seite):

Die regelmäßige Form dient – in Verbindung mit dem Hilfsverb **haber** – zur Bildung der zusammengesetzten Zeiten.

Die unregelmäßige hat entweder Adjektivcharakter, oder sie wird mit **estar** oder **tener** verwendet.

Nur die unregelmäßigen Partizipien

frito (von **freír** „braten"),
impreso (von **imprimir** „drucken") und
provisto (von **proveer** „sorgen für")

können auch zur Bildung der zusammengesetzten Zeiten verwendet werden.

Verben mit zwei Partizipien

Infinitiv	Übersetzung	Regelmäßiges Partizip	Unregelmäßiges Partizip
absorber	aufsaugen	absorbido	absorto
abstraer	abstrahieren	abstraído	abstracto
atender	sich kümmern um	atendido	atento
bendecir	segnen	bendecido	bendito
completar	vervollständigen	completado	completo
concluir	vollenden	concluido	concluso
concretar	zusammenfassen	concretado	concreto
confesar	beichten	confesado	confeso
confundir	verwechseln	confundido	confuso
convertir	verwandeln	convertido	converso
corregir	verbessern	corregido	correcto
cultivar	anbauen	cultivado	culto
despertar	wecken	despertado	despierto
difundir	verbreiten	difundido	difuso
distinguir	unterscheiden	distinguido	distinto
dividir	teilen	dividido	diviso
elegir	wählen	elegido	electo
exceptuar	ausschließen	exceptuado	excepto
expresar	ausdrücken	expresado	expreso
extender	ausbreiten	extendido	extenso
fijar	befestigen	fijado	fijo
freír	braten	freído	frito
hartar	sättigen	hartado	harto
imprimir	drucken	imprimido	impreso
incluir	einschließen	incluido	incluso
invertir	umdrehen	invertido	inverso
juntar	versammeln	juntado	junto
maldecir	verfluchen	maldecido	maldito
manifestar	äußern	manifestado	manifiesto
molestar	belästigen	molestado	molesto
ocultar	verstecken	ocultado	oculto
omitir	unterlassen	omitido	omiso
pervertir	verderben	pervertido	perverso
poseer	besitzen	poseído	poseso
precisar	benötigen	precisado	preciso
proveer	ausstatten	proveído	provisto
remitir	abschicken	remitido	remiso
soltar	losmachen	soltado	suelto
suspender	aufhängen	suspendido	suspenso
sustituir	ersetzen	sustituido	sustituto
tender	spannen	tendido	tenso

DIE 24 NICHT KLASSIFIZIERBAREN VERBEN

Es gibt im Spanischen 24 Verben, die aufgrund ihrer spezifischen Unregelmäßigkeiten nicht bestimmten Verbgruppen zugeordnet werden können. 19 davon sind Bestandteil des sogenannten Grundwortschatzes, d. h., sie werden im täglichen Leben häufig verwendet.

Auf den folgenden Seiten werden Sie nur die unregelmäßigen Formen dieser Verben finden. Die nicht aufgeführten Formen werden nach den entsprechenden Beispielen der regelmäßigen Verben auf -**ar**, -**er** oder -**ir** konjugiert.

Auf orthografische Veränderungen werden wir hier ebenfalls nicht eingehen, da sie nicht als Unregelmäßigkeiten im eigentlichen Sinne angesehen werden können. Sie finden zunächst – in alphabetischer Reihenfolge – die 19 sehr gängigen Verben; darauf folgen die übrigen 5 – selten verwendeten – Verben, ebenfalls alphabetisch geordnet.

ANDAR „gehen/laufen“			
Indikativ	Subjuntivo		
Indefinido	**Futur I**	**Imperfekt**	*oder*
anduve	anduviere	anduviera	anduviese
anduviste	anduvieres	anduvieras	anduvieses
anduvo	anduviere	anduviera	anduviese
anduvimos	anduviéremos	anduviéramos	anduviésemos
anduvisteis	anduviereis	anduvierais	anduvieseis
anduvieron	anduvieren	anduvieran	anduviesen

CABER „passen, Platz haben"			
Indikativ		Subjuntivo	
Präsens	**Futur I**	**Präsens**	**Futur I**
quepo	cabré cabrás cabrá cabremos cabréis cabrán	quepa quepas quepa quepamos quepáis quepan	cupiere cupieres cupiere cupiéremos cupiereis cupieren
Indefinido	Konditional I	**Imperfekt**	*oder*
cupe cupiste cupo cupimos cupisteis cupieron	cabría cabrías cabría cabríamos cabríais cabrían	cupiera cupieras cupiera cupiéramos cupierais cupieran	cupiese cupieses cupiese cupiésemos cupieseis cupiesen

CAER „fallen"		
Indikativ	Subjuntivo	
Präsens	**Präsens**	
caigo	caiga caigas caiga caigamos caigáis caigan	

DAR „geben"			
Indikativ	Subjuntivo		
Indefinido	**Futur I**	**Imperfekt**	*oder*
di diste dio dimos disteis dieron	diere dieres diere diéremos diereis dieren	diera dieras diera diéramos dierais dieran	diese dieses diese diésemos dieseis diesen
Präsens > 1. Pers. Singular = doy			

DECIR „sagen“			
Indikativ		Subjuntivo	
Präsens	**Futur I**	**Präsens**	**Futur I**
digo	diré	diga	dijere
dices	dirás	digas	dijeres
dice	dirá	diga	dijere
	diremos	digamos	dijéremos
	diréis	digáis	dijereis
dicen	dirán	digan	dijeren
Indefinido	Konditional I	**Imperfekt**	*oder*
dije	diría	dijera	dijese
dijiste	dirías	dijeras	dijeses
dijo	diría	dijera	dijese
dijimos	diríamos	dijéramos	dijésemos
dijisteis	diríais	dijerais	dijeseis
dijeron	dirían	dijeran	dijesen
Imperativ = di		**Partizip Perfekt** = dicho	

ESTAR & HABER (Siehe Seite 362 & 359)

HACER „machen“			
Indikativ		Subjuntivo	
Präsens	**Futur I**	**Präsens**	**Futur I**
hago	haré	haga	hiciere
	harás	hagas	hicieres
	hará	haga	hiciere
	haremos	hagamos	hiciéremos
	haréis	hagáis	hiciereis
	harán	hagan	hicieren
Indefinido	Konditional I	**Imperfekt**	*oder*
hice	haría	hiciera	hiciese
hiciste	harías	hicieras	hicieses
hizo	haría	hiciera	hiciese
hicimos	haríamos	hiciéramos	hiciésemos
hicisteis	haríais	hicierais	hicieseis
hicieron	harían	hicieran	hiciesen
Imperativ = haz		**Partizip Perfekt** = hecho	

IR „gehen"			
Indikativ		Subjuntivo	
Präsens	**Imperfekt**	**Präsens**	**Futur I**
voy	iba	vaya	fuere
vas	ibas	vayas	fueres
va	iba	vaya	fuere
vamos	íbamos	vayamos	fuéremos
vais	ibais	vayáis	fuereis
van	iban	vayan	fueren
Indefinido		**Imperfekt**	*oder*
fui		fuera	fuese
fuiste		fueras	fueses
fue		fuera	fuese
fuimos		fuéramos	fuésemos
fuisteis		fuerais	fueseis
fueron		fueran	fuesen
Imperativ = ve(te)			

OÍR „hören"		
Indikativ	Subjuntivo	
Präsens	**Präsens**	
oigo	oiga	
oyes	oigas	
oye	oiga	
	oigamos	
	oigáis	
oyen	oigan	
Imperativ = oye		

PODER „können“			
Indikativ		Subjuntivo	
Präsens	**Futur I**	**Präsens**	**Futur I**
puedo	podré	pueda	pudiere
puedes	podrás	puedas	pudieres
puede	podrá	pueda	pudiere
	podremos	podamos	pudiéremos
	podréis	podáis	pudiereis
pueden	podrán	puedan	pudieren
Indefinido	Konditional I	**Imperfekt**	*oder*
pude	podría	pudiera	pudiese
pudiste	podrías	pudieras	pudieses
pudo	podría	pudiera	pudiese
pudimos	podríamos	pudiéramos	pudiésemos
pudisteis	podríais	pudierais	pudieseis
pudieron	podrían	pudieran	pudiesen

PONER „setzen, stellen, legen“			
Indikativ		Subjuntivo	
Präsens	**Futur I**	**Präsens**	**Futur I**
pongo	pondré	ponga	pusiere
	pondrás	pongas	pusieres
	pondrá	ponga	pusiere
	pondremos	pongamos	pusiéremos
	pondréis	pongáis	pusiereis
	pondrán	pongan	pusieren
Indefinido	Konditional I	**Imperfekt**	*oder*
puse	pondría	pusiera	pusiese
pusiste	pondrías	pusieras	pusieses
puso	pondría	pusiera	pusiese
pusimos	pondríamos	pusiéramos	pusiésemos
pusisteis	pondríais	pusierais	pusieseis
pusieron	pondrían	pusieran	pusiesen
Imperativ = pon		**Partizip Perfekt** = puesto	

QUERER „wollen“			
Indikativ		**Subjuntivo**	
Präsens	**Futur I**	**Präsens**	**Futur I**
quiero	querré	quiera	quisiere
quieres	querrás	quieras	quisieres
quiere	querrá	quiera	quisiere
	querremos	queramos	quisiéremos
	querréis	queráis	quisiereis
quieren	querrán	quieran	quisieren
Indefinido	**Konditional I**	**Imperfekt**	*oder*
quise	querría	quisiera	quisiese
quisiste	querrías	quisieras	quisieses
quiso	querría	quisiera	quisiese
quisimos	querríamos	quisiéramos	quisiésemos
quisisteis	querríais	quisierais	quisieseis
quisieron	querrían	quisieran	quisiesen
Imperativ = quiere			

SABER „wissen, kennen“			
Indikativ		**Subjuntivo**	
Präsens	**Futur I**	**Präsens**	**Futur I**
sé	sabré	sepa	supiere
	sabrás	sepas	supieres
	sabrá	sepa	supiere
	sabremos	sepamos	supiéremos
	sabréis	sepáis	supiereis
	sabrán	sepan	supieren
Indefinido	**Konditional I**	**Imperfekt**	*oder*
supe	sabría	supiera	supiese
supiste	sabrías	supieras	supieses
supo	sabría	supiera	supiese
supimos	sabríamos	supiéramos	supiésemos
supisteis	sabríais	supierais	supieseis
supieron	sabrían	supieran	supiesen
Imperativ = sabe			

SER (Siehe Seite 361)

TENER

(Siehe Seite 360)

TRAER „mitbringen“

Indikativ		Subjuntivo	
Präsens		**Präsens**	**Futur I**
traigo		traiga	trajere
		traigas	trajeres
		traiga	trajere
		traigamos	trajéremos
		traigáis	trajereis
		traigan	trajeren
Indefinido		**Imperfekt**	*oder*
traje		trajera	trajese
trajiste		trajeras	trajeses
trajo		trajera	trajese
trajimos		trajéramos	trajésemos
trajisteis		trajerais	trajeseis
trajeron		trajeran	trajesen
Imperativ = trae			

VENIR „kommen“

Indikativ		Subjuntivo	
Präsens	**Futur I**	**Präsens**	**Futur I**
vengo	vendré	venga	viniere
vienes	vendrás	vengas	vinieres
viene	vendrá	venga	viniere
	vendremos	vengamos	viniéremos
	vendréis	vengáis	viniereis
vienen	vendrán	vengan	vinieren
Indefinido	**Konditional I**	**Imperfekt**	*oder*
vine	vendría	viniera	viniese
viniste	vendrías	vinieras	vinieses
vino	vendría	viniera	viniese
vinimos	vendríamos	viniéramos	viniésemos
vinisteis	vendríais	vinierais	vinieseis
vinieron	vendrían	vinieran	viniesen
Imperativ = ven			

VER „sehen“			
Indikativ		**Subjuntivo**	
Präsens	**Imperfekt**	**Präsens**	
veo	veía	vea	
	veías	veas	
	veía	vea	
	veíamos	veamos	
	veíais	veáis	
	veían	vean	
Imperativ = ve		**Partizip Perfekt** = visto	

Fünf wenig gebräuchliche Verben

ASIR „anfassen, ergreifen“			
Indikativ		**Subjuntivo**	
Präsens		**Präsens**	
asgo		asga	
		asgas	
		asga	
		asgamos	
		asgáis	
		asgan	

ERGUIR „aufrichten, errichten“			
Indikativ		**Subjuntivo**	
Präsens		**Präsens**	**Futur I**
irgo / yergo		irg / yerg-a	irguiere
irgues / yergues		irg / yerg-as	irguieres
irgue / yergue		irg / yerg-a	irguiere
		irg / yerg-amos	irguiéremos
		irg / yerg-áis	irguiereis
irguen / yerguen		irg / yerg-an	irguieren
Indefinido		**Imperfekt**	*oder*
		irguiera	irguiese
		irguieras	irguieses
irguió		irguiera	irguiese
		irguiéramos	irguiésemos
		irguierais	irguieseis
irguieron		irguieran	irguiesen
Imperativ = irgue / yergue		**Gerundium** = irguiendo	

PLACER „gefallen“

Dieses Verb kann in allen Formen wie das Verb **complacer** „gefallen“ konjugiert werden, das zur dritten Gruppe der unregelmäßigen Verben gehört. Für die dritte Person finden sich aber auch die folgenden abweichenden Formen:

Indikativ		Subjuntivo	
Präsens		**Präsens**	**Futur I**
plazco		- - plazc-a / pleg-a / plegue	- - plac / plugu-iere
Imperfekt	*oder*	**Imperfekt**	*oder*
- - plació - - placieron	- - plugo - - pluguieron	- - plac / plugu-iera	plac / plugu-iese

PODRIR *oder* PUDRIR „verfaulen“

Gehen Sie bei diesem Verb - bis auf den Infinitiv **podrir** und das Partizip **podrido** - vom Stamm **pudr**- aus. Auf diese Weise erhalten Sie ein regelmäßiges Verb (dritte Konjugation) und vermeiden eine Verwechslung mit dem Verb **poder** (**podría/podrías**/usw.).

Partizip = podrido

YACER „liegen, begraben sein“

Indikativ	Subjuntivo		
Präsens	**Präsens**		
yazco / yazgo / yag-o	yazca oder yazcas yazca yazcamos yazcáis yazcan	yazga oder yazgas yazga yazgamos yazgáis yazgan	yaga yagas yaga yagamos yagáis yagan
Imperativ = yace **oder** yaz			

ANHANG D. DIE AUSSPRACHE DES SPANISCHEN / TABELLE DER LAUTE

Spanisch zählt zu den romanischen Sprachen. Es hat seinen Ursprung zum größten Teil im Lateinischen. Wenn Sie also Sprachkenntnisse in einer anderen romanischen Sprache oder in Latein haben, wird Ihnen bei Ihrem Spanischstudium die sprachliche Verwandtschaft häufig auffallen. Viele Wörter und grammatische Strukturen werden Ihnen dann bekannt vorkommen.

Aber auch ohne diese Vorkenntnisse wird Ihnen das Spanische keine allzu große Mühe bereiten. Die Aussprache des Spanischen bietet – bis auf einige wenige Laute – keine besonderen Schwierigkeiten für deutschsprachige Lerner. Das Spanische wird gesprochen, wie man es schreibt. Die Betonung erfolgt nach festen Regeln ohne Ausnahmen.

Die zu diesem Kurs gehörenden Tonaufnahmen sind insbesondere eine Hilfe, um Ihr Ohr zu schulen. Wenn Sie es ermöglichen können, sollten Sie mit ihnen arbeiten.

> Die meisten Buchstaben des spanischen Alphabets werden wie die entsprechenden deutschen Buchstaben ausgesprochen. Die Laute, die von dieser Regel abweichen, für die also eine spezielle Aussprache gilt, sind auf der nächsten Seite aufgelistet.

Buchstabe	Aussprache
b/v	wird ausgesprochen wie das deutsche ***b*** oder – noch besser – wie ein Laut, der zwischen ***b*** und ***w*** liegt
c/z	wird ausgesprochen wie ein „gelispeltes **s**“ – diese Regel gilt für **c** nur, wenn es vor **e** oder **i** steht (siehe auch unter **qu/c**)
ch	wird ausgesprochen wie [*tsch*]
h	ist immer stumm
j/g	wird ausgesprochen wie das deutsche **ch** in „rau**ch**en“ – diese Regel gilt für **g** nur, wenn es vor **e** oder **i** erscheint
ll	entspricht dem deutschen **j** oder einem schnell gesprochenen **lj**
ñ	entspricht **nj**
r/rr	ist das gerollte „Rrr“, dem im Hochdeutschen kein Laut entspricht – **rr** steht nie am Wortanfang
s	wird immer „scharf“, also wie das deutsche „ß“ in „Spa**ß**“, gesprochen
t	beim spanischen **t** stoßen Sie mit der Zunge deutlich gegen die oberen Schneidezähne
x	entspricht dem deutschen **x** [*kss*], wird aber in der Umgangssprache gerne auch wie [*ss*] ausgesprochen
qu/c	wird ausgesprochen wie das deutsche **k** – diese Regel gilt für **c** nicht, wenn es vor **e** oder **i** steht (siehe oben **c/z**)
y	wird wie **i** ausgesprochen – wenn es vor einem Vokal steht, lautet es wie das deutsche **j**